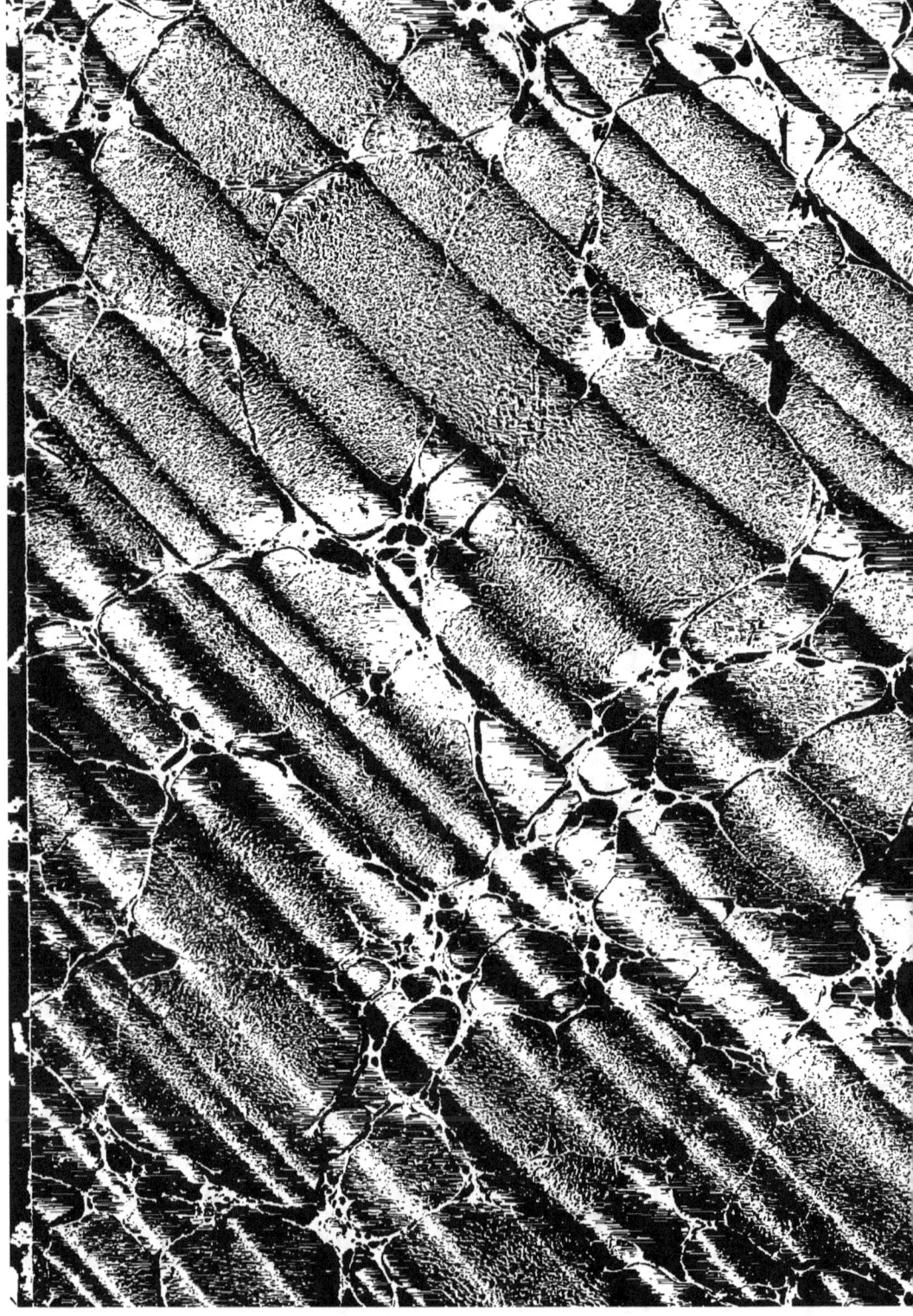

LETTRES
DE
MADAME DE RÉMUSAT

II

OUVRAGES

DE

M. CHARLES DE RÉMUSAT

DE L'ACADÉMIE FRANÇAISE

ESSAIS DE PHILOSOPHIE, 2 volumes in-8. Paris, Ladrange, 1842

DE LA PHILOSOPHIE ALLEMANDE, Rapport à l'Académie des Sciences morales et politiques, in-8. Paris, Ladrange, 1845.

SAINT ANSELME DE CANTORBERY, sa vie et sa philosophie, in-8. Paris, Didier, 1853.

ABÉLARD, sa vie, sa philosophie et sa théologie, nouvelle édition, 2 volumes in-8. Paris, Didier, 1855.

L'ANGLETERRE AU XVIIIe SIÈCLE, études et portraits, 2 vol. in-8. Paris, Didier, 1856.

BACON, sa vie, son temps, sa philosophie et son influence jusqu'à nos jours, in-8. Paris, Didier, 1857.

CRITIQUES ET ÉTUDES LITTÉRAIRES, ou Passé et Présent, nouvelle édition revue et considérablement augmentée, 2 volumes in-18. Paris, Didier, 1857.

POLITIQUE LIBÉRALE, ou fragments pour servir à la défense de la Révolution française, in-8. Paris, Michel Lévy, 1860.

PHILOSOPHIE RELIGIEUSE. De la théologie naturelle en France et en Angleterre, in-18. Paris, Baillière, 1864.

HISTOIRE DE LA PHILOSOPHIE EN ANGLETERRE, depuis Bacon jusqu'à Locke, 2 vol. in-8. Paris, Didier, 1875.

ABÉLARD, drame inédit, publié avec une préface et des notes, par PAUL DE RÉMUSAT, in-8. Paris, Calmann Lévy, 1877.

LA SAINT-BARTHÉLEMY, drame inédit, publié par PAUL DE RÉMUSAT, in-8. Paris, Calmann Lévy, 1878.

MÉMOIRES DE Mme DE RÉMUSAT, 1802-1808, publiés avec une préface et des notes, par son petit-fils, PAUL DE RÉMUSAT, sénateur de la Haute-Garonne. 3 vol. in-8. Paris, Calmann Lévy, 1880.

LETTRES

DE

MADAME DE RÉMUSAT

1804—1814

PUBLIÉES PAR SON PETIT-FILS

PAUL DE RÉMUSAT

SÉNATEUR DE LA HAUTE-GARONNE

II

PARIS
CALMANN LÉVY, ÉDITEUR
ANCIENNE MAISON MICHEL LÉVY FRÈRES
3, RUE AUBER, 3

1881

Droits de reproduction et de traduction réservés

LETTRES
DE
MADAME DE RÉMUSAT

LXXXIV.

MADAME DE RÉMUSAT A M. DE RÉMUSAT A VIENNE [1].

Paris, lundi 6 janvier 1806 [2].

Toi qui connais mon cœur, qui sens si bien tout ce qu'il sent, tu conçois facilement avec quelle émotion j'ai lu ces mots de ta lettre : *Je te reverrai bientôt.* Mon ami, je les ai relus cent fois ; le son en est resté dans mon oreille, il me

---

1. Cette lettre suit immédiatement celle qui termine le premier volume de cette publication, et la nouvelle année trouvait les choses dans l'état où elles étaient à la fin de 1805. La paix de Presbourg avait été faite le 26 décembre. Mais l'empereur était encore en Allemagne, à Munich, le 1er janvier. Il ne revint à Paris que le 24 de ce même mois.
2. Le sénatus-consulte du 21 fructidor an XIII (8 septembre 1805) avait abrogé les décrets de la Convention sur le calendrier républicain, et ordonné que le calendrier grégorien serait rétabli à partir du 1er janvier 1806.

suit partout, il accompagne toutes mes pensées, il donne de la vie à tous ces tristes moments passés sans toi. Enfin, je retrouve du plaisir et de la joie! Quel bonheur de revoir l'empereur, et comme ce plaisir sera senti ici! Cette belle campagne, cette paix glorieuse, ce prompt retour, tout est merveilleux, et, pour moi qui aime à mettre la Providence de moitié dans les événements de la vie, je me plais à retrouver dans ceux-ci sa main protectrice. Cependant, cher ami, lorsque tu me seras rendu, que je te tiendrai près de moi, dans mes bras, je te dirai que je dois à cette pénible absence des sensations douces que tu m'as fait éprouver, que ton aimable exactitude, ta tendresse dont je retrouvais les expressions dans toutes tes lettres, enfin jusqu'aux larmes qu'elles me faisaient répandre, tout cela avait un charme que je ne pourrai jamais oublier, et qui serre encore plus les nœuds qui m'attachent à toi. Je suis le premier objet de tes affections, tu me le dis sans cesse! Va, je le crois, je le croirai toujours, et c'est là le bonheur. Mais sois certain, à ton tour, que je n'aimerai jamais rien comme l'ami de mon cœur, le guide, la joie de ma vie; et j'ai sur toi cet avantage, que ma tendresse pour toi a été la première pensée de mon âme.

On prépare ici de belles fêtes pour le retour de l'empereur. L'Opéra se met en frais, la ville aussi, et j'espère que ces fêtes seront tout à fait nationales. Une de celles qui plairont peut-être le plus à Sa Majesté, c'est une comédie que nous lui jouerons en famille, si je puis me servir de cette expression. Madame la princesse Louis a bien voulu me donner un rôle avec elle, et j'ai été bien touchée de cette bonté, que mon cœur méritait. Ce rôle est fort joli; il y a des mots qui me plaisent parce qu'ils sont l'expression de ce que je sens, et, si la peur et l'émotion ne me troublent pas trop, je crois que je ne le jouerai point mal[1]. La princesse jouera à son ordinaire; la pièce est jolie; ainsi je crois pouvoir vous répondre de ce spectacle. Mais je suis loin, cher, d'en dire autant pour vos *Français*. Maherault est dans un état à ne pouvoir se mêler de rien; il fait des efforts, mais il est très mal, et vos sujets comiques profitent de votre absence et de sa faiblesse. J'ai fait de mon mieux, mais vous seul pouvez ranimer cette machine qui tombe et se désorganise. Leur

1. Voir les *Mémoires*, t. II, p. 359.

intérêt serait de redoubler d'activité, mais sur ce théâtre-là, comme sur un autre plus grand, ils aiment mieux se plaindre de leur destin, et se livrer à l'impulsion de leur vanité, qui les ruine. Ils se querellent, ils s'injurient et entravent tout. Enfin, mon ami, je frémis de tout ce qui va vous tomber sur le corps, en arrivant, de plaintes, de mécontentements et de demandes.

Cependant, j'ai fortement insisté pour qu'on remît dans le mois *Gaston*, *Manlius* et *Catilina*. Voici un plan que Dazincourt m'a apporté. Ils voudraient, lui et ses camarades, que le Théâtre-Français fêtât aussi l'empereur. Lebrun[1] se charge de l'ode. Lisez ce plan, et écrivez un mot si vous l'adoptez, ou renvoyez-le, comme il vous plaira. Je ne sais si des acteurs ont le droit de couronner ainsi publiquement le souverain de la nation. Vous en jugerez beaucoup mieux que moi, et vous déciderez.

Je suis occupée ce matin des préparatifs d'une soirée d'un autre genre, et du succès de laquelle

---

1. Lebrun, qu'on appelait *Lebrun-Pindare*, né en 1729 et mort en 1807, avait alors la plus grande réputation de poète lyrique, et un talent moins contestable pour les épigrammes. Il a publié 140 odes oubliées, mais quelques-unes de ses 600 épigrammes lui ont survécu.

je ne suis pas si sûre : Duval m'a fait demander de me lire une pièce, très jolie dit-on, qu'il a faite pour les *Français*. J'ai invité à cette lecture une trentaine de personnes, qui me donneront peut-être plus d'embarras que mes hôtes d'hier, quoique probablement ils ne renverseront ni mes fauteuils ni mes tables. Mais, à propos de société! vous allez revenir, cher ami, il faut que je vous mette au fait de quelques nouvelles acquisitions que j'ai faites, moitié parce que je les ai souhaitées, et puis parce que les mercredis de votre femme commencent à avoir quelque réputation, et qu'on cherche à s'y faire présenter. Premièrement, Fontanes, pour qui vous connaissez mon faible ; Monge, qui en a pour moi depuis longtemps ; Carrion-Nisas, qui m'amuse, et qui m'a dit tant de bien de vous que je n'y ai pas tenu ; Norvins, qui nous divertit; M. Camille Tournon que je vous dois, et qui est extrêmement aimable ; M. Petitôt[1], que nous avons repris ; Legouvé, de temps en temps ; un petit

1. Monge, membre de l'Institut et sénateur, est, comme on sait, l'inventeur de *la géométrie descriptive*. Il est mort en 1818 à soixante-sept ans. — Carrion-Nisas, ancien tribun, était officier de cavalerie et auteur tragique. Né en 1767, il est mort en 1842. — Petitôt, inspecteur général de l'Université, faisait aussi des tragédies.

monsieur de Lagarde, qui est le mari de mademoiselle Rilliet, et, de plus, aimable; voilà tout ce dont je me souviens maintenant. Je vous vois d'ici avec ce petit sourire moqueur que je connais bien : « Ah ! voilà ma femme qui fait de l'esprit ! » Point du tout, monsieur; mais j'en laisse faire à tous ceux à qui cela convient, et puis, quand ces messieurs veulent venir, je leur donne ma mère, qui est, j'espère, un assez heureux accident de mon salon, un bon feu, du thé et des philosophes. J'écoute avec le même plaisir les sermons de Fontanes et les sarcasmes de l'abbé Morellet, et comme la tolérance n'est pas la vertu à la mode, de part ni d'autre, celle de mon salon me fait des amis.

Mais, mon ami, tout cela irait bien mieux si j'avais plus d'argent; car, n'en déplaise aux amateurs de l'idéal, c'est ce métal si méprisé, et si recherché pourtant, qui fait la moitié de l'esprit d'une maîtresse de maison, et, si j'avais à joindre *à toutes les grâces du mien*, les qualités bien supérieures d'une bonne table, je ferais autrement de bruit, et je doublerais le nombre de mes amis. Entre nous, ce genre de vie est celui qui me plairait le mieux. Ma santé n'est pas assez forte pour le tourbillon du monde, et un grand repos de corps, un peu d'agitation dans le cœur et de mouvement dans la tête, voilà ce qui m'arrangerait complètement. Mais je pense que tu n'as guère le temps de lire toutes ces balivernes. Tu es en route à présent, je l'espère, je le crois, et, dans cinq ou six jours peut-être... Adieu, mon ami, je t'attends, et cette attente est déjà le bonheur.

LXXXV.

MADAME DE RÉMUSAT A M. DE RÉMUSAT, A VIENNE.

Paris, 10 janvier 1806.

Eh bien, mon ami, voilà encore votre retour retardé. Hier, j'arrivais chez la princesse Louis, pour répéter une petite comédie que nous devons donner à l'empereur, mon cœur était plein de joie, j'avais reçu votre lettre de Munich, tout m'annonçait une prochaine réunion, lorsque madame Maret arrive avec une lettre de son mari, qui nous apprend le mariage du prince Eugène[1],

1. Le prince Eugène de Beauharnais, archichancelier d'État et vice-roi d'Italie, épousait la princesse Auguste-Amélie, fille du roi de Bavière.

et le retour pour la fin du mois Mon ami, j'en ai pleuré, et je suis revenue toute triste dans ma solitude, que la plus douce espérance embellissait depuis quelques jours. La princesse Louis a le cœur bien serré de ne pas assister à la noce de son frère; elle m'en parlait avec larmes, en me contant les obstacles qui l'ont empêchée de se rendre à Munich. Elle rassemble son courage pour dissimuler sa peine, mais elle est très affligée, et, si son frère ne vient pas un peu à Paris, elle sera réellement malheureuse.

Nous allons continuer, en attendant, de préparer nos fêtes. L'Opéra sera très brillant, la Comédie-Française travaille, et remettra dans un mois *Gaston*, *Manlius* et *Catilina*. Mais, malheureusement, mademoiselle Fleury s'est emparée des rôles de femme dans les trois ouvrages, ce qui les retardera et les gâtera. Il faudrait des ordres pour qu'ils fussent partagés. Dans *Gaston*, mademoiselle Duchesnois aurait bien joué, mais Maherault est sans force, et moi sans pouvoir. On a reçu une petite pièce de Bouilly, en un acte, sur l'anecdote des drapeaux retrouvés, qu'on dit jolie. Enfin, et nous aussi, nous jouons la comédie! Dans l'attente, nous répétons jour et nuit, et ces répétitions sont un mélange d'attendrissement et de folie. On pleure en pensant combien on sera ému, et on rit de la peine que vos chambellans ont à chanter juste. Monsieur d'Aubusson, surtout, est le plus comique du monde ; sa voix est absolument fausse ; il s'entête à chanter, il se querelle avec Grasset, il voudrait qu'il l'accompagnât en le précédant, et puis, après tout ce train, quand il recommence, il est aussi loin du ton. Heureusement qu'il y a plus d'accord dans les sentiments que dans les voix des acteurs, et cet unisson des cœurs fera tout passer.

Je viens de recevoir une lettre de madame de S*** tout à fait singulière. Elle m'écrit qu'elle apprend que l'empereur vient, et que l'impératrice reste à Munich ; que son mari la tourmente pour venir à Paris, parce qu'il veut qu'elle marque spécialement de l'empressement à l'empereur. Elle ajoute qu'elle a mille raisons pour souhaiter de rester dans sa solitude ; elle me prie de lui écrire une lettre ostensible, pour lui conseiller de rester, en me prévenant pourtant que M. de S*** me saura mauvais gré de ce conseil, mais qu'elle en a un extrême besoin. Je lui ai écrit tout simplement ce que je savais : le retard du voyage. J'ai fini par lui témoigner un grand désir de la revoir. Au reste, je conçois assez que ce mari veuille la mettre en avant ; elle est sa meilleure qualité et son plus sûr moyen de succès.

J'ai dîné avant-hier chez Fontanes, avec l'archichancelier, et une quantité de législateurs. J'ai complimenté le président sur un article charmant du *Journal des Débats* qu'il a fait pour soutenir l'ouvrage de Mathieu [1]. Je lui ai parlé aussi du discours qu'il prononcerait à l'ouverture du Corps législatif. Il m'a avoué que son sujet l'effrayait, que la louange ne pouvait s'élever jusqu'à la hauteur de ces grandes choses, et qu'il n'osait rien arrêter. Je l'ai cru, car il est plus difficile de louer qu'on ne pense, et je crains bien que tout ce qu'on va faire ne prouve l'infériorité de nos écrivains à cet égard.

Je suis chargée, cher ami, de vous prier de prendre des informations, à Munich, sur M. de Rumford. On m'a donné, hier, de si singuliers détails sur sa vie, que je suis très curieuse de savoir la vérité. Le résultat des rapports qu'on m'a faits serait que ce prétendu savant n'est

---

[1]. M. de Fontanes, président du Corps législatif, avait fait un article sur le livre de M. Molé, qu'on appelait volontiers, dans la société de ce temps par son prénom *Mathieu*.

qu'un charlatan de philosophie, sans fortune, sans considération, et entaché de plusieurs mauvaises histoires. Enfin, on veut qu'il n'ait d'autre mérite que d'être sujet tous les cinq ou six mois à une certaine maladie que je n'ose nommer, mais qui, apparemment, n'a pas effrayé notre veuve de quarante-cinq ans. Ma mère vous demande des détails exacts sur tout cela. Au reste, elle me charge de vous dire, que, depuis ce second hyménée, on a imaginé des recettes pour les mariages économiques, qui s'appellent *mariages à la Rumford*[1].

1. Ce dernier trait fait allusion aux soupes économiques et aux cheminées à la Rumford. Les bruits qui couraient alors sur ce savant pouvaient être exagérés. Pourtant le mariage aboutit à une rupture, comme on peut le voir dans les *Mémoires*, et M de Rumford fut obligé de quitter Paris, et vécut en Allemagne d'une pension de sa femme. Il est mort longtemps avant elle.

LXXXVI.

MADAME DE RÉMUSAT A M. DE RÉMUSAT, A MAYENCE.

Auteuil, 25 septembre 1806.

Eh bien, mon ami, c'est donc à moi à te donner maintenant des nouvelles du ménage, et c'est ton tour de quitter la maison? Quelle manière d'employer son temps, et que j'en dirais long si je ne prenais le parti de briser sur un pareil article! Il faut baisser la tête, se soumettre, espérer un meilleur avenir, un temps de repos, que nous aurons acheté cher, et qui me consolera, comme je te l'ai dit, de n'avoir plus vingt ans. Puisse seule-

---

1. Il y a, comme on le voit, un intervalle de six mois entre cette lettre et la précédente. Ma grand'mère avait passé à Cauterets une partie de l'été de 1806, tandis que son mari, ses enfants, sa mère, sa sœur, madame de Grasse et son fils, s'établissaient dans une maison louée à Auteuil. Les lettres écrites pendant son séjour dans les Pyrénées n'ont pas été conservées. Elle revint de Cauterets à Auteuil à la fin d'août, ou au commencement de septembre, et, bien peu de jours après, le prochain départ de l'empereur la força de se séparer de nouveau de son mari, qui partit pour Mayence le 21 ou le 22 septembre. L'empereur se mit en route le 25 pour entreprendre la campagne de Prusse, qui ne fut achevée qu'au mois de juillet 1807.

ment ce nouveau voyage ne pas trop fatiguer ta santé! Cette inquiétude me poursuit tout le jour. Il me semble que tu ne te portais pas aussi bien qu'il le faudrait pour le tracas que tu vas avoir. Si tu avais entrepris plus que tes forces! si pour la seconde fois tu avais essayé de surmonter le mal! Tu sais ce qu'il t'en a coûté une fois. Voilà pourtant la triste idée sur laquelle je tourne et retourne depuis ton départ, sans compter les mauvais chemins, sans compter le reste, qui fait que les heures s'écoulent sans plaisir.

J'ai été, hier, à Saint-Cloud prendre congé. On était triste, silencieux; on allait, on venait, et je regardais tout ce mouvement, en pensant à toi. La veille, j'avais été déjeuner avec l'impératrice. Au milieu du tumulte du palais, j'ai pu accrocher un moment M. de Talleyrand. Il m'a parlé de toi. Il trouve *bien* que tu sois parti; il m'a voulu prouver que je devais être contente; il veut que tu te soignes là-bas; il se félicite de t'y trouver, enfin il t'aime tout à fait. Je l'en ai remercié; mais, en me réjouissant, j'avais les larmes aux yeux. Ah! mon ami, le cœur, le cœur! Comme il entre peu dans le calcul des hommes, et cependant d'où vient le vrai bonheur, si ce n'est des jouissances qu'il procure? En écrivant cette réflexion, j'ai besoin de penser à mes enfants pour supporter tout ce qui m'oppresse. Après M. de Talleyrand, j'ai vu Fouché, qui a été aimable aussi, à sa manière, et puis le grand écuyer[1], qui m'a bien parlé de toi. Je ne répondais qu'à ce triste mais cher sujet de conversation; et cependant, cela me faisait pleurer, et la plupart des personnes qui étaient là n'auraient pas voulu comprendre mes regrets. Je ne sais pourquoi, dans de pareils moments, on se croit obligé d'avoir l'air satisfait de ce qui afflige. Sans doute, il faut remplir son devoir, mais qui peut exiger qu'on s'en réjouisse, quand il nous sépare?

L'empereur est donc parti cette nuit; l'impératrice paraissait heureuse de l'espoir de revoir sa fille. Elle m'a dit qu'elle était bien aise de penser qu'elle te retrouverait. Je t'avouerai que je me suis sentie deux ou trois fois bien tentée de lui demander la permission de la rejoindre promptement, mais la raison m'a arrêtée. Il vaut mieux que je reste, pour le ménage, pour nos enfants, pour le repos de ma mère, et pour ma santé. Je

---

1. M. de Caulaincourt.

vais donc occuper mon loisir à tout cela, et rien qu'à cela. Tu seras content de ta femme, et, loin de toi, j'éprouve encore un plus grand besoin de ne faire que ce qui peut te plaire. Je rangerai le ménage, et je te promets de t'en rendre bon compte. Charles travaillera davantage, les matinées se passeront entièrement avec lui, et je les commencerai de bonne heure. Je me trouverai bien de ce régime, et, je le répète, tu seras content.

Mademoiselle de Luçay s'est mariée ce matin. Après la cérémonie, on est parti pour Saint-Gratien. M. de Luçay m'a dit qu'il espérait que ce lieu porterait bonheur à sa fille, étant accoutumé à voir consacrer d'heureux mariages[1]. Ce nom de Saint-Gratien, et tous les souvenirs qu'il renferme m'ont frappée au milieu de ce beau salon où je me trouvais. Nous étions bien heureux quand nous étions dans ce petit château, que je ne trouvais pourtant pas si laid. M. de Luçay l'appelle un *chenil* ; il me semble qu'on y

---

1. M. de Luçay, chambellan de l'empereur, mariait sa fille à M. Philippe de Ségur, fils de M. de Ségur, membre de l'Académie française, marié lui-même à mademoiselle Daguesseau. M. Philippe de Ségur, général et membre de l'Académie française, est mort en 1873

vivait bien, qu'en dis-tu? Au reste, le bruit de la cour était, hier, que le retour serait prompt, et celui de Paris qu'on n'aurait point de guerre. On peut se fier à l'active habileté de l'empereur. Mais je voudrais bien qu'on ne l'obligeât pas à l'employer si souvent. Si ma dévotion en herbe ne me défendait pas de maudire le prochain, je crois que le roi de Prusse aurait toutes mes imprécations.

J'ai eu hier la visite de M. Dudemaine[1]. Il m'a tour à tour attristée et amusée en me parlant de J***. Il n'est pas homme à comprendre les rêveries mélancoliques, et son bon esprit s'afflige de tant de faiblesse. Il m'a demandé s'il pouvait l'emmener chez M. Guys. J'ai fort approuvé ce projet, et il m'a promis de le forcer à travailler un peu. Maintenant, veux-tu écouter mon avis, dont tu feras ce que tu voudras? La précipitation de ton départ m'a fait oublier ce que je voulais te dire à ce sujet, mais à présent j'y reviens. Il me semble que ton neveu est à peu près dans l'état d'un malade qui a besoin d'une secousse, et c'est à toi de la lui donner.

1. M. Dudemaine avait épousé mademoiselle de Foresta.

Si j'étais son oncle, je lui écrirais une lettre moitié sévère, moitié paternelle ; je le prêcherais sur le besoin de se tirer de son apathie à son âge ; je lui laisserais entrevoir que j'ai deviné son secret et qu'il ne doit jamais oublier que j'ai continué à lui conserver mes bontés, quoique j'eusse lieu d'être mécontent et du sentiment qu'il nourrissait, et du peu de décence d'une conduite indiscrète, qui prouvait qu'il n'avait aucun regret de manquer au plus sacré devoir. Il faudrait aussi lui laisser croire que tu n'en as jamais parlé. Et puis, après l'avoir bien grondé avec cette dignité que tu sais si bien prendre dans *ta correspondance*, tu terminerais par des exhortations paternelles et indulgentes, parce que tu ne dois pas le désespérer, ni lui laisser croire qu'il a perdu tout droit à ton affection. Laisse-moi la partie sévère dans le ménage. Il faut bien que ce soit moi qui me charge de ce rôle ; le tien est de lui inspirer de la confiance et l'espoir de regagner tes bontés. Voilà mon avis, mon tendre ami. Tu le prendras comme tu voudras, et je te promets que, de mon côté, je me conduirai comme je le dois, et, je te l'ai déjà dit plus d'une fois, dans ton absence, je suis bien sévère, bien plus sévère, et mets-toi dans la tête que je ne me permettrai d'être coquette qu'en ta présence[1].

LXXXVII.

MADAME DE RÉMUSAT A M. DE RÉMUSAT, A MAYENCE.

Auteuil, ce dimanche 28 septembre 1806.

Je suis toujours sans nouvelles de vous, mon cher ami, et, quoique je pense bien qu'il est à peu près impossible que j'en aie, cependant je m'af-

---

1. Peut-être quelques lecteurs sévères reprocheront-ils à l'éditeur d'avoir imprimé ce passage de cette lettre, et de ne l'avoir pas effacé comme d'autres trop intimes. Je conviens d'avoir hésité à publier ces lignes et d'autres analogues. Mais il me paraît que, dans les publications de ce genre, tout ce qui fait connaître l'auteur, sa vie intime et ses sentiments doit être respecté. Les affections qu'inspirent les femmes, et la manière dont elles les acceptent, les font aussi bien juger que ce qu'elles ressentent. Même pour un petit-fils, une telle confidence n'est pas embarrassante. Pourtant, je ne la ferais pas au public, si je n'y étais encouragé par *celui* qui dirige encore ma vie en toutes choses, et naturellement surtout dans ces publications qu'il a désirées, et qu'il a souvent voulu préparer lui-même. Mon père n'a pu écrire que quelques notes sur cette correspondance dont il faisait tant de cas, et, parmi ces notes, je trouve la suivante, qui excuse et explique l'indiscrétion que je semble commettre aujourd'hui : « J*** établi a la maison, s'y était montré spirituel, mais

flige et je m'inquiète. Je crois que vous avez été vite, qu'il ne vous a pas été possible de m'écrire de la route, que ce n'est guère que le lendemain de votre arrivée que vous l'avez fait, que la poste ne doit pas être aussi prompte que mes désirs. Je pense et me redis tout cela, et puis, après, je me chagrine. La raison est impuissante contre les tourments de ce genre ; je les ai malheureusement souvent éprouvés, je les sais bien tous, et je n'ai pas pu trouver encore la manière de les surmonter.

» triste, rêveur, inquiet et contredisant. C'était un de ces tempé-
» raments à la *René* assez à la mode au commencement de ce
» siècle. Il y ajoutait un caractère malheureux et des formes
» tranchantes. Il imagina d'être amoureux de ma mère, à laquelle
» cela causa beaucoup d'ennui. Il en devint plus triste et plus
» quinteux. En consentant à se taire, il ne se taisait pas tou-
» jours, et surtout éprouvait, et affectait en même temps, ces
» jalousies, ces mécontentements, ces désespoirs qui viennent
» assez naturellement dans l'intimité d'une femme aimable,
» entourée, soignée, et qui préférait bien d'autres conversations,
» et même d'autres amitiés, à l'entretien et à l'affection de son
» neveu. Il devint importun et ridicule ; ma grand'mère et ma
» tante s'en moquaient. M. Bertrand, qui s'intéressait à lui,
» comme Provençal, le soutenait un peu. Il finit par quitter la
» maison, et, une fois, il s'empoisonna, du moins il le dit. Il y
» avait dans tout cela un certain mélange, comme il arrive sou-
» vent, de vérité et de comédie. Je me souviens que, dans mon
» enfance et ma jeunesse, on me le citait toujours comme le
» type de l'esprit faux. »

Mon ami, je pense à toi dans cette petite retraite d'Auteuil, qui me plairait si elle était plus solitaire. Mais il faut convenir que ma mère a raison, et que les oisifs de Paris ont trop beau jeu pour y venir importuner à tous les moments du jour. On nous accable de visites, et nous nous réfugierons à Paris pour y vivre plus seules, et plus économiquement. Quelque bizarre que cela paraisse, il est pourtant vrai que je ne pourrai exécuter mes plans de réforme qu'à mon retour. Cependant, comme la santé de Charles s'arrange du beau temps et de la campagne, nous comptons y rester jusqu'au 15 octobre. Alors, je commencerai à faire connaître mes nouveaux règlements, dont je m'occupe ici sérieusement. Mais je vous assure, mon ami, que ce travail me remplit d'admiration pour ceux qui entreprennent de diminuer les abus des finances d'un État ; car, depuis trois jours que je cherche à détruire ceux qui se sont introduits dans mon petit royaume, je me sens déjà fatiguée des plaintes, des querelles et des gémissements dont on m'accable, et cela m'occupe tellement, que je suis tentée de souhaiter souvent d'être assez riche pour me laisser voler sans y regarder. Cependant, comme je n'en suis pas là, je prends mon parti de m'endurcir contre les réclamations, et je deviens un vrai Barbé Marbois[1].

J'ai vu, ce matin, Louis de Vergennes qui m'a demandé instamment de vous prier de vous informer s'il est vrai que l'empereur ait le projet d'augmenter le nombre de ses ordonnances, et s'il serait possible que vous présentassiez une demande très instante de la part de son fils. Il brûle de servir, il voudrait être employé, et vous jugez combien il serait heureux de l'être sous les yeux de Sa Majesté. Si vous pouviez l'obtenir, vous le combleriez de joie.

Hier matin, à neuf heures, nous avons vu entrer dans notre petit salon le ministre des finances [2], tout botté, tout roulé, tout frotté. Il se promenait dans le bois de Boulogne sur un beau cheval arabe que lui a donné l'empereur. J'ai voulu qu'il me

1. Barbé-Marbois était ministre du trésor. Il fut disgracié par l'empereur dans la même année 1806. Il a été, sous la Restauration, premier président de la Cour des comptes.

2. M. Gaudin, ministre des finances, avait conservé le costume de l'ancien régime. Il était poudré à l'oiseau royal, et montait à cheval avec de grandes bottes et un chapeau à trois cornes, ayant un écuyer à ses côtés. C'était un ancien ami de madame de Vergennes. Il y avait à cette époque deux ministres des finances, et l'un prenait le titre de ministre du trésor.

donnât ce cheval, mais il n'a pas entendu à cette demande. Il a été aimable, il nous a promis de placer M. de Pradine[1]; il a un peu consolé Alix, et il espère encore que le roi de Prusse ne sera pas un fou, et la reine une imprudente. Il y a des paris ouverts dans la société, mais il n'y a qu'une opinion sur nos succès.

Si vous entendez parler de M. de Nansouty, donnez-nous des nouvelles de lui, et tâchez d'en avoir. Sa pauvre femme est vraiment trop malheureuse. En vérité, nous sommes de trop *bonnes femmes*, et bien insensées de nous attacher ainsi à des absents. Qu'allez-vous donc vous imaginer d'être de si bons et si aimables maris? J'en ai vu un, hier, qui ne se pique pas d'une semblable fidélité, c'est le jeune maître des requêtes. Il nous a fait une longue visite; il était assez aimable; mais, entre nous, j'ai été un peu choquée de la conversation à double entente qui s'est établie, sur le sentiment qui l'occupe. On lui facilite les choses en paraissant ne les trouver que plaisantes; n'est-ce pas les excuser? Le monde est singulier, et les honnêtes femmes, mon ami,

1. M. de Pradine avait épousé l'une des filles de madame de Grasse.

les plus honnêtes femmes... Mais je ne veux pas achever cette réflexion, et je laisse à votre esprit juste et conjugal à la terminer.

Vos deux garçons se portent bien : Charles a été au *salon* ce matin, et sa grand'mère est enchantée de la finesse de ses observations. Je tâche de le faire travailler davantage, et, quoique cela ne lui plaise pas, il faut convenir que je n'ai qu'à me louer de la douceur avec laquelle il s'y soumet. Cet enfant a une bonté dans le caractère qui lui vient de *je ne sais qui*, et que le monde, j'espère, ne lui ôtera point. Adieu, cher ami, voici encore des visites qui font que je vais vous quitter. On vient me complimenter sur mon retour de Cauterets, mais ce n'est plus avec ce visage gai des premiers jours que je reçois ces félicitations ; il fallait me prendre dans ma joie. Elle n'a pas duré, et le chagrin est revenu vite. Voilà la vie.

LXXXVIII.

MADAME DE RÉMUSAT A M. DE RÉMUSAT, A MAYENCE.

Auteuil, 4 octobre 1806.

Mon ami, la séparation de deux personnes qui s'aiment tendrement est une situation hors nature, dans laquelle on ne fait que courir d'une peine à l'autre. Hier, je me tourmentais de votre silence, voilà qu'aujourd'hui, je m'afflige de cette chute, de ce coup au visage que vous ne soignez pas, et du danger que vous avez couru. Je me fâche contre Auguste et contre vous. Il n'était pas difficile avec un peu de soin de s'apercevoir que cet homme était ivre, et de ne pas le laisser partir. Ensuite, au premier moment, vos gens devaient saisir les chevaux, et non s'amuser à le haranguer; enfin, vous ne deviez pas sauter de ce carrosse parce que rien n'est si dangereux. Je frémis de ce qui pouvait vous arriver, si vous aviez été moins leste, et mon imagination troublée ne peut plus vous voir autrement que dans cette effrayante situation, prêt à risquer votre vie et tout le bonheur de la mienne. Que cet accident vous rende prudent à l'avenir! Pour moi, je ne pourrais supporter l'absence, si elle me donnait aussi souvent à éprouver d'autres peines que celles qu'elle me cause. Ménagez-vous, soignez-vous, point de courage superflu; je vous demande en grâce d'affermir votre santé, de soigner votre vie. Tant de destinées, de bonheurs, d'affections y sont attachés! Votre enfant pleurait au récit de cette chute; pour moi, je ne rêve que malheurs. Ma pauvre tête se sent encore du mauvais air de Cauterets, et elle ne résiste à aucune des émotions qui viennent du cœur.

Cette lettre que j'attendais avec tant d'impatience m'est arrivée hier, à minuit. C'est J*** qui me l'a apportée, et vous *permettrez* que je lui sache gré de cette attention. Il avait dîné avec nous, il avait été témoin de toutes mes inquiétudes pendant la journée; il nous quitte à onze heures et retourne à pied. En arrivant, il trouve une lettre; il n'y avait point de domestiques, il reprend sa course, arrive à onze heures et demie. Nous étions couchées, on m'éveille, Augustine m'apporte ce cher paquet, elle me dit que J*** est en bas, qui demande si son oncle est en bonne santé, et qui attend que je le lui fasse dire pour repartir. Je lui fais proposer de coucher dans quelque coin de la maison, il refuse, et le voilà parti. Alors, j'ouvre cette lettre, je pleure de ce maudit accident, j'examine, je pèse tous les mots pour voir s'ils ne me cachent rien, et je me renfonce ensuite dans mon oreiller pour gémir sur l'absence, et rêver chutes et voitures brisées, toute la nuit. Oh! quand viendra le temps où nous ne nous quitterons plus?

J'imagine que, dans le moment où je vous écris, vous êtes en plein repos, et que l'empereur a déjà quitté Mayence. On ne veut point absolument croire à la guerre ici. Ce sont des paris qui se renouvellent tous les jours, et des venues de courriers que personne n'a vus, mais dont tout le monde parle. Ce que j'aime d'Auteuil, c'est que la vérité seule y arrive, et qu'on ne vous raconte les faux bruits que lorsqu'ils sont démentis. Alix a reçu des nouvelles de son mari : il n'a point encore marché, et semble ne rien savoir, ou, peut-être, ne vouloir rien dire; elle retourne à Paris samedi. Nos amis nous tourmentent pour revenir, mais nous resterons jusqu'au 15, et le beau temps et le plaisir de Charles décideront de notre retour.

La saison est encore bien belle. Puisse-t-elle l'être aussi à Mayence! Profitez-en, promenez-vous; voyez beaucoup M. de Talleyrand qui cause si bien, et qui m'a promis de vous soigner. Enfin, amusez-vous le plus que vous pourrez, et, au milieu de tout cela, écrivez souvent à votre pauvre amie.

Ce vendredi.

Mon ami, tout ce que j'ai vu depuis hier vous recommande de ne plus sauter hors d'une voiture, quand elle va vite ; il y va du plus grand danger. M. de Kerkado s'est tué de cette manière; M. de Léon [1] s'est grièvement blessé; enfin, je frémis de tous les accidents qu'on m'a contés à ce sujet. Ayez pitié de moi, et soignez-vous, je vous en conjure. J'ai vu, hier au soir, madame de Vannoise et M. Lemercier. Celui-ci est fort occupé de son *Faux Bonhomme,* et tourmenté de la maladie de Fleury, qui se prolonge. Par procédé, il ne veut pas lui ôter le rôle, et il a raison, car c'est prolonger ses espérances, et c'est pour lui surtout qu'elles

---

1. M. de Léon est devenu plus tard le duc de Rohan. Il a été chambellan de l'empereur. Il est mort en 1816. C'était le père du duc de Rohan, cardinal et archevêque de Besançon, mort en 1833.

sont un véritable bien. Constance de Vannoise m'a paru raccommodée avec son avenir. Le mari est parti, on s'occupe des robes et des chiffons, et elle trouve le mariage fort joli. Madame de Vannoise, au contraire, tremble, s'afflige davantage, et l'idée de la séparation lui est insupportable[1]. Ah! ces pauvres mères, ces pauvres mères! Mon ami, je ne veux jamais entendre parler d'une fille, entendez-vous? Des garçons que je vous éléverai de mon mieux, tant que vous me les laisserez, et, après cela, qui s'envoleront, et dont je ne me soucierai plus! Peut-être que après tout, le monde est tellement arrangé, que le bonheur est plus près de cette insouciance des gens et des choses que de cet intérêt si vif qui cause des regrets si douloureux. Voilà une réflexion qui n'est pas sentimentale, mais que ces absences si répétées m'inspirent. Malheureusement, je suis encore loin de cette perfection, et je n'ai peut-être jamais si vivement senti les privations de cœur que cette année. L'expérience, qui chaque jour éclaircit le voile dont notre jeunesse aime à se couvrir, me dégoûte du monde, et me ramène à ce bien si solide,

---

[1]. Ce mariage de mademoiselle de Vannoise ne se fit pas.

si doux, que je trouve près de toi, mon tendre ami.
C'est là qu'est ma félicité, et tout le repos de ma
vie.

LXXXIX.

MADAME DE RÉMUSAT A M. DE RÉMUSAT, A MAYENCE.

Auteuil, mardi 6 octobre 1806.

Je te remercie mille fois, mon aimable ami, de
ta seconde lettre. J'étais inquiète de cette chute;
je craignais que tu ne m'eusses pas tout dit, et mon
imagination te voyait souffrant, affairé, et ne pensant à te soigner qu'au moment où tu serais réellement malade. Combien il faut que le plaisir
d'aimer soit une douce chose, pour qu'il puisse
dédommager des peines sans nombre que produit l'absence de ce qu'on aime! Et, lorsqu'il y a
dans le monde mille manières de souffrir, et une
seule d'être heureux, que de force a le sentiment
qui fait trouver de l'égalité dans un semblable
partage! Pour moi, mon ami, je le sens tous les
jours davantage. Toute la félicité de ma vie est

dans la tendresse que tu m'inspires, et il y a un tel plaisir à t'aimer, que je trouve encore de la douceur dans les regrets que produit ton absence, et qui sont, loin de toi, ma plus chère occupation.

J'ai été dîner hier chez l'archichancelier. Bien des gens m'y ont demandé de tes nouvelles, avec cette mine qui faisait dire à madame de Sévigné qu'elle ne prenait pas la peine de répondre, et qu'on restait dans *l'ignorance* et dans *l'indifférence*. Quand nous sommes séparés, mon cœur est si triste, les moindres choses y arrivent si bien, que j'évite avec un soin extrême de parler de toi à ceux dont je sais que l'intérêt me répondrait si mal. Cette froideur, dans ce cas, me fait de la peine, et me contrarie. J'éprouve une véritable joie à rencontrer des gens amis, qui, en me questionnant, me laissent démêler un peu de bienveillance. Aussi, me suis-je fort bien arrangée, hier, avec M. de Lavalette, qui a l'air de t'aimer, et avec lequel j'ai beaucoup causé, pendant le long dîner de l'archichancelier. Je l'ai fort pressé de me venir voir, et je le désire fort, parce que je le trouve aimable. A propos d'esprit, il faut que je te dise, puisque tu veux savoir les *pétoffes* d'Auteuil, que ma mère a pris décidément un nouvel engouement, et que le *cousin* est tout à fait mis de côté [1]. Tu sais que nous commencions à lui apercevoir mille défauts; mais, depuis deux jours, il est déclaré insupportable. Tu aurais bien ri du soin avec lequel Gaga s'amusait à se monter la tête, après une visite de M. Sorian, qui est le remplaçant : elle était vraiment aimable et comique dans sa nouvelle passion, passion qu'Alix ne partage point du tout. Pendant cette visite du nouveau favori, qui avait charmé ma mère, en causant à la vérité fort bien sur les anciens, et surtout sur les poètes qu'il sait et qu'il aime, ma sœur était restée fort silencieuse. Il avait eu la maladresse, en arrivant,

---

1. C'est M. Pasquier, alors maître des requêtes, puis préfet de police, ministre pendant la Restauration, puis pair et chancelier de France, qui est appelé ici, et dans toute cette correspondance, le *cousin*. C'était une plaisanterie de société justifiée par les relations d'amitié qui existaient entre lui et mes grands-parents, relations qui se sont transmises jusqu'à mon père, et, je puis le dire, jusqu'à moi. Il est mort en 1862 à quatre-vingt-quinze ans. D'autres lettres donneront l'occasion de parler de sa situation dans la société et le gouvernement sous l'Empire et plus tard. Quant à M. Sorian, je ne sais quel il est, ni si l'orthographe de ce nom est bien celle-ci. On voit de reste que tout cela pour la mère et la fille n'est qu'un jeu d'esprit. Quant à M. Chanorier, il est parlé de lui dans les *Mémoires*.

de dire que la guerre était sûre, et cela l'avait justement attristée, et indisposée contre le nouveau venu. Après son départ, il y a eu une grande dispute, sur les qualités des deux soleils, levant et couchant, qui a été la plus plaisante du monde. Pour moi, je suis restée neutre, parce que c'est moi qui avais présenté l'un, et que je me sens encore quelque faiblesse pour l'autre. Au reste, ce changement m'a rappelé l'histoire du cistre que ce bon M. Chanorier contait souvent.

Mon ami, qu'elle est aimable, ma mère, et que son esprit est bon à retrouver dans l'habitude de la vie! Chacun des pas que je fais dans le monde, augmente en moi les sentiments, je dirais presque d'admiration, que m'inspirent son caractère, cette égalité, cette douce raison, cette inépuisable gaieté. Ces jours-ci, comme moi, elle était inquiète de ta santé; mais, s'efforçant de surmonter son chagrin, quand elle me voyait pleurer, elle arrêtait mes larmes, et me forçait à rire de ses aimables folies. Je lui disais, hier, une grande vérité: c'est que je l'aime tous les jours davantage. Il y a, pour les mères et les filles, un moment critique, qui est celui du mariage. Alors les émotions si vives de toutes les nouvelles jouissances dont on nous accable à la fois, la jalousie maternelle qui s'aperçoit d'un mécompte, votre empressement à nous gâter d'abord, vous autres maris, tout cela trouble, sépare, entraîne d'un autre côté, et il est presque impossible alors que la mère ne soit pas un peu injuste, et la meilleure fille un peu ingrate. Mais, si l'une et l'autre sont réellement bonnes et faites pour s'aimer, le temps passe sur ces légers torts, que l'excès de l'affection produit et excuse; on avance dans la vie, on regarde autour de soi, les mécomptes arrivent, on a besoin d'une amie véritable, et quelle autre qu'une mère peut occuper cette place? Voilà ce qui devrait arriver plus souvent, mon ami, avec un peu d'indulgence d'un côté, et de la reconnaissance de l'autre… Mais voilà qu'on m'interrompt! C'est Crescentini[1] qui me force de te quitter; me permettras-tu cette distraction en ton absence?

Ce lundi.

Je n'ai pas pu reprendre ma lettre de tout hier. Après la visite du chanteur, qui m'a paru un peu

---

1. Girolamo Crescentini est le chanteur italien qui fut retenu de force à Paris par l'empereur, de 1806 à 1812. C'était un *soprano*, à la manière du temps. Il était né en 1769, et il est mort à Naples en 1846.

changé, nous avons été à Paris, voir *Horace*. J'ai été fort contente, d'abord de Corneille, qui est ma vieille passion, et puis du nouvel acteur, Leclerc[1]. Il a joué le père Horace avec chaleur et dignité, copiant un peu trop Saint-Prix, mais disant le *Qu'il mourût!* de manière à causer un grand effet. On l'applaudit fort. Ton neveu dit qu'on le repousse de la Comédie; je crois que ce serait dommage. M. Saint-Eugène m'a paru fort médiocre. Il m'a semblé aussi que mademoiselle Georges a fait des progrès, et mademoiselle Duchesnois a bien joué Camille, à un peu de traînement près, dans quelques endroits. En somme, c'était une belle représentation; je ne sais même si l'étude que Lafond est forcé de faire pour la comédie ne lui a pas ôté de sa pesanteur. Je n'aurais pas osé me fier à mon propre jugement, parce qu'au sortir des montagnes, on n'est pas difficile; mais *votre fils* était de cet avis. Ainsi, il n'y a rien à dire.

1. L'acteur Leclerc a eu quelques succès au Théâtre-Français, dans les premières années de ce siècle. On lui reprochait seulement un peu de monotonie. Il a surtout réussi dans les rôles du vieil Horace et de Mithridate. Saint-Eugène, qui jouait Curiace dans cette représentation, a laissé peu de réputation. Lafond jouait le jeune Horace.

Après le spectacle, nous sommes revenus dans notre petit couvent, et, ce matin, nous avons fait, Charles et moi, une grande promenade. Nous sommes sortis par le bois de Boulogne, nous avons été à Boulogne même, et, de là, en redescendant par le chemin de Saint-Cloud et le Point-du-Jour, nous sommes rentrés à Auteuil, par l'avenue de Paris. La conversation allait son train pendant la course. Ton fils s'est avisé de me questionner sur la Révolution, et surtout sur l'empereur. Je lui ai conté la campagne d'Italie, celle d'Égypte, le retour en France, les guerres et les succès qui ont suivi. Cela l'intéressait beaucoup, et, quand j'ai eu fini : « Maman, m'a-t-il dit, c'est une vie de Plutarque que tout cela. » Je l'ai engagé à travailler assez pour pouvoir l'écrire quand il serait grand, et cette idée lui a souri.

Adieu, mon ami, je te quitte sur ces paroles de ton fils; je ne pourrais rien dire de mieux que lui.

XC.

MADAME DE RÉMUSAT A M. DE RÉMUSAT, A MAYENCE.

Paris, 16 octobre 1806.

Ton exactitude me charme, mon aimable ami, et je t'assure qu'elle est le plus doux plaisir que me laisse ton absence. Tes bonnes lettres arrivent toujours à propos pour me consoler et me soutenir, et celle d'hier surtout est venue dans un moment où j'avais tout à fait besoin de ce confortant. J'avais quitté Auteuil le matin, et j'étais seule dans ce grand appartement si solitaire, qui me rappelle si bien ta présence, et qui renouvelle en moi le sentiment douloureux de nos fréquentes séparations. En reprenant possession de ma chambre, en rangeant tout autour de moi, j'ai retrouvé tes lettres, que je m'occupais à mettre en ordre. Celles de l'année dernière me faisaient mal à relire. Hélas! mon ami, c'était la même situation, le même éloignement, les mêmes inquiétudes. Le même chagrin se renouvelle, et c'est ainsi que se passe la vie. C'est dans cet instant que le courrier m'a apporté ta lettre; elle est, comme tout ce qui me vient de toi, aimable et tendre; elle m'a attendrie, mais moins péniblement que celles que je parcourais, et je me suis dit pour me consoler: « C'est aussi la même affection. » Conserve-moi bien tous ces sentiments qui me sont si nécessaires, et que je préfère à tout le reste. Les événements importants dont nous sommes témoins, en faisant courir le temps si rapidement, nous sont comme une expérience prématurée qui nous vieillit avant l'âge. Dans cette situation, on se trouve dégoûté de presque toutes les distractions frivoles de la vie du monde, qui détournent, sans distraire, des inquiétudes qui nous travaillent, et ce n'est véritablement que dans les affections du cœur qu'on retrouve ce qui doit consoler et plaire. Voilà où j'en suis, mon ami. Les nouvelles tribulations de cette année, ton absence, la tristesse d'Alix, tout cela m'afflige et m'absorbe, de manière que je me sens peu disposée à prendre à la société, et, si l'hiver n'amène pas quelques changements, je prévois que je mènerai une vie assez retirée. Charles y gagnera, et je te réponds qu'il travaillera, et il ne tiendra pas à moi que ses progrès dans le latin et le grec ne surpassent les tiens dans l'allemand. Je me remue, de peur qu'à ton retour, tout fier de ta nouvelle science, tu ne veuilles la communiquer à ton fils. Mais je t'avertis que je ne me mêlerai point à ce dernier travail : c'est bien assez que je m'évertue à déchiffrer ce maudit grec, sans encore pâlir sur cette triste langue tudesque, dont je ne me soucie point.

En attendant que nous reprenions sérieusement nos études, je pars, ce matin, avec ma primogéniture pour Sannois. J'y resterai jusqu'à dimanche. Madame d'Houdetot l'a exigé, et maman a voulu que j'amenasse Charles. Gustave va aussi bien que possible[1]. Dubois a trouvé la jambe bien remise; il n'a point de fièvre, il ne boitera pas, la fracture est aussi heureuse qu'elle peut l'être; mais il est condamné à demeurer trente jours sur le dos, sans bouger, et cette immobilité, surtout pour lui, est une vraie maladie. Ce sera une grande privation pour Charles que cette absence de son ami, et, pour la réparer, je vais tâcher de le mettre en rapport avec le fils de la princesse de

1. Gustave de Grasse s'était cassé la jambe à Auteuil.

Carignan. Il est élevé chez sa mère, il passe la journée dans la maison, et j'aimerais assez ce voisinage, d'autant que cet enfant a un précepteur dont on dit du bien.

En arrivant ici, j'ai appris que madame de Souza est assez sérieusement malade pour qu'on ne soit pas sans inquiétude sur elle. Son époux est à la Haye ; il va arriver, il renonce au Portugal, et s'établit à Paris. Tous les vieux garçons du quartier sont enchantés, et voilà une maison assurée pour Bertrand. Il m'a chargée de te faire mille tendres compliments. Les nouvelles et le mouvement dans lequel tout le monde se trouve ne lui donnent que plus de goût pour le repos, et il s'enfonce dans son fauteuil plus que jamais. Je n'ai vu que lui encore, et il sera notre plus fidèle compagnie. Tout le reste a pris son vol. Le cousin Pasquier est absorbé par ses juifs et ses commissions, et, depuis qu'il se partage, nous n'en voulons plus ; le pauvre Norvins est parti, comme tu sais. Il te verra sans doute, et te contera ses aventures ; le voilà soldat à trente-neuf ans, quittant tout, famille, amis, habitudes, et dans le doute encore s'il n'a pas fait une sottise. Je lui ai dit qu'il reviendrait *curé*. Malgré cette plaisanterie, nos adieux ont été presque pathétiques; il s'attendrissait en nous quittant. Ses projets sont toujours les mêmes: il a voulu prouver son dévouement; mais il ne compte pas poursuivre la même carrière. Il m'a bien priée de te charger de le recommander aux bontés de l'impératrice; il espère avoir l'honneur d'être admis un moment chez elle à Mayence.

XCI.

MADAME DE RÉMUSAT A M. DE RÉMUSAT, A MAYENCE.

Paris, vendredi 26 octobre 1806.

Je vous ai écrit hier deux fois dans la journée, mon ami; mes deux lettres vous affligeront sans doute, mais je n'étais pas maîtresse, dans le premier moment, de ménager mes expressions[1]. Aujour-

---

1. Les lettres se perdaient souvent sur les routes, et amenaient des confusions, des chagrins, des plaintes, des soupçons. J'ai retranché la plupart de celles où ces sentiments sont témoignés, *à faux*, pour être désavoués quand la lettre arrive. Je retranche, ou j'écourte également celles qui ne font que répéter ce qui est dit dans les lettres qu'on croit perdues. Les reproches dont celle-ci est remplie répondent à des plaintes, fort injustes assurément, si rien ne se fût perdu ou égaré.

d'hui, mon cœur est tout autant blessé, peut-être même plus profondément ; mais ma tête est calmée, et j'abrégerai mes plaintes. D'ailleurs, il n'est pas possible que vous ne sentiez pas bientôt le mal que vous avez dû me faire, et, si l'absence ne m'a pas changé mon ami, je suis sûre que ses regrets suivront de près ses torts envers moi. Oh! mon ami, songez donc que, dans une union comme la nôtre, que le temps cimente tous les jours de plus en plus, l'apparence du moindre doute blesse bien vivement la délicatesse inséparable d'un sentiment semblable à celui que tu m'inspires. Lorsque dix ans, et plus même, se sont écoulés sans que j'aie eu d'autre pensée que toi, lorsque ton souvenir se mêle à tous les souvenirs de ma vie, lorsque tu es uni à toutes mes espérances, comment veux-tu que je supporte les inquiétudes secrètes que ton cruel billet me laisse entrevoir? Si j'étais à ta place, je serais inquiète sans doute, mais d'une autre manière, et je le dirais autrement. Jamais ce que je souffrirais ne me porterait à offenser ce que j'aime, ce que j'estime, et voilà comme il faut s'aimer, voilà comme, je l'ose dire, je mérite de l'être. Pardonne-moi de revenir ainsi sur ce sujet, mais j'ai tant souffert hier! Aujourd'hui, je suis poursuivie d'un chagrin qui n'est que pour moi ; car le moyen de me plaindre de toi, de toi que j'aime si uniquement, de toi que je me plaisais à croire supérieur à toutes les faiblesses du commun des hommes? Je le vois bien, dans certaines occasions, vous vous ressemblez tous, et, à chaque instant, je me confirme dans cette pensée que ton absence est le plus grand de mes malheurs, et ta présence, méchant, le premier charme de ma vie.

J'écris aujourd'hui par M. de Talleyrand, j'écrirai demain par Deschamps; enfin j'essayerai de tout, et, si mes lettres se perdent, après tous ces soins, je quitterai maison, enfants, ménage, et je t'irai joindre; car je ne puis supporter l'idée de ton inquiétude. Je suppose que mes lettres vont encore au quartier général, comme l'année dernière, et cependant M. de Lavalette m'assure que les ordres sont donnés à Mayence pour que l'ouverture et les choix y soient faits avec soin. Et cependant, tu ne reçois rien, et tu t'inquiètes, et tu m'accuses, et, moi, je souffre de ta peine, que je sens vivement, et de ton injustice! Quelle vie heurtée, tourmentée, avec tant de moyens de la passer paisible, et que je me sens fatiguée des agitations de la mienne! A ce chagrin secret qui me vient de toi, se joignent mille inquiétudes sur les affaires militaires qui ont eu lieu depuis le 14, et dont on n'a encore aucun détail[1]. Je ne suis entourée que de mères et de parentes qui se désolent. Alix n'a pas eu un moment de repos, et l'on n'ose pas se livrer à la joie et à l'admiration que tous ces miracles inspirent, avant de savoir à quel prix ils ont été opérés. On m'a dit hier qu'Aimery de Fezensac était blessé. Comme ce bruit n'a point encore de consistance, il n'est pas arrivé jusqu'à ses mères. Philippe de Ségur l'est, mais il l'écrit lui-même, et c'est une preuve que les contusions dont il parle sont légères. Nous ne savons rien de mon beau-frère; ce silence de tous devrait rassurer, si on ne consultait que la raison pour des intérêts si chers. Mais la raison, la raison, mon ami, n'est pas à l'usage des cœurs vivement émus, et toi qui t'en vantais, toi..... Mais j'ai fini sur cet article, et je n'en parlerai plus.

1. La bataille d'Iéna avait été gagnée le 14 octobre, et le public ne connaissait pas encore à Paris les détails de l'action.

XCII.

MADAME DE RÉMUSAT A M. DE RÉMUSAT, A MAYENCE.

Paris, 27 octobre 1806.

Je reviens à vous, mon ami, toujours triste et inquiète, jusqu'à ce que je sache que vous avez reçu mes lettres, et que vous êtes *rassuré* sur mon compte et sur celui de Charles. Ce ne sera pas ma faute s'il n'arrive rien à Mayence, et j'essaye de toutes les voies. D'après ce que dit M. de Lavalette, c'est où vous êtes même que doivent se commettre les erreurs; ainsi vous pourriez peut-être les prévenir, et épargner à vous de pénibles inquiétudes, à moi un véritable chagrin. Mais brisons sur cet article; quand ceci arrivera, tout sera rentré dans l'ordre.

Les bulletins qui sont arrivés nous ont bien dédommagés du long silence qui avait donné lieu à tant de conjectures fâcheuses. Ce sont de belles pages d'histoire qu'il faudra insérer telles qu'elles sont faites, et qui effaceront tous les événements antérieurs. J'ai vu aussi quelques lettres particulières qui donnent des détails miraculeux de faits particuliers. Cette hardiesse, quelquefois téméraire, que le bonheur accompagne toujours, ce sang-froid au milieu du péril, cette prévoyance si sage, et cette détermination si prompte, tout cela excite des sentiments d'admiration qui paraissent ne devoir jamais être surpassés, et qui se renouvellent toujours. On a lu ces bulletins aux théâtres; ils ont produit beaucoup d'effet. Aux Français, c'est Talma qui lisait, fort bien, simplement et rapidement; car, les événements principaux sus une fois, le parterre ne se soucie guère des détails militaires et des positions dans un pays qu'il ne connaît guère. A Feydeau, l'effet a été moins bon ; Chesnard [1] a voulu mettre de la pompe à sa lecture; il a pris une voix ridicule, qu'il a relevée encore au moment où il a lu la liste des morts. Dans l'instant où il a nommé les colonels, une femme, apparemment parente ou amie de l'un d'eux, a jeté un grand cri, et s'est évanouie. Cela a répandu une sorte de consternation dans la salle, et a gâté tout l'effet

1. Chesnard, acteur de l'Opéra-Comique, avait débuté à l'Opéra en 1782, dans le rôle de Julien de *Colinette à la cour*. C'était un bon musicien, ayant une belle voix de basse-taille.

qu'on devait attendre. On a conclu de cet événement qu'on devrait faire un extrait des bulletins pour le spectacle, et surtout ne pas nommer les morts.

On commence à renouveler ici les paris pour la paix; car vous savez bien qu'il faut toujours parier; on parle de retour, on espère, on se flatte, et moi, mon ami, je n'ose répondre à des bruits dont la confirmation me rendrait heureuse à tant de titres.

Je ne sais si les lettrss où je vous parle de mon petit voyage de Sannois vous sont arrivées. J'y ai passé trois jours. Madame d'Houdetot était malade, et elle a maintenant la fièvre tierce, jointe à une inquiétude, naturelle à son âge, qui l'abat extrêmement. Son âme et son cœur vivent encore beaucoup, et, malgré tout ce qu'elle a perdu, la vie lui est très chère. « Mes regrets sont des souvenirs, me disait-elle, et ils embellissent encore mon existence. » Vous voyez si c'est prendre le bon côté des choses.

Si vous voulez savoir des nouvelles de votre Théâtre, je vous dirai qu'il paraît assez suivi, malgré la guerre et le peu de monde à Paris. Lafond attire, il vient de jouer *le Misanthrope*, assez mal à mon avis. Il donnait à sa colère contre le genre humain une couleur de dépit qui n'est pas dans le rôle, et à la passion l'accent du drame, qui réussit toujours, mais qui cependant défigurait Molière. Je l'ai trouvé bien meilleur dans *les Femmes savantes*, et son intelligence naturelle aurait besoin d'être bien dirigée. On a écrit que mademoiselle Georges avait voulu quitter le théâtre, je ne sais pourquoi.

XCIII.

MADAME DE RÉMUSAT A M. DE RÉMUSAT, A MAYENCE.

Paris, mardi 28 octobre 1806.

Voici Frédéric[1], mon ami, qui vous remettra cette lettre en passant. Il part pour la Prusse, il a reçu des ordres, et, en vingt-quatre heures, il a fallu être prêt. Est-ce que vous ne trouvez pas

---

1. M. Frédéric d'Houdetot était fils d'un premier mariage du général d'Houdetot, et petit-fils de celle dont il est souvent parlé dans ces lettres. Il a été préfet de Gand et de Bruxelles, puis pair de France, et enfin député sous le second empire. Il est mort sans enfants.

quelque chose de piquant à cet esprit de course qui s'empare de chacun? *Piquant*, au reste, n'est pas le mot, et toutes ces absences vont devenir bien tristes pour ceux qui restent. M. de Tournon, qui vous verra peut-être aussi, est venu me demander mes commissions; mais j'ai préféré d'en charger M. d'Houdetot, et c'est une occasion sûre que je ne veux point manquer. Hélas! mon ami, que le cœur souffre des cahots d'une vie comme la nôtre, et combien s'augmente en moi, chaque jour, le désir d'un repos que notre affection rendrait si doux! Si le ciel me destine à une longue vie, je me consolerai de la perte de mes belles années, en acquérant, avec l'âge mûr, la liberté de vivre à mon gré; et, alors, sans cesse l'un auprès de l'autre, nous retrouverons toutes les douceurs des premières années de notre mariage. D'ailleurs, je me suis persuadée que ces absences si fréquentes, en rompant toutes les habitudes, nuisaient à cette union des sentiments et des pensées qui fait la principale félicité de la vie intime. Par exemple, m'auriez-vous jamais dit ce billet si court que j'ai reçu, et qui m'a fait tant de mal? Non, sans doute. Au premier mot, l'état où vous m'auriez vue vous aurait prouvé, sur-le-champ, à quel point je mérite peu de pareils reproches, et j'ose croire même que, près de moi, vous n'auriez pas, cher ami, conçu le sentiment qui les a dictés.

Me voilà encore, presque malgré moi, revenue sur ce billet! Pardon; mais que j'ai de peine à l'oublier, jusqu'à ce qu'une autre lettre bien aimable, bien bonne, bien *repentante*, oui, *repentante*, l'ait effacé de ma mémoire! Mais je quitte, encore une fois, ce sujet. Lorsque ceci vous arrivera tout sera réparé.

Vous avez donc renoncé à votre collège électoral? Nous ne comprenons pas ici comment vous avez pu le faire sans permission. Ma mère se persuade que vous avez eu tort, et puis que vous avez manqué sans doute à écrire en Franche-Comté, pour tâcher de n'être pas oublié. Qui est-ce qui vous a remplacé? M. Clément de Ris[1] me l'a demandé un jour. Vous avez donc vu Norvins? Ne trouvez-vous pas qu'il a fait une belle équipée, et qu'il est comique d'entrer au service à près de quarante ans, pour tâcher d'obtenir une place d'administration ou de magistrature qu'il avait, à la vérité, demandée le dithyrambe à la main? Je

1. M. Clément de Ris était sénateur. Il a été plus tard pair de France, et il est mort en 1827.

lui ai prédit qu'il deviendrait curé, et je le crois si heureux, que probablement il se fera blesser, non à quelque affaire, mais dans quelque coin, par un accident dont il ne pourra tirer parti.

Vous voyez par tous ces départs comme notre société s'écoule peu à peu. Il ne nous restera guère plus que M. de Nouy, que je viens de voir ce soir, et avec lequel on cause bien, à cela près qu'il est tellement sourd, qu'il ne peut pas entendre, et que son asthme l'empêche de parler. Bertrand ne s'engagera pas, que je crois, mais madame de Souza et la *maison économique* l'absorbent entièrement. Gallois est perdu pour nous, et ne bouge d'un coin de feu que vous savez. L'abbé Morellet est vieilli; le maître des requêtes[1] peut à peine se dérober aux affaires de l'État, qui ont besoin de son bras, et à son voisinage, et notre salon chôme, sans que je m'en afflige beaucoup. D'ailleurs, je m'en ennuierais davantage que je ne m'étonnerais guère d'attendre le bonheur d'abord, et le plaisir après, de votre bienheureux retour. On nous le fait espérer assez prochain; je ne le crois point, et je crains bien plutôt que vous

1. M. Molé et M. Pasquier étaient alors tous deux maîtres des requêtes. Il est probable que c'est du second qu'il s'agit.

ne fassiez aussi un voyage en Prusse. Cet éloignement ajouterait à ma peine, et je n'ose arrêter ma pensée sur cette inquiétude. Adieu, cher et aimable ami, que j'aime si vivement et de toutes les facultés de mon âme. Pensez bien à moi, vous me répondrez toujours; et que les plus chers souvenirs et les plus douces espérances nous consolent, s'il se peut, d'un présent dont je fais si peu de cas.

XCIV.

MADAME DE RÉMUSAT A M. DE RÉMUSAT, A MAYENCE.

Paris, 1ᵉʳ novembre 1806.

Mon ami, j'ai vu votre tailleur, il faut huit jours pour broder l'habit, et, quelque tourment que je lui donne, je ne crois pas que nous l'ayons en moins de temps. J'y mettrai tous mes soins. Ce qu'il y aurait de pis serait que vous fussiez obligé de partir pour la Prusse; cependant, je m'adresserais à M. de Lavalette, qui saurait où vous l'envoyer. Mais avec quelle mine, cher ami, croyez-vous que j'écrive ces mots : *Si vous partez pour la*

Prusse? Je vous avoue que je me sens toute troublée à cette pensée. Lorsqu'on est séparé, la distance devrait être indifférente. Il est pourtant vrai qu'elle ajoute à l'absence, et les seules difficultés de correspondance suffiraient pour me faire envisager avec inquiétude le moment où vous vous éloignerez encore. Fasse le ciel que l'empereur nous revienne promptement, et que mon bonheur particulier s'unisse à la joie générale! J'ai reçu une lettre de Norvins, qui me donne de vos nouvelles. Il me conte assez plaisamment la confusion que produit dans son corps le choc des opinions de chacun, et son regret de cette perte de temps, tandis que l'empereur marche si rapidement de victoire en victoire. S'il est encore à Mayence, faites-lui, je vous prie, mille compliments de ma part; je ne sais si je dois lui répondre, parce que je ne sais où ma lettre irait le chercher. Je viens d'en voir une fort spirituelle et fort intéressante d'Eugène de Montesquiou[1]. Il raconte son voyage à Iéna, la veille de la bataille. Adressé au prince d'Hohenlohe, il a été gardé sous différents prétextes, sans pouvoir

---

1. M. Eugène de Montesquiou était cousin d'Aimery de Montesquiou Fezensac.

approcher du roi. Le matin de cette grande affaire, le roi lui a fait dire qu'il ne le verrait qu'après. Il est demeuré spectateur inactif, mais très agité, de l'action. Le général Blücher affectait de donner des ordres devant lui pour qu'aucun Français n'échappât à l'ennemi, dans la déroute qu'on croyait inévitable. Vers le soir, entraîné par les fuyards, il est arrivé au quartier général du prince de Wurtemberg, qui était si ignorant et si calme sur toutes choses, qu'il se disposait à prendre médecine dans la nuit. Eugène est arrivé à temps pour lui apprendre que l'effet de cette médecine serait sans doute fort troublé. C'est là qu'il a couru risque de la vie. Des soldats prussiens, irrités de leur défaite, ont voulu le tuer, et c'est un officier qui lui a sauvé la vie à grand'peine. Enfin, il a pu retourner au quartier général, après avoir perdu sa suite et ses chevaux. Sur la route, il a retrouvé deux Français, et bientôt après dix-huit Prussiens débandés qu'ils ont fait prisonniers, à eux trois, et c'est avec eux qu'il est rentré dans le camp. Il dit que l'empereur s'est amusé de son récit, et a beaucoup ri de cette prise qu'il lui ramenait. Si vous savez déjà tout cela, cher ami, voilà un détail inutile ; mais, dans le doute, il m'a paru piquant.

Nous n'avons aucune nouvelle directe de mon beau-frère, mais le silence du *Moniteur* nous rassure. Aimery n'a point écrit non plus, cependant on sait qu'il se porte bien, et qu'il va être lieutenant. Charles de Flahault a donné de ses nouvelles. Ainsi, toutes les mères ou femmes de ma connaissance sont, à peu près, tranquilles en ce moment. J'ai vu hier M. de Tascher, sénateur [1], qui m'a paru tourmenté pour son fils, dont il ne sait rien ; il est sous-lieutenant dans la division du général Soult. Peut-être que Deschamps, en écrivant un mot de la part de l'impératrice, aurait une réponse. Ce pauvre père m'a émue par sa tendresse et sa sollicitude pour son fils. Je l'ai vu à l'occasion du mariage de Constance, qui est enfin rompu. Après beaucoup de scènes, de paroles, et, en tout, une assez vilaine conduite, son père a été forcé d'accepter toutes les preuves que nous lui avons fournies. Mais il demeure toujours fort en colère contre sa fille, de ce qu'elle a avoué sa répugnance à sa mère plutôt qu'à lui, et il faudra encore une scène avant qu'il consente à la voir. Cependant cette jeune personne, de l'avis de toute la famille,

---

1. Parent de l'impératrice. Son fils a été pair de France.

s'est conduite avec une raison remarquable, et elle m'a donné dans tout ceci une grande idée de la force de son caractère. Il est réellement triste pour elle que sa première action dans la vie, fondée sur la sagesse, le sacrifice de soi-même et la raison, n'ait été accueillie que par des personnes fausses et peu estimables, qui lui font un chagrin de ce qui devrait être un sujet de louange et de satisfaction. Et, si ses principes n'étaient pas assurés, voilà de quoi les ébranler, peut-être pour tout son avenir. Nous avons mis, Mérotte[1] et moi, beaucoup de zèle dans cette affaire. Je ne crois pas que j'eusse plus fait pour ma propre fille, et la mère et Constance m'ont souvent bien attendrie par les larmes que mon amitié pour elles leur faisait répandre. Entre nous, cher ami, c'est une terrible leçon, qui pourtant le serait bien davantage si le monde n'avait pas deux mesures dans ses jugements, selon la fortune des individus. Cette triste intelligence a renouvelé en moi le sentiment de reconnaissance que je vous dois, mon ami, pour tout le bonheur et le calme que vous apportez dans ma vie. Vos aimables qualités, votre tendresse, en ont fait le charme, et je dirai presque la pureté;

1. Madame de Vergennes.

car, dans le monde où nous vivons, quel plus sûr garant de la vertu des femmes que l'amour et le bonheur? Et qui aima jamais mieux que moi, et qui fut plus heureuse? Quel avenir encore tout cela me promet! Quoi qu'il arrive enfin, votre raison ne saura-t-elle pas toujours tirer parti de toutes les situations, votre affection me soutenir et me consoler? Et puis, quel guide indulgent et éclairé mon Charles aura dans sa jeunesse! Ah! mon ami, rien ne me manquerait si tu étais là pour répondre à ces douces vérités qui s'échappent de mon cœur. Aucun nuage ne se mettrait entre nous, tu me comprendrais, je t'entendrais bien, et rien au monde ne me revaudra les larmes si douces que cet attendrissement me ferait répandre dans tes bras, et qui, loin de toi, sont bien amères et bien tristes. Adieu; je suis émue et découragée de cette pensée d'absence qui vient me gâter tout.

Madame Simons[1] attend de vous une autori-

1. Madame Simons-Candeille, fille de Candeille, ancien chanteur et auteur d'opéras, était née en 1767. Après avoir débuté à l'Opéra, elle devint sociétaire de la Comédie-Française, qu'elle quitta bientôt pour jouer ses propres pièces, entre autres *la Belle Fermière*, qui eut un grand succès. Après un premier divorce, elle épousa M. Simons, négociant belge, venu précisément à Paris pour empêcher son fils d'épouser une actrice, mademoiselle Lange. Elle est morte en 1834.

sation pour que les *Français* se joignent aux autres spectacles pour une représentation accordée à son père. Elle a la salle Favart, Duport, par permission de M. de Luçay ; on jouera *Manlius*. Mais Talma attend vos ordres ; ne les faites pas languir.

XCV.

MADAME DE REMUSAT A M. DE RÉMUSAT, A MAYENCE.

Paris, 2 novembre 1806.

Nous venons d'avoir, ce soir, la nouvelle de l'arrivée de l'empereur à Berlin[1], et Alix a enfin reçu une lettre de son mari qui date de Potsdam. Il y a quelque chose de bien remarquable dans cette merveilleuse fortune, si fidèle dans les grandes occasions et dans les petits détails. L'empereur est arrivé, dit-on, à Potsdam le même jour, à une année de différence, où l'empereur de Russie y était venu, et ce n'est pas une petite circonstance à laisser passer, que tous deux aient couché, la même année, dans le palais de Frédéric. On dit

1. L'empereur était entré à Berlin le 27 octobre 1806.

qu'à l'armée tous les bruits sont à la paix. C'est de même ici. Que dites-vous à Mayence? Je ne sais si les gardes d'honneur sont encore dans cette ville; je croyais vous avoir parlé de Norvins. Il voulait que je le recommandasse à vous, et cela me paraissait assez inutile; il désirait aussi que j'écrivisse à l'impératrice pour lui demander ses bontés pour lui, et cela m'a semblé inconvenant. Je crains bien que ce dernier parti qu'il a pris ne lui soit guère utile, et sa démarche est un peu ridicule. C'est un singulier chemin pour arriver à la magistrature. On s'en moque ici, et moi je le défends, parce qu'il n'est pas assez heureux pour qu'on se le permette. D'ailleurs, ceux qui le raillent ont d'autant plus tort, que la fortune les a mieux servis, sans qu'ils l'aient beaucoup plus mérité. Vous entendez bien que je parle *de votre ami*. A propos de lui, je vous assure, entre nous, qu'il devient insupportable, et ne croyez pas que ceci soit l'excès de la prévention *contre* après la prévention *pour*. Mais chacun le remarque. Ses défauts sont plus *au jour*, son importance lui donne du relief, et, à lui, de l'assurance. Il se croit l'un des soutiens de l'État. Il parle de tout : la guerre, les arts, les passions,

les sciences, tout lui est familier. On pourrait le
faire également ministre, marin, général d'armée ;
il sait tout, il juge tout, et il impose silence à
toute opinion opposée. Il y a dans notre société une
petite révolte contre lui ; les hommes se réunissent
contre lui, et quelquefois cela est poussé si loin,
que je me suis vue obligée de prendre son avis,
quoiqu'au fond opposé au mien, pour que les
discussions devinssent un peu moins vives. Il a
pensé en avoir une fort sérieuse avec M. Petitot.
Enfin ses formes gâtent tout le plaisir que pourrait
donner son esprit, qui est réellement supérieur.

Quand je vois, mon ami, ces mouvements
pointus, ce ton aigre, ces reparties arrogantes, il
m'arrive toujours intérieurement de revenir à ma
comparaison favorite, et de remercier mon heureuse
fortune, qui m'a placée de manière à n'avoir
point à être jamais embarrassée, pour ce que
j'aime, d'un effet semblable à celui que ce mauvais
ton produit. Les souvenirs qui viennent du cœur
trouvent aisément le moyen de reparaître sous
diverses formes, et ces pointes aiguës me ramènent
à vos douces manières, à vos aimables qualités,
et à votre esprit si bon, si excellent à vivre.

Voilà, pour moi, le véritable moyen de supporter cette pénible absence; c'est en vous alliant à tous mes sentiments, mes pensées, mes remarques dans le monde. De cette manière, vous êtes auprès de moi, autant que je le puis, et quelquefois je me laisse si bien entraîner à cette flatteuse illusion, qu'en relevant la tête, je suis plus étonnée peut-être de ne pas vous trouver à ma vue, que je ne le serais de vous y voir présent par je ne sais quel hasard qui n'arrivera point.

Il est parti aujourd'hui deux lettres de moi : Une par l'estafette, l'autre par le cuisinier d'Alix, et celle-ci ira par la poste, demain. Je crains si fort qu'il ne vous arrive encore quelque mécompte, que, si je m'en croyais, j'écrirais tout le jour, espérant que vous auriez de mes nouvelles d'autant plus tôt que je multiplierais les paquets. Mais malheur à vous! si je prends ce parti, mon ami; car, avec le peu de choses que je sais, je n'ai rien d'important à vous dire, et mes lettres sont un vrai tissu d'inutilités, d'où j'excepte pourtant les expressions de ma tendresse, qui me plaisent tant à répéter. Je ne sais rien, il ne se passe rien ici, chacun demeure chez soi, et moi comme les autres. Dites à l'impératrice qu'elle n'aura de moi ni récits ni caquets, car je n'en sais pas un digne de l'amuser, et, si elle a la bonté de permettre que je lui écrive, je ne sais de quoi l'entretenir. Tout ce que je remarque seulement, c'est que l'aspect de Paris est assez morose, et qu'on n'y prend vivement ni à la crainte, ni à la joie ou l'admiration. Nous sommes de vieux enfants, très maussades. Adieu, mon bon ami, je vous embrasse, toute rancune cessante, de tout mon cœur, et ceci est bien au pied de la lettre.

XCVI.

MADAME DE RÉMUSAT A M. DE RÉMUSAT, A MAYENCE.

Paris, 5 novembre 1806.

Je suis bien triste de ce que vous me dites de la guerre. Nous autres, simples, nous avions pensé que le roi de Prusse aurait assez de cette première leçon, et qu'il demanderait la paix. Il faudra encore *se résoudre* à de nouvelles victoires ; mais je vous avoue que mon cœur se serre à l'idée de voir encore l'empereur s'enfoncer dans ce pays lointain, et porter avec lui toutes nos destinées. D'ailleurs, quelle triste séparation cette prolongation entraîne après soi, et que le temps va couler longuement loin de vous, sans que, pour cela, la vie en aille moins vite! Vous n'êtes pas militaire, vos sentiments sont doux, vos désirs modérés, vos goûts pour la vie intérieure, et cependant voilà cinq mois cette année, et sept l'autre, que nous sommes séparés l'un de l'autre, sans que je puisse m'accoutumer jamais à cette solitude du cœur où votre absence me laisse. Il me semble que je me soumettrais mieux si j'étais la femme d'un général d'armée. Du moins, ma raison n'aurait rien à dire contre la vie que je mène. Hier, c'était la fête de Charles; j'ai pleuré en lui donnant ma bénédiction. Elle me semblait incomplète, et voilà deux fois qu'à pareil jour, la vôtre lui manque.

Mon ami, ces regrets pénibles se renouvellent pour moi à tout instant. Seule, dans le monde, chez moi, dehors, vous êtes sans cesse présent à mon cœur, et malheureusement je ne vous trouve nulle part. Soit que je m'attriste ou m'amuse, je sens que j'aurais besoin de vous voir partager toutes mes impressions. Aujourd'hui, par exemple, je vous ai souhaité sans cesse. Nous avons arrangé, ma mère et moi, que nous n'aurions personne à dîner pendant le mois, mais que, tous les quinze jours nous rassemblerions une douzaine de personnes. Aujourd'hui, c'était madame de Vintimille, MM. Lavalette, Pasquier, Dorion [1], Molé, Morellet, Bertrand et Desfaucherets. On a bien causé; ma mère était singulièrement en train, tout animée, toute brillante; la conversation n'a pas langui un moment. Je vous dirai que M. de Lavalette a été très aimable, et que je me félicite de cette acquisition. Il y a quelque chose de fin dans son esprit, de modeste dans sa voix, et de rond dans sa tournure qui le rend fort bien. C'est au milieu de cet aimable petit cercle que je vous désirais, cher ami, et vous vous seriez amusé de la conversation. Je ne pouvais m'empêcher, pendant qu'elle était le plus animée, de penser, à part moi, à ce singulier résultat de la société, qui fait que, dans ce moment, une partie de nos semblables s'épuisent en marches, en veilles, se battent jusqu'à ce que mort s'ensuive, pour nous procurer, à nous autres, les moyens de causer aussi *oisive-*

---

[1]. M. Dorion est l'auteur des **poèmes** de *la Bataille d'Hastings* et de *la Chute de Palmyre.*

ment au coin d'un bon feu, sur toutes ces niaiseries auxquelles l'esprit donne de l'importance. J'étais frappée aussi de la mobilité de nos impressions, et de l'étrange incohérence de nos idées. Car, enfin, les nouvelles assurances de la durée de la guerre nous avaient d'abord attristés; ses chances, toujours un peu douteuses, avaient réveillé notre inquiétude; mais, peu à peu, cette disposition a disparu, et bientôt, entraînés à je ne sais quelle autre idée, nous voilà loin de la guerre et des combinaisons politiques, tout entiers à des dissertations très fines de sentiments et de pensées ,qu'on aurait cru d'abord ne pouvoir soutenir que dans un temps bien paisible et complètement exempt d'inquiétudes réelles.

On a des nouvelles d'Aimery; il se porte bien. M. de Nansouty a écrit aussi; il est dans la stupéfaction de la disparition totale d'une armée, si belle à voir, dit-il, et qu'il croyait si bonne. Vous savez son ancien respect pour la cavalerie prussienne, et vous concevez qu'il doit être assez content de l'avoir vaincue. Sa femme va reprendre toutes ses inquiétudes qui s'étaient calmées. Quand le cœur souffre, la gloire ne console guère, et les larmes des pauvres femmes marquent souvent les jouissances de votre vanité masculine.

Si vous n'avez rien à faire, dites-nous ce qui s'ennuie le plus facilement, d'un homme d'esprit, d'un sot et d'une bête? On n'a pas voulu s'accorder ici, ce soir, sur cet article.

XCVII.

MADAME DE RÉMUSAT A M. DE RÉMUSAT, A MAYENCE.

Paris, 9 novembre 1806.

Me voici, cher ami, chez ma sœur, au coin d'un bon feu, mon écritoire sur mes genoux, auprès d'une petite table, dans une petite chambre verte que vous connaissez. Je vous écris, tandis qu'Alix chante, et sa douce voix accompagne bien cette émotion que j'éprouve toujours quand je cause avec vous de cette manière. Dans cette position que je viens de vous décrire, j'éprouve quelque chose qui me plaît et m'attendrit, et je ne préférerais à ce plaisir qu'un autre plus vif que je vous laisse à deviner. Mon bien bon ami, quand vous reverrai-je? quand cet éternel veuvage finira-t-il? et que les jours sont longs sans vous! Ici, partout, ce que je vois vous rappelle à ma pensée, sans que rien puisse vous retracer à ma vue, ou vous remplacer pour mon cœur. Tout le monde dit que l'impératrice va revenir. Je n'ose me livrer à rien de ce que je voudrais croire, et puis son départ de Mayence ne pourrait-il pas devenir le signal du vôtre pour Berlin? Ainsi il me faudrait encore, toute séparée que je suis, éprouver de nouveau et longtemps cette douleur de l'absence, augmentée par l'éloignement.

Mon ami, quand je commence à vous écrire, je forme toujours le projet de ne pas vous parler de ce qui m'afflige. Mais, malgré moi, je reviens sans cesse à ce triste sujet, et ce n'est qu'après que j'ai cédé à cet épanchement du cœur que je me reproche d'avoir ajouté à vos regrets tout le poids des miens. Paris est tout illuminé aujourd'hui. On a chanté, ce matin, le *Te Deum*. Hier, Alix a reçu beaucoup de félicitations chez l'archichancelier, et la princesse Caroline a eu la bonté de lui faire écrire que le grand-duc de Berg parlait de son mari avec éloge. Voilà la récompense de quelques-unes de ses larmes, si pourtant, aux peines que cause l'absence, il est quelque autre compensation que le retour de l'ami qu'on regrette. Je reviens à celui de l'impératrice. Si ce retour est vrai, qu'annonce-t-il? Voilà ce qu'on se demande, et, selon qu'on a plus ou moins de penchant à craindre ou à espérer, on en retire ici de bons ou mauvais présages pour la fin des choses. Dans tous les cas, il serait bien, il me semble, qu'elle n'abandonnât point Paris. Sa présence lui rendrait un mouvement dont il a besoin, et calmerait par là quelques mécontentements. J'attends avec impatience une lettre de vous, et, par parenthèse, vous qui grondez, vous remarquerez, s'il vous plaît, que votre dernière lettre était du 29, et que je n'en ai pas depuis.

Ce que vous me dites, mon ami, de toutes les réflexions que les merveilles de cette campagne vous font faire, me paraît bien juste. Il y a quelque chose dans la destinée de l'empereur qui confond la pensée ordinaire, et qui est, pour ainsi dire, trop fort pour elle. Cela entraîne et saisit, je dirais presque épouvante, et cependant il me semble qu'il est si fort au-dessus des données ordinaires, qu'on n'a plus le droit d'être effrayé des dangers auxquels il s'expose, et encore moins celui d'essayer de prévenir le terme où il doit s'arrêter. Cependant le cœur se serre quand on mesure la terrible distance où il est de nous dans ce moment. Dieu l'accompagne! Voilà ma prière ordinaire, et nous le conserve! Au reste, pendant que cette belle partie de la nation française, qui est sous ses ordres, marche ainsi à de si grandes choses, nous végétons ici de la manière la plus monotone. Il y a très peu de société, on vit solitairement, et aucune maison n'est ouverte. Ma mère et moi, nous sortons peu, et, par exemple, nous restons toujours le lundi et le vendredi. Nos amis, prévenus, viennent ces jours-là, et on cause fort bien jusqu'à dix heures, onze heures tout au plus, que chacun va se coucher. Madame de Vintimille, qui nous soigne beaucoup cette année, ne manque guère à ces petites soirées, et y est aimable. M. Pasquier lui tient, et à nous aussi, fidèle compagnie. Il pose les questions, les discute et les juge. Lemercier les raffine et quelquefois les obscurcit; M. Piscatory[1] et ma mère les égayent, et Bertrand et l'abbé, le plus sou-

---

1. M. Piscatory était un homme d'un esprit piquant et gai. Il est mort de nos jours, retiré en Touraine, à quatre-vingt-douze ans. Il était caissier central du Trésor. Son fils, mort en 1870, a été ambassadeur en Grèce, député et pair de France.

vent, les condamnent comme des billevesées, d'autant mieux que nous sommes tout naturellement, je ne sais pourquoi, portés, cette année, à des dissertations sentimentales. Par exemple, avant-hier, on disputait ici sur l'homme ou la femme qui avait la primauté en amour, de celui qui aime en voyant les défauts de l'objet aimé, ou de celui qui est assez aveugle pour les prendre comme qualités? Si vous n'avez rien à faire, vous nous enverrez votre avis, et puis des bouts rimés. A propos, qu'avez-vous donc fait de vos talents? et puis dites-moi aussi ce que devient l'allemand.

XCVIII.

MADAME DE RÉMUSAT A M. DE RÉMUSAT, A MAYENCE.

Paris, 10 novembre 1806.

Il fait aujourd'hui un temps gris et triste qui donne à tout un air d'hiver fort maussade. Je me sens plus mélancolique encore qu'à l'ordinaire, et cette froideur m'attriste tout à fait. Je ne crois pourtant pas qu'elle influerait autant sur moi si je vous tenais au coin de mon feu, et la solitude de ma chambre me noircit autant que les brouillards qui m'environnent. Dans le cours habituel de la vie, pour les femmes surtout, ou tout au moins pour moi, les impressions, quelles qu'elles soient, dépendent de l'état de notre cœur. J'en ai fait l'expérience toute cette année. J'ai passé l'été dans le plus beau pays du monde, environnée d'objets nouveaux et piquants, à portée d'une société aimable, et je glissais sur tout cela. Vous, mes enfants, ma mère, étiez loin, et je pleurais sur vous tous. Je ne sentais, je ne voyais que l'absence, et, quand je reporte mon souvenir sur ce temps-là, je sens une espèce de douleur, comme ferait celle d'une blessure mal fermée qu'on toucherait un peu fortement. Hélas! je n'ose pas beaucoup plus poser sur le présent! Je ne suis pas si isolée, il est vrai, mais il est des privations que rien ne remplace, des sentiments que rien ne console, et votre retour, cher ami, votre retour seul peut me rendre tranquille et heureuse. On dit ici la reddition de Magdebourg[1], et on en attend des nouvelles plus officielles; on ne sait rien des armées, on ne pré-

---

[1]. La reddition de Magdebourg est du 8 novembre. L'empereur était à Berlin depuis le 27 octobre.

sume rien, et il y a une sorte d'inertie publique qui s'étend même, si j'ose le dire, jusqu'à la pensée. Il me semble que, l'année dernière, la campagne d'Allemagne avait été encore plus animée, quoique moins miraculeuse que celle-ci. Il est vrai que l'empereur nous blase en quelque sorte sur les merveilles. J'en parlais, il y a quelques jours, avec Fontanes, à qui je demandais ce qu'il trouverait à dire au retour de Sa Majesté, cette fois-ci, et il m'a assuré qu'il ne croyait pas pouvoir trouver un mot qui fût digne de tant de grandes choses : « L'histoire, dit-il, n'offre rien de semblable, et il n'est plus possible de la lire. » Je ne suis pas de son avis sur ce dernier article, et je vous avoue que je trouve, au contraire, que c'est une lecture du moment. Grâce à votre fils, je refais mon cours d'histoire ancienne, et je fais mille comparaisons qui me plaisent et me sont même utiles. Seulement, il me semble qu'à présent notre siècle nous met, pour ainsi dire, dans le secret des choses, et qu'en recherchant ceux des époques passées, nous sommes comme ces personnes qui, au lieu de rester au parterre, iraient voir le spectacle derrière les coulisses. On est plus près, on voit les ressorts, et on admire d'autant plus, surtout lorsqu'il faut se servir de ceux d'une nation comme la nôtre qui sont passablement rouillés. Mais je m'arrête, car me voilà tombée dans un sujet qui me mènerait loin, et où je me perdrais probablement.

Je reviens à notre société. Je ne sais si l'histoire du duel de Hochet est venue jusqu'à vous. Il s'est avisé de dire [1] dans un feuilleton, que Chaze faisait un petit commerce de son esprit, parce qu'en effet on assure qu'il prête son nom à des jeunes gens, pour une rétribution. Comme Chazet a demandé raison à Hochet, il se sont battus, et Chazet a reçu un coup d'épée dans la poitrine qui lui fait cracher le sang. Cet événement a fort relevé les affaires de Hochet dans la société, et moi qui, comme vous savez, suis parfois une personne raisonnable et surtout raisonneuse, je ne vois là qu'un journaliste qui, dans ses feuilletons, se mêle de parler d'autre chose que de ce qui est pure littérature ; quelques amis de l'abbé Morellet lui ont proposé de profiter de cet exemple

1. M. Hochet, homme de lettres, très aimable, était de la société de madame de Staël. Il est mort à quatre-vingt-six ou quatre-vingt-sept ans, en 1857. Chazet, son adversaire dans ce duel, est Alissan de Chazet, fort connu dans ce temps-là et plus tard comme auteur de vaudevilles et collaborateur de Désaugiers.

et d'envoyer un cartel à Geoffroy; mais les quatre-vingts ans de notre abbé le dispensent de ces manières nouvelles de discuter les matières littéraires. A propos de l'abbé, il a bien baissé cette année, et la vieillesse le gagne enfin. Il est triste et endormi; quelquefois, le soir, la voix de mon cousin Pasquier l'éveille un moment; mais il n'est pas de force à lutter, et il se renfonce dans sa bergère en grommelant

XCIX.

MADAME DE RÉMUSAT A M. DE RÉMUSAT, A MAYENCE.

Paris, samedi 15 novembre 1806.

Je ne sais si vous avez reçu des lettres de J***. Il vous en a adressé plusieurs, et je vois qu'il serait heureux d'une réponse. Si vous le croyez convenable, écrivez-lui un mot. Entre nous, je pense qu'il le mérite; j'en suis contente comme vous pourriez l'être, et je ne peux pas dire mieux. Sa conduite est raisonnable, il n'essaye par aucun moyen que ce soit de rappeler l'année dernière.

Les choses sont arrangées de manière qu'il n'a jamais de tête-à-tête, et il ne cherche pas à se le procurer. Il travaille sérieusement ; le soir, il sort, et prend à la société. Il me revient de tous côtés qu'il est aimable, quand il se livre un peu. Il désire être présenté dans le monde, et je l'y enverrai cet hiver. Il ne laisse échapper aucune occasion de parler de sa tendresse et de sa reconnaissance pour vous ; mais on voit qu'il est quelquefois tourmenté d'une secrète inquiétude, qu'il n'est pas mauvais qu'il garde un peu. Enfin, je le répète, vous pouvez faire quelque chose de lui, et j'oserais répondre de sa conduite à venir.

Il y a dans ce moment une grande discussion à l'Académie ; l'abbé Maury, qui doit, comme vous savez, prononcer l'éloge de Target, exige que dans la réponse on lui donne le *monseigneur*. Grand tapage à cette occasion ! Quelques-uns disent que ce n'est pas l'usage, qu'il faut conserver la république des lettres. Cependant le cardinal assure qu'il ne mettra pas le pied dans le temple académique, sans son titre. Ce qui est assez plaisant, c'est que d'Alembert avait autrefois fait une grande lettre pour maintenir cette égalité, et que ce sont les anciens philosophes qui soutiennent le *monseigneur* contre les Chénier, Regnault, etc. Enfin, dans ce débat, on prend le parti d'en référer à l'empereur, et c'est au milieu de ses trophées qu'il recevra cette importante discussion. *Vanitas!* Comme vous savez, elle se mêle à tout, peut-être même à l'humilité chrétienne, dont au reste nos pontifes modernes sont un peu loin[1].

Vous êtes bien aimable quand vous me parlez de notre enfant et de mes soins. Hélas! je vous remplace comme je peux; mais, à mesure qu'il avance, je suis insuffisante: il a besoin d'une main un peu plus mâle. Il est bien sûr qu'il fait quelques progrès, et que je me donne un peu de peine; mais ne croyez pas, cher ami, que je l'aide autant que je le faisais il y a un an. Je suis convaincue de la nécessité de le laisser aller de lui-même, et il travaille bien plus seul à présent. Seulement je surveille son attention, et il s'occupe dans ma chambre, parce que je suis sûre qu'il ne se livre à aucune distraction. Quant au temps que cela me prend, à quoi pourrai-je mieux l'employer, et quel autre but aurait ma vie? Rousseau dit quelque part, que

---

1. Cette discussion est racontée avec plus de détails dans les *Mémoires*.

les femmes, devenues mères, doivent se défendre du goût de l'étude pour elles-mêmes, et que laissant de côté toute théorie, l'emploi de leur journée doit être, en pratique, relatif à l'éducation de leurs enfants. Je suis encore bien loin de cette perfection; car j'ai beaucoup d'heures à moi, qui sont gaspillées par les occupations futiles dont nous prenons l'habitude, nous autres femmes; et, d'ailleurs, comme ton souvenir, mon cher ami, est ma plus chère pensée dans ton absence, je préfère à tout le reste les soins que je dois à mes enfants, qui me ramènent si doucement au sentiment de tous les biens que je te dois. Albert se fortifie beaucoup, il parle sans cesse une langue qu'il s'est faite, et qu'un petit nombre d'élus comprennent. Sa surdité est un obstacle à son avancement; mais je ne doute pas qu'elle ne disparaisse avec la gourme qui le tourmente, et je prends patience. Cet enfant développe un caractère de bonté qui me touche; il est caressant et doux. Ces petites bonnes gens ont été formés de bonne pâte.

Au reste, mon ami, pour vous prouver cependant que je trouve encore le temps de lire, et sérieusement, je vous dirai qu'à force d'entendre citer Montesquieu autour de moi, je me suis avisée de vouloir y mettre le nez, et, la première fois que je l'ai ouvert, j'ai trouvé cette phrase, qui m'a paru de bon augure : *Une conquête peut détruire les préjugés nuisibles, et mettre, si j'ose parler ainsi, une nation sous un meilleur génie.* Voilà, cher ami, tout ce que je puis vous dire de mieux. A votre retour, si vous avez le temps, je referai cette lecture avec vous; vous m'expliquerez bien des choses, et cela me plaira fort.

C.

DAME DE RÉMUSAT A M. DE RÉMUSAT, A MAYENCE.

Paris, 18 novembre 1806.

La querelle académique va toujours son train : Le cardinal Maury tient au *monseigneur*, par respect pour sa dignité, et on se débat beaucoup. Croiriez-vous que quelques folles têtes ont été jusqu'à vouloir exiger qu'il prît l'habit vert, et quittât sa robe rouge. Cette folie fait un bruit qui ne vous étonnera guère, en songeant avec quelle ardeur nous prenons au futile. En effet, il est remarquable comme nous glissons sur les grandes et importantes choses, et comme nous reprenons notre énergie pour les riens. La queue du chien d'Alcibiade me revient à la pensée, dans de pareilles occasions, excepté qu'à présent elle servirait non à nous distraire, mais à nous réveiller. Je vous dirai, faute de mieux, que Lemercier a lu, chez nous, il y a deux jours, sa comédie du *Faux Bonhomme*. La maladie de Fleury retarde sa représentation. Madame de Vintimille, pressée de jouir, lui a demandé cette lecture, et il l'a faite en présence d'un petit cercle bien choisi, qui a fait bonne contenance, et qui a été, comme de coutume, fort mécontent. Il n'y a pas, dans ce dernier ouvrage, de ces conceptions bizarres qu'il aime, mais un manque réel de force et d'action, des caractères tracés à demi, des vers de mauvais goût, et, au travers de ces défauts, de jolis portraits, des observations fines sur la société, et quelques scènes qui sont bien faites. Voilà mon avis, mais gardez-moi le secret. Il a lu à ravir, comme vous savez qu'il lit, et c'est un plaisir de l'entendre. En attendant qu'on le risque, Lafond s'est emparé de la scène, et attire toujours beaucoup de monde. Il a eu un plein succès dans *la Métromanie*. J'en ai été pour ma part extrêmement contente, et je me suis rappelé que c'était, en effet, le rôle dont vous avez le mieux auguré. Ce petit souvenir m'a tenu compagnie au spectacle. Je ne perds pas l'occasion d'en rassembler de pareils autour de moi ; ils éclaircissent et consolent ma solitude. J'aurais tort de dire *égayer*, car ils finissent toujours par me faire pleurer en cachette. Votre *tripot* donc ne va pas mal ; il n'est point désert, et, malgré la solitude de Paris et les événements de la guerre, il est moins abandonné que l'année dernière. On dit que les princesses sont raccommodées ; ç'a été un moment sérieux ; mademoiselle Contat paraît décidée à ne point quitter.

Je voudrais bien savoir, mon ami, si vous avez reçu quelque chose de M. de Talleyrand, et ce que vous deviendrez. On débite ici des nouvelles toutes contradictoires. On assure que l'empereur, après avoir fait prendre les quartiers d'hiver à l'armée, reviendra à Paris, donner un coup d'œil de maître ; on ajoute qu'il repartira peu de temps après. On nomme un roi de Pologne. Un jour, c'est le prince Jérôme, ou l'électeur de Saxe, ou enfin le prince Charles. On débite, depuis hier, que la reine de Prusse, dans son désespoir, s'est empoisonnée, etc. Voilà ce que nos savants de Paris colportent. Ce

qui est vrai, et bien remarquable, ce sont les
détails du bulletin d'aujourd'hui. Il me semble
qu'il n'y a plus de Prussiens à craindre, et qu'ils
ont payé cher leur imprudence. M. Molé reçoit
de Frédéric d'Houdetot une lettre vraiment
comique. Elle est de Berlin, où il était depuis cinq
jours, à l'époque où il écrit. Il n'a pu voir personne.
Les ministres ne l'ont pas encore reçu. Il demeure
à l'auberge sans savoir sa destination, gelé, tout
seul, ignorant si bien des nouvelles, qu'il demande
qu'on lui garde les *Moniteurs* afin de s'instruire
un jour de cette lacune. Il ajoute que Berlin offre
l'aspect le plus paisible, et que son voyage est
pour lui une espèce de rêve. Pendant ce temps, son
cousin est ici à corps perdu dans les plaisirs du
contentieux et du Sanhédrin. M. Pasquier a, en ce
moment, un très grand succès au conseil d'État,
sur les billets à ordre, contre lesquels on veut
qu'il y ait prise de corps. Il était opposé, et a fort
bien parlé pendant une heure. C'était son but que
cette place, et le ton magistral lui va bien.

Ce 18 novembre.

Je rouvre ma lettre pour vous dire que M. Pasquier vient de me dire que l'archichancelier avait

écrit à l'empereur pour lui demander des auditeurs. On en va nommer. Votre neveu s'en crève d'envie. Voyez si vous voulez écrire à l'archichancelier, mais il faudrait que cela fût prompt ; je remettrai la lettre.

Au moment où j'allais fermer ma lettre, Charles est venu m'en apporter pour vous. Cette lettre qu'il avait écrite seul est tout à fait spirituelle, et c'est avec un regret réel que je ne vous l'envoie pas, parce que je crains qu'elle ne se perde, et que, dans sa naïveté, il ne vous conte quelques détails intérieurs que je ne me soucie guère qui courent les champs. Mais, comme je ne veux pas lui faire le chagrin de lui dire que je la supprime, veuillez bien, cher ami, lui répondre comme si vous l'aviez reçue, et lui dire, entre autres choses, que vous le remerciez des nouvelles qu'il vous donne de nous tous, que vous êtes bien aise qu'Halma soit content de lui, et que vous trouvez ses citations latines justes, et son opinion sur Philippe, roi de Macédoine, assez vraie, parce qu'il vous conte, en outre, qu'il vient de finir la vie de ce roi dans M. Rollin. Je vous garderai sa lettre, pour votre retour; elle a charmé ma vanité maternelle. En tout, il est impossible d'être un plus aimable enfant que celui-là. Son application, sa docilité et son intelligence sont remarquables ; il travaille bien, et vous vous apercevrez de ses progrès. Il travaille sérieusement, il apprend beaucoup : tous les jours, un chapitre de Cornelius Nepos, une fable de Phèdre, et une grecque. Il traduit tout cela ; il fait des parties de grammaire grecque, il apprend son rudiment et les racines, il copie chaque jour tout ce qu'il a traduit, et relit avec moi ce qu'il a traduit avec Halma. Il apprend son catéchisme et des vers français, il lit cinquante pages de Rollin, et souvent nous trouvons encore le temps de compter, et d'écrire quelque chose que je lui dicte pour former son orthographe. Pour cela, je me lève à huit heures, et je ne le quitte pas jusqu'à quatre. Ce travail est coupé par une heure de promenade que nous faisons ensemble, et je puis vous assurer qu'il me donne bien la récompense de mes soins, par son excellent caractère. Je voulais lui rendre son maître de danse. Il ne s'en soucie guère, il aimerait mieux un maître d'armes. Comme il a besoin de l'un des deux pour se bien tenir, je lui ai dit que je vous écrirais, et que vous décideriez.

Adieu, cher ami. Je me suis laissé entraîner à

vous parler de cet enfant; j'avais oublié que vous n'y preniez aucun intérêt, je vous prie de m'excuser.

CI.

MADAME DE RÉMUSAT A M. DE RÉMUSAT, A MAYENCE.

Paris, 20 novembre 1806.

On répand ici beaucoup, depuis quelques jours, le retour de Leurs Majestés, et les quartiers d'hiver pris dans le Nord, par l'armée. Que je le voudrais! et que nous avons besoin d'être tirés de cette léthargie dans laquelle nous plongent tant d'absents! La princesse Caroline, que j'ai vue hier, m'a bien dit qu'elle espérait que nous reverrions l'empereur cet hiver. J'ai été la voir le matin, et elle a eu la bonté de me faire voir la plus belle et la plus élégante maison de Paris[1]. Ses grands appartements ne sont point finis, mais une partie du rez-de-chaussée, qu'on appelle le petit appartement, est meublé de la manière la plus recherchée; le

1. Le palais de l'Élysée, rue du faubourg Saint-Honoré.

jardin est charmant, et, quand on se rappelle le délabrement de cette maison, il y a un an, il y a dans cette prompte métamorphose quelque chose du prodige. La princesse y mène une vie solitaire, elle reçoit peu, donne rarement de grands dîners, et ne sort point. Il n'y a donc ici que l'archichancelier qui ait toujours ses nombreuses assemblées. A propos de lui, et ceci, monsieur, soit dit sans aucune mauvaise pensée, madame Devaines est revenue de la campagne, rajeunie et rafraîchie du repos qu'elle y a goûté. C'est une vraie passion qui se fortifie. Elle renonce au grand monde, à la toilette, elle veut habiter les champs. Elle ne parle que de ses arbres; plus de dîners, plus de visites, la simple nature, le chant des oiseaux, les beaux ombrages, et la paix; voilà ce qu'il lui faut. Quelques-uns de ses amis lui donnent tort; moi, je suis tout à fait de son avis. A son âge, on n'a de considération que dans le calme. Madame de Souza est toujours ici, souffrante, assez seule; elle se tourmente pour Charles; de M. de Souza, pas un mot. Madame de Labriche est revenue; madame d'Houdetot n'arrive qu'à la fin du mois.

Madame Pastoret est fort occupée d'un homme

qui vient d'arriver ici, et qui y fait du bruit.
Vous souvient-il d'avoir entendu dire, il y a
un an, que madame Cottin avait retrouvé dans les
Pyrénées un homme sublime, un philosophe religieux, livré à des contemplations élevées, qui ferait
paraître un ouvrage qui calmerait toutes les discordes de religion et de morale? Cet homme s'appelle M. Azaïs[1]. Il est ici, son livre a paru, et
on se dispute toujours, excepté sur son ouvrage,
qui est, dit-on, complètement absurde. Son principe est que l'immortalité du sage est la raison de
l'univers, son plan de prouver cette vérité, par le
système physique du monde, et sa folie de renverser pour cela tous les systèmes de Newton, etc...
Les savants qui lui ont nié tout ce qu'il avançait,
l'ont renvoyé aux théologiens. Ceux-ci l'ont dédaigné. Les métaphysiciens l'ont entrepris, et les
femmes, ou du moins quelques-unes, le soutien-

1. Azaïs, né en 1766 et mort en 1845, d'abord professeur au prytanée de Saint-Cyr, est, comme on sait, l'auteur d'un système philosophique et physique qui consistait à expliquer par la loi des *compensations* toutes les vicissitudes de la destinée humaine, et par la loi de l'*équilibre* tous les phénomènes de la nature. Il a été inspecteur de la librairie sous l'Empire. Son premier ouvrage, publié en 1806, est intitulé : *Des compensations dans les destinées humaines.* Il a fait plus tard un *Système universel*, et un *Cours de philosophie générale,* en huit volumes.

nent, parce que vous savez ce que disait M. de Saint-Lambert sur leur goût pour le galimatias. Madame Pastoret, qui ne le hait pas, a recherché M. Azaïs, et elle doit me donner à déjeuner avec lui. Vous pensez bien, d'après cela, que je serai là comme parterre, et cela m'amusera assez. Cet Azaïs a voulu voir l'empereur; il prétend qu'il est son égal dans le monde moral, et qu'ils doivent se soutenir l'un l'autre. Au reste, il parle bien, dit-on; son imagination est vive, son discours animé, et sa déraison est fort spirituelle. Je n'ai pas mis le nez dans son livre, cela est trop savant pour moi. On m'a dit encore qu'il nous composait d'oxygène, nous autres femmes, et vous, messieurs, d'hydrogène. Vous voilà destinés à mettre de l'eau sur le feu. Mais, en vous contant cette folie, me voilà à la fin de mon papier. Adieu donc, mon aimable et cher ami, que j'aime tant, et que j'aime tant à aimer.

CII.

MADAME DE RÉMUSAT A M. DE RÉMUSAT, A MAYENCE.

Paris, 24 novembre 1806.

Mon ami, jamais je ne me suis mise si tristement à ma table pour vous écrire. J'ai le cœur serré en songeant à ce que je veux vous dire, et cependant l'impérieuse raison me le conseille, et, quoi qu'il en coûte, je dois m'habituer à ne lui pas résister. Je viens de recevoir votre dernière lettre; elle m'a fait pleurer, et j'étais aussi émue que vous, en relisant cette phrase: « Nous sommes séparés pour longtemps ! » Mais je pense que ce qu'il y a de pis dans cette situation, c'est que vous êtes également éloigné de l'empereur et de votre famille. Il me semble donc, cher ami, que, si le séjour de Sa Majesté se prolonge en Prusse, il faudrait se déterminer à écrire pour demander de le joindre. Mon ami, mes larmes coulent dans ce moment; je ne sais pas comment je supporterai cette augmentation de distance, et la pensée de tous les accidents que la route peut vous offrir; mais, enfin, tout le monde autour de moi me répète que je dois ce sacrifice à nos intérêts; je m'y soumets donc, je vous en parle, j'ai rempli mon devoir, et je ne puis m'empêcher de dire, pourtant, que toute autre considération disparaîtrait devant la joie que me causerait un ordre de retour près de moi. Oh! mon bien-aimé, que mon cœur est triste d'une si longue absence! Quelle vie que celle qui se passe si souvent loin de toi. Que de temps perdu pour le bonheur, que nulle dignité, nulle fortune ne remplaceraient jamais!

Vous avez raison, cher ami, de croire que Paris a été effarouché de ce bulletin [1]. Quelques bons esprits consentent à comprendre la nécessité de finir ceci une bonne fois; mais la masse est dans l'opposition, et, d'ailleurs, on ne sent dans ce moment que le malheur de la guerre. On espérait le retour de l'empereur, on n'y croit plus, et cela afflige. C'est ce qui convainc encore plus de la nécessité de la présence de l'impératrice ici, et ce

1. Il est probable que ce *bulletin*, qui faisait mauvaise impression, est la *proclamation* adressée à l'armée par l'empereur, et dans laquelle de nouveaux travaux, de nouveaux dangers, et une nouvelle gloire sont annoncés et promis. Cette proclamation est datée de Potsdam, le 26 octobre 1806.

qu'on devrait lui faire entendre. Elle donnerait un peu de mouvement à cette ville morte; elle prouverait qu'elle y prend quelque intérêt, et pour moi, franchement, son retour me paraît nécessaire. Je ne conçois pas trop les raisons qu'elle peut avoir pour demeurer à Mayence ; elle saurait presque aussitôt les nouvelles ici, et n'y trouverait pas plus de distraction, car l'air ne me paraît pas monté au plaisir, et tout est morne et abattu.

L'affaire du *monseigneur* du cardinal Maury va toujours son train. J'ai été témoin, vendredi dernier, d'une scène fort curieuse, mais un peu déplacée à ce sujet. C'était chez la princesse Caroline. Cette princesse avait donné à dîner à une trentaine de personnes, et, après le dîner, elle recevait. Le cardinal avait été du repas, et moi aussi; à neuf heures arrive M. Regnault de Saint-Jean-d'Angely (vous savez qu'il est le plus opposé au titre). « Monsieur, dit le cardinal, j'ai un mot à vous dire; passons dans ce salon. — Il me faut des témoins », répond Regnault. Ce début pique le cardinal, qui, comme vous savez, n'a pas mis la patience au nombre de ses vertus; il commence à se plaindre ; Regnault répond toujours avec aigreur; l'abbé s'échauffe. « Vous ne vous rappelez donc pas, dit-il, qu'à l'Assemblée Constituante, je vous ai plus d'une fois traité comme un petit garçon. Si je m'appelais Montmorency, je me moquerais de vos refus, mais c'est encore mon seul mérite littéraire qui m'a fait ce que je suis, et, si je vous cédais le *monseigneur*, vous m'appelleriez le lendemain *mon camarade* ; ce que je ne veux point. » Il était rouge et enflammé, Regnault tout bouffi ; tout le monde les entourait, et les princesses, qui jouaient dans un salon voisin, plusieurs fois ont envoyé faire silence ; on ne sait comment finira cette grande affaire. Il n'y a qu'un seul exemple, et c'est celui de Fontenelle qui s'entendait bien en égalité académique, et qui a donné le *monseigneur* et *l'éminence* au cardinal Dubois. Mais les nouveaux académiciens disent que les temps sont changés. Cela est possible; mais, moi, je maintiens que les hommes ne le sont pas.

J'ai été interrompue ici par la visite de Lafond, qui m'avait demandé une audience. Il se recommande à vous, parce que sa garderobe comique lui a coûté fort cher. Il mériterait, au fait, une récompense, et, si vous ne pouvez la lui donner, au moins une petite lettre qui lui donne de l'encouragement et de l'espérance. Il a eu un succès complet dans *la Métromanie*, et sera probablement un fort bon acteur pour la grande comédie. Il va jouer *le Glorieux*[1], et il attire du monde à votre théâtre, dans un moment où cela est difficile. On dit que Talma va aussi s'essayer dans la comédie. Je ne le crois pas, Lafond m'a paru en douter, mais ne le pas craindre. Mademoiselle Duchesnois est venue me demander de solliciter de vous un congé pour aller voir sa mère, et donner une représentation à Valenciennes. Vous me répondrez à ce sujet.

Adieu, cher bon ami; je vais te quitter pour reprendre ta lettre et me plaindre avec elle. Puisque tu as tant de temps à toi, écris-moi souvent, pour te reposer de cet allemand. Fais-tu quelques progrès? cela est-il bien difficile? les langues anciennes t'aident-elles un peu? A propos de langues anciennes, on parle beaucoup d'une discussion du Conseil d'État, à laquelle je pense parce que les langues me conduisent à Bertrand. Il a fait un rapport au nom du tribunal de commerce, pour obtenir la contrainte par corps pour les billets à ordre. M. Pas-

---

1. Comédie de Destouches.

quier a parlé *contre* avec un grand succès. Les financiers Louis[1], Bérenger, Mollien sont *pour;* Cabanis, Siméon et Treilhard *contre*. On dispute jusque dans les salons, et on demande votre avis.

CIII.

MADAME DE RÉMUSAT A M. DE RÉMUSAT, A MAYENCE.

Paris, mercredi 26 novembre 1806.

Hier, je vous écrivais de demander d'aller à Berlin, cher ami; je me croyais forte à soutenir ce nouveau chagrin, je repoussais mes larmes et mes regrets; mais tout cet étalage de courage s'est détruit à la lecture de la lettre que je viens de

[1]. M. Louis était alors maître des requêtes. Il a été plus tard conseiller d'État, député, cinq fois ministre des finances, et pair de France en 1832. Il est mort en 1837. M. Bérenger, alors comme lui maître des requêtes, devenu le comte Bérenger, directeur de la caisse d'amortissement, est mort en 1845. Son fils, plus connu sous le nom de Bérenger de la Drôme, est le célèbre juriconsulte qui a joué un rôle considérable sous le gouvernement de juillet, et son petit-fils, qui s'est distingué comme magistrat, a quitté sa robe pendant la guerre de 1870 pour l'uniforme. Il est, aujourd'hui, sénateur inamovible.

recevoir. La pensée de votre départ m'a toute
bouleversée. Je mesure cette énorme distance,
et puis les mauvaises routes, et la saison rigoureuse! Mon pauvre cœur se brise. Allez, partez,
il le faut, je le sens, et moi, pauvre femme, je vais
me tourmenter, au coin de mon triste feu, là, toute
seule, sans espérance prochaine de retour; car, si
l'impératrice part, c'est que l'empereur sera encore
longtemps éloigné, peut-être tout l'hiver. Je ne
tiens pas à cette idée, je pleure, mon ami, je pleure
toute seule. Quelquefois, il me prend fantaisie de
me rendre à Mayence, et de demander à accompagner l'impératrice. Et puis, cependant, je repousse cette fantaisie, à cause de nos enfants, que
nous ne pouvons quitter tous les deux. Voilà
cinq mois de séparation, sept l'année dernière,
et qui sait ce que me réserve l'avenir! Tout le
mien est en toi, mon bien-aimé. Soigne donc ta
santé pour ton amie, n'ajoute pas à ses inquiétudes,
et, si tu pars, écris-moi le plus souvent que tu
pourras, afin de m'épargner quelques tourments. Que vous dirai-je encore? Je n'ai pas le
courage de parler d'autre chose. Cependant, j'ai
encore une espérance, et c'est dans l'armistice dont
vous ne me parlez pas qu'elle est placée. Peut-être

changera-t-il les projets de l'empereur, et le ramènera-t-il vers nous. Dans ce cas, l'impératrice n'irait point à Berlin ; c'est une lueur à laquelle je m'accroche. D'ailleurs, Paris a réellement besoin de la présence de ses souverains, et ces nouveaux départs attristeront encore. Charles se plaint beaucoup de n'avoir pas quelques années de plus ; il dit qu'il vous accompagnerait, et, moi, je verrais sans regret fuir ma jeunesse, pour arriver à celle de mon fils, parce que je pense qu'alors il ne vous suivrait pas, mais que vous resteriez auprès de moi, moi, cher ami, qui aurais tant aimé à ne pas passer un seul jour loin de votre aimable et douce présence, et qui suis réduite à en compter un si grand nombre qui commencent et finissent sans vous !

Adieu ; je suis trop triste pour prolonger cette lettre, et je me reproche d'ajouter à tes regrets ; ton devoir t'impose des lois auxquelles il faut se soumettre, et c'est dans ce moment que je m'applaudis encore d'avoir au moins pour consolation le sentiment de la reconnaissance qui m'adoucit un peu tant de sacrifices.

CIV.

MADAME DE RÉMUSAT A M. DE RÉMUSAT, A MAYENCE.

Paris, 29 novembre 1806.

On se chamaille toujours à l'Institut. L'abbé Maury et Regnault en sont aux grandes injures. Ni l'un ni l'autre n'ont mis la modération au nombre des vertus apostoliques, ou des qualités du magistrat. L'abbé Morellet, que j'ai vu avant-hier, est assez mécontent des dernières séances académiques, et surtout de la proposition faite par Lacuée[1], il y a deux jours, de mettre en délibération si c'est à l'empereur, ou non, à décider de cette grande affaire du *monseigneur*. Notre abbé trouve qu'il y a un manque de respect dans cette discussion, et il me semble qu'il y a de la délicatesse dans sa remarque. C'est jeudi que cela se décidera. En attendant, le cardinal répète partout qu'il ne se soucie guère de l'Institut, et il

1. Lacuée de Cesson, né en 1752 et mort en 1841, avait été militaire. Il n'a écrit que sur l'art de la guerre. Il était de la classe des sciences morales et politiques, et de la classe de la langue et de la littérature, c'est-à-dire de l'Académie française, depuis 1803.

porte à cette discussion, qui est, au fait, assez ridicule, et dans laquelle la majorité lui a donné raison, une violence qui lui laissera l'apparence d'un tort. Ne trouvez-vous pas piquant que l'empereur soit obligé de se détourner un moment des grands intérêts qui l'occupent pour niveler toutes ces petites vanités?

Le départ de l'impératrice pour Berlin se répand ici, et afflige beaucoup. On dit tout haut que l'empereur ne reviendra pas de l'hiver. J'espère encore qu'il n'y a rien de sûr. Si cela est, que de jours encore pour la tristesse et l'ennui! J'attends vos lettres avec impatience. Je cherche à me rassurer contre celle qui me dira : « Je pars. »

Toute notre société est à peu près revenue; Madame d'Houdetot arrive lundi. On commencera sur-le-champ les mercredis où vous serez regretté. Vous voyez d'avance comment se passera ma vie: beaucoup chez moi, car, faute d'autres plaisirs, je me livre à ma paresse favorite, qui défend les femmes, à ce que je prétends, presque autant que la vertu, mais bien moins que l'amour. J'ai peur que vous ne trouviez, cher ami, que c'est là un assez mauvais propos; heureusement que vous êtes, je crois, passablement certain de ces trois préservatifs, et ce n'est pas à vous à m'en vouloir de préférer le dernier.

CV.

MADAME DE RÉMUSAT A M. DE RÉMUSAT, A MAYENCE.

Paris, 5 décembre 1806.

Je ne sais que penser de notre avenir. La guerre se ranime, les rois étrangers paraissent frappés d'aveuglement, les mesures que l'empereur prend portent avec elles un caractère imposant, qui les met bien au-dessus des calculs ordinaires de la raison humaine. Le fâcheux, c'est qu'on n'est pas assez convaincu de l'insuffisance du jugement dans des temps comme ceux-ci, et chacun examine, pense, et conclut avec la lunette de son esprit, et la balance de sa passion. Je vous avouerai que c'est ce qui me rend la société importune; de trop grands intérêts sont attachés à ce qui va arriver cet hiver, pour qu'on puisse, du moins moi, supporter avec patience les raisonnements d'un tas d'oisifs qui ne savent guère, et qui parlent et jugent toujours. J'aime mieux vivre un peu plus solitaire, avec un petit nombre d'amis, qui m'entend et me convient, et puis, quand je suis seule, je vous avoue que je ne me sens pas sans inquiétude. L'empereur est si loin de nous, si environné de dangers qui se renouvellent sans cesse! Son génie, sa fortune, le préserveront-ils toujours? Les malheurs de la France sont-ils tout à fait finis? Et puis vous, mon ami, combien serai-je encore de temps sans vous voir? Quelquefois, je me sens le courage de vous souhaiter à Berlin; dans d'autres moments, je suis tentée de désirer que vous ne quittiez point Mayence; mais je résiste à ce dernier vœu, parce qu'il est personnel, parce que, moi seule, je souffrirai de cette augmentation d'absence, et que vous, près de l'empereur, plus occupé, un peu utile, vous serez plus heureux. On a espéré ici, un moment, le retour de Leurs Majestés, et l'espèce de certitude, qui s'est tout à coup répandue, de leur éloignement a jeté de la consternation. Paris ressemble à un corps sans vie, sans mouvement; et, comme la tristesse de la vie qu'on y mène, et votre absence ne me laissent guère que le *plaisir* de la réflexion, j'en fais toute seule, au coin de mon feu, sur cette influence, toute d'imagination au premier coup d'œil, et très réelle heureusement par le fait, qu'exerce un seul homme sur une masse tout animée, tout agissante, et composée d'êtres semblables à lui en apparence. Quels sont les degrés qui ont amené ce résultat de l'ordre social? Voilà qui serait curieux et piquant à rechercher. Mais il serait bien difficile à ma pauvre tête malade de rester longtemps sur une pareille matière et elle ne serait pas de force, le crois, même dans toute sa santé. Le moyen pourtant de détourner sa pensée de méditations un peu sérieuses, lorsqu'il n'est pas un seul de nos intérêts qui n'y tienne? Vous vous représentez bien toutes les discussions produites par ce dernier arrêté pris contre le commerce d'Angleterre[1]. Ah! mon ami, mon ami, les hommes ne sont ni aimables, ni faciles à gouverner.

Votre dernière lettre est bien bonne, trop bonne, et je serais embarrassée de toutes vos louanges, si je n'y voyais la preuve de cette illusion qui accompagne toujours un sentiment un peu vif, et, alors, j'avoue que je m'abandonne tout entière au plaisir que ces témoignages

1. Il s'agit du décret de Berlin qui mettait les Iles Britanniques en état de blocus, interdisait tout commerce et toute correspon.

me donnent. Mon ami, sans doute les plus doux éloges pour ta femme sont ceux qui lui viennent de toi, et le premier de mes vœux est de les mériter. Assurément, je croirai avoir en effet gagné quelque chose, si tu m'approuves, mais je n'en verrai pas moins ce qui me manque ; je ne crois pas qu'il soit si facile de n'être pas de bonne foi avec soi-même, et, par exemple, je suis convaincue qu'il est plus facile de faire illusion à celui ou à celle qui nous aime qu'à sa propre conscience, et la preuve en est que la mienne m'est beaucoup plus sévère que ton cœur.

Je n'ai pas encore vu M. Azaïs, et, puisque vous en êtes curieux, vous aurez une relation exacte. Ma santé a retardé ce déjeuner, et je n'en suis pas fâchée, car il me semble qu'il faut avoir une bonne tête pour se risquer à cette métaphysique. Vous aurez vu dans les journaux la nouvelle détermination de l'Institut, et le renvoi à la classe de ses propres débats. Il paraît qu'en dernier ressort, c'est toujours à l'empereur qu'ira cette importante décision. Vous ai-je dit que le cardinal Maury avait déclaré à une personne de ma connais-

dance avec elles, et déclarait que toute propriété appartenant à un sujet anglais serait confisquée.

sance qu'ayant été un moment tenté d'imprimer ses sermons, il les avait relus, et brûlés sans miséricorde, les trouvant trop philosophiques?

Les lectures que vous me recommandez vont toujours leur train; nous avons fini, Charles et moi, l'histoire d'Alexandre, et nous voilà dans les successeurs, ce qui est bien moins intéressant. Ce pauvre enfant était, pendant tout le temps qu'a duré cette lecture, d'une colère tout à fait comique à voir. Il voulait aimer Alexandre, et puis les meurtres de Clitus et de Parménion le désolaient, il ne savait plus à quoi se résoudre, et il aurait fini par se livrer à la haine, si je ne l'avais arrêté, par affection pour Alexandre, que vous savez bien être mon héros favori. J'ai lu à votre fils, pour le contenir un peu, la belle page de Montesquieu sur ce conquérant. Il l'a très bien écoutée et s'est un peu calmé; mais il lui reste pourtant un fond de rancune dont, en conscience, je ne peux pas trop lui savoir mauvais gré[1].

Au travers de nos études, nous préparons une

---

1. « Je me souviens parfaitement de cette lecture d'un chapitre
» de Montesquieu, » a écrit mon père en 1857. « Ma mère me
» demanda si je m'apercevais qu'une chose fût écrite avec talent.
» Je crois que je lui répondis que *non*. J'avais du goût pour les
vers, et particulièrement pour les vers de Racine, que j'admi-

petite comédie pour la fête de ma mère, que M. Desfaucherets nous a faite, et dont votre fils est le principal acteur; cela va nous occuper ici pendant la semaine, et je vous regrette encore dans tous mes préparatifs, dont je suis sûre cependant que vous vous moqueriez. Nos acteurs sont : Desfaucherets, Charles, madame de Vintimille, Constance et moi; nous fêterons une demi-douzaine d'Adélaïdes que je veux réunir, et pour lesquelles nous avons un mot d'éloge. Je vous tiendrai au fait, parce que, hélas ! il vous est impossible de trahir ce mystère. Mes Adélaïdes sont : ma mère, ma sœur, madame d'Antigny, mesdames de Labriche, Pastoret et de Souza. Cette petite attention payera toutes les politesses que je reçois **des trois** dernières depuis quelques années, et ne me coûtera qu'un léger effort de mémoire, trois paravents et un rang de bougies sur une planche.

Adieu, mon bon ami; ma tête un peu malade demande à se reposer, et je vais lui obéir; je vous trouve bien poli d'apprendre l'allemand : il me semble que c'est aux étrangers à apprendre le français.

» rais vivement, mais je ne me doutais **pas de ce** que c'était que
» *bien écrire* en prose. »

CVI.

MADAME DE RÉMUSAT A M. DE RÉMUSAT A MAYENCE

Paris, 12 décembre 1806.

Mon cher ami, je n'ai pas voulu laisser partir madame de Lagrange[1] sans lui remettre un petit paquet pour vous, et, comme c'est une occasion sûre, j'en profite pour la charger de cette lettre de votre enfant que je n'ai pas voulu confier à la poste; vous verrez si elle n'est vraiment pas originale, d'autant que je ne l'avais point vue, et qu'elle est de lui tout entière. Vous y avez répondu d'une manière toute bonne, et il ne doute pas que vous ne l'ayez reçue depuis longtemps. Vous m'en direz votre avis[2].

1. Madame de Lagrange était fille de madame de Talhouët, dame du palais.
2. C'est assurément abuser de la liberté que peut prendre un éditeur de lettres que d'imprimer celle d'un enfant de neuf ans. Ou je me trompe fort cependant, ou l'intérêt qu'on peut prendre au développement de cette jeune intelligence, dès les premiers ans si distinguée et qui devait devenir si supérieure, est l'un des attraits de cette correspondance. C'est, d'ailleurs, une preuve

Mon bon ami, je vois par tout ce que vous m'écrivez que vous vous ennuyez extrêmement, et je m'en afflige. Je pense quelquefois que, si cela dure, je devrais demander à vous aller joindre, peut-être l'obtiendrais-je. Mais je ne vous dissimule pas que ce voyage a beaucoup de côtés par où il me serait pénible de le faire. Le plus important est l'argent qu'il me forcerait à dépenser, et qui n'est pas en force chez moi dans

nouvelle de cet effroi qu'inspirait la police de l'empereur, et, dans la décision prise par ma grand'mère de ne pas envoyer cette lettre par le courrier ordinaire, on peut trouver l'explication de beaucoup de réticences ou d'expressions qui semblent en désaccord avec ce qu'elle a écrit plus tard. Voici donc cette lettre très enfantine, que j'ai d'ailleurs déjà citée dans une note des *Mémoires* : « Mercredi.
» — Je vous demande pardon, mon cher papa, de ne pas vous
» avoir écrit plus tôt. Maman a dû vous écrire l'accident de Gus-
» tave, il se porte un peu mieux ; nous nous portons bien tous.
» J'ai été au musée, les tableaux que j'aime le mieux sont : *Jeanne*
» *de Navarre* et les tableaux de Richard. Je n'aime pas trop *le*
» *Déluge*. M. Halma est content de moi ; je travaille plus qu'à
» Auteuil. Nous allons souvent chez ma tante, qui n'est pas trop
» gaie, parce qu'elle est inquiète. Il paraît que l'empereur a de
» grands succès, et que nous entrerons à Berlin comme nous
» sommes entrés à Vienne ; ses conquêtes sont pires que celles
» d'Alexandre et de Cyrus. On peut appliquer à Paris le vers de
» Phèdre : *Humiles laborant ubi potentes dissident.* J'en suis à
» présent de M. Rollin à Alexandre et à Démosthènes. Je n'aime
» pas Philippe, parce qu'il a trop d'ambition. Mais je vous aime
» mieux qu'eux tous. Adieu, mon cher papa ; je vous embrasse.
» CHARLES. »

ce moment; après cela, les enfants, Charles surtout, qui, entre nous, a besoin d'un surveillant plus sévère que ma mère, et, d'ailleurs, elle s'ennuie avec raison du métier de précepteur; peut-être pourrais-je dire, *ma santé;* cependant je ne crois pas qu'elle souffrît beaucoup. Ainsi, si vous voyiez le moment où ma présence fût utile, dites un mot, et je ferai les démarches nécessaires. L'impératrice vous en parle-t-elle quelquefois? Vous pouvez me répondre, sans entrer dans les détails; car nous devons être bien prudents en correspondance, et, si j'ose dire, je trouve que vous vous laissez aller un peu dans la vôtre, et qu'il y a quelquefois certaines phrases philosophiques qui peuvent se prendre en mauvaise part. C'est un chagrin de plus de ne pouvoir même s'épancher en liberté à cette distance; mais il faut se résigner à tous les sacrifices, et espérer que celui-ci nous donnera une longue paix. La paix! On ne l'espère guère ici; il y a un découragement et un mécontentement général, on souffre et on se plaint hautement. Cette campagne ne produit pas le quart de l'effet qu'a produit l'autre; nulle admiration, pas même d'étonnement, parce qu'on est blasé sur le miracles; les bulletins sont tous reçus sans applaudissements aux théâtres; enfin, l'impression générale est bien pénible. Je dirais même qu'elle est tout à fait injuste, car il y a des cas où les événements entraînent même les hommes les plus forts plus loin qu'ils ne le voudraient, et mon esprit se refuse à croire à ce qu'une tête supérieure ne veuille trouver de gloire que dans la guerre. Ajoutez à cela la conscription, et ce nouvel arrêté sur le commerce! La malveillance fait argent de tout, et juge sans raison; on ne veut voir que de la colère dans ces mesures. Je suis loin d'oser les juger, mais je sens qu'en dépit de tout ce que j'entends, j'ai besoin d'admirer et de me fier à la puissance qui traîne après elle la destinée de tout ce qui m'est cher.

Vous m'écrirez le plus tôt que vous le pourrez si vous avez reçu cette lettre; je n'ai pu résister à l'occasion qui s'offrait de pouvoir causer un peu en liberté. Mon ami, il y a quelque chose de triste dans cette manière de passer sa vie inquiets, séparés, mécontents même quelquefois, des amis qui ne partagent point des opinions que je crois raisonnables, parce qu'elles sont modérées. Tout cela me tourmente, m'attriste, ou me tracasse. L'avenir m'effraye, et je vous souhaite pour me remettre la tête, et me rendre à l'espérance.

CVII.

MADAME DE RÉMUSAT A M. DE RÉMUSAT, A MAYENCE.

Paris, 14 décembre 1806.

Mon ami, je vous dirai toujours : « Vous me gâtez! » Mais, puisque cela vous convient, je me laisserai faire, et ce sera, je vous l'avouerai, sans beaucoup de violence de ma part. Cependant, combien les douces assurances de votre tendresse me rendent heureuse! et quelle somme de bonheur m'a réservée ma destinée! Quelles que soient, après tout, les contrariétés que nous éprouvons, la première des jouissances n'est-elle pas dans la satisfaction complète du cœur? Et qui peut ignorer, dans le monde, le charme d'un sentiment partagé fondé sur la plus douce confiance, la convenance la plus parfaite, et dont le temps ne fait qu'augmenter l'étendue et la vivacité? Car, mon aimable ami, croyez-le bien, je le sens, je ne vous ai jamais mieux aimé qu'à présent, jamais je n'ai peut-être éprouvé plus de désir de vous plaire, de vous voir heureux par moi, je n'ose pas ajouter, *près de moi*, car cette dernière pensée me serre le cœur, et nous avons besoin de courage.

Eh bien, je l'ai vu enfin ce monsieur Azaïs, et, après l'avoir entendu pendant trois heures, j'étais tentée de dire comme Portalis disait de la Harpe : que j'avais mal à la gorge d'avoir tant écouté. Cet homme est assurément un fou, d'autant plus fou qu'il a manqué son siècle, et qu'il n'aura dans celui-ci ni l'autel qu'il prétend mériter, ni la persécution à laquelle il se prépare. Figurez-vous un individu de cinquante ans, maigre, pâle, avec un air rêveur et assez froid, indifférent à toute conversation étrangère à son sujet, ignorant des événements du monde. Il ne s'anime que lorsqu'on touche sa corde sensible, c'est-à-dire son système. Alors il se lève, son visage s'illumine, il commence à le développer, rien ne l'arrête, il parle, il parle, deux, trois, quatre heures sans s'arrêter, sa facilité est remarquable, son élocution heureuse, sa conviction parfaite. A chaque objection, il ne répond que ces mots : « Vous me croirez quand vous aurez lu mes dix volumes; » et, dans ces dix volumes, il explique, dit-on, ou veut expliquer, tout ce que les savants n'ont fait que découvrir. Il combat Newton et tous les physiciens; il détruit une partie du système astronomique, il règle l'univers à sa manière, afin d'arriver à son principe favori, son unique but, qui est de prouver que l'ordre, la vertu, sont nécessaires au système organique du monde, et que l'homme jouira d'une meilleure santé d'autant qu'il aura fait plus de bonnes actions. Il prétend que cette morale, mise ainsi à la portée de chacun, remplacera d'une manière victorieuse la puissance de la religion en décadence, et l'autorité du gouvernement. En parlant toujours, il fait voir qu'il croit à un auteur qu'il appelle le *grand propriétaire*. Après cela, tout est matérialisme dans sa pensée : l'âme n'est que la collection des idées, les idées mêmes ne sont que des corps produits en nous-mêmes par le concours de je ne sais plus quels fluides, qui marchent et forment dans notre cerveau l'image de l'objet qui nous a frappés.

Mais je sens ici que j'ai besoin de reprendre haleine, et je reviendrai sur cet homme dans un autre moment. Au reste, j'ai été assez aise de l'avoir entendu, et il est bien vrai que, malgré le peu de fondement de tout ce qu'il avance, il est si ingénieux pour trouver des preuves, et si fécond dans ses expressions, qu'il porte avec lui une sorte d'intérêt. Les savants le repoussent tout à fait ; il en appelle à la postérité et à l'empereur, dont il soutient qu'il est l'égal dans le monde moral. Les élus du déjeuner étaient MM. Pasquier, Molé et Dorion, qui ont très bien discuté avec lui ; madame Pastoret a été fort spirituelle, et, moi, je n'osais me mêler à tout cela ; mais je faisais, à part moi, toutes mes petites réflexions sur cette singulière manie de l'esprit humain, qui le porte à se perdre à la recherche de tous les mystères qui l'entourent, tandis qu'il s'ignore lui-même dans presque toutes les occasions de la vie.

CVIII.

MADAME DE RÉMUSAT A M. DE RÉMUSAT, A MAYENCE.

Paris, 17 décembre 1806.

Mon ami, voilà trois jours que je vous ai écrit, et que ma lettre est restée dans mon écritoire. Cela vient de l'impossibilité où je me suis trouvée d'envoyer à la poste, à cause du grand tracas que j'ai eu dans mon ménage. Je vous avais parlé de mon projet de fête pour ma mère; nous l'avons exécuté. C'était hier, mardi, le grand jour, et je n'ai cessé de vous regretter ici; ç'a été vraiment très joli. J'avais monté un petit théâtre dans ma salle à manger; nous avions à peu près quarante personnes, notre société habituelle, les six Adélaïdes en avant; nous avons commencé, M. Tourolle[1] et moi, par *Défiance et malice*, qui a vraiment bien été; je pourrais même m'amuser à vous conter mes succès, si je n'étais pressée de vous parler

---

1. M. Tourolle, ancien conseiller au parlement, aimait le monde et le théâtre. Il a beaucoup joué la comédie au Marais avec mon père, chez madame Molé. Il est mort vers 1850, à plus de quatre-vingts ans.

de ceux de notre enfant. Il était réellement charmant dans la petite pièce que Desfaucherets avait faite. Charles était un petit savoyard qu'un diseur de bonne aventure convertissait en automate pour attirer la foule. Ce petit bonhomme, après avoir pris la leçon du charlatan, confond tout ce qu'on lui a dit, commence par faire tout le contraire, désole son maître, et finit par distribuer des raretés à trois femmes qui viennent chercher des cadeaux pour des Adélaïdes qu'elles veulent fêter. Chacune en a deux. Le diseur de bonne aventure, qui croit que ce sont les mêmes, brouille tout cela. Après des scènes de quiproquos fort jolies, les femmes lui prennent la cassette et trouvent dedans : une vieille plume qui a appartenu à madame de Sévigné et qu'on remet à Adélaïde Vergennes ; des cahiers tout blancs que madame de la Fayette a laissés dans son secrétaire, et qui vont à Adélaïde de Souza ; la lyre de Sacchini pour Adélaïde Labriche ; un almanach de Philémon et Baucis qui marque les jours heureux pour Adélaïde d'Antigny ; la tire-lire de saint Vincent de Paul à Adélaïde Pastoret[1], et un manuscrit

---

1. Madame Pastoret, femme du sénateur, sœur de M. Piscatory, était une personne de mérite qui s'occupait beaucoup de bonnes

trouvé dans les vieux papiers de Racine, appelé *le Retour du mari*, pour Adélaïde Nansouty. Ce petit proverbe, qui est plein de mots spirituels a été fort bien joué par Desfaucherets, madame de Vintimille, Constance et moi. Mais je ne vous dirai jamais à quel point Charles a été intelligent et gentil. Desfaucherets, que la qualité d'auteur rendait difficile, était ravi, et toute la société applaudissait avec une sorte d'enthousiasme; ajoutez à cela cette jolie figure que le plaisir animait. Oh! mon ami, mon ami, que n'étiez-vous là, dans un petit coin! Je le regardais, et je pleurais, et je pensais à cette joie qu'il vous aurait donnée. Après quelques couplets, nous sommes repassés dans le salon, Crescentini a chanté, on a mangé des glaces, et, à minuit, chacun s'est retiré fort

---

œuvres.— Madame de Labriche était bonne musicienne.— La parfaite union de M et de madame d'Antigny était célèbre dans la société de ce temps.— Mon père se rappelait parfaitement cette soirée, et me chantait, il y a peu d'années, ce couplet, que sa mère disait sur l'air d'*Adélaïde* (ou *Dans le cœur d'une cruelle*) :

> Tous les sentiments ensemble,
> Les souvenirs les plus doux,
> Le nom d'Adèle les rassemble;
> Sa fête est celle de tous.
> Ce jour doit plaire,
> L'amitié vient l'enchanter,
> Et le cœur aime à répéter
> Les chants que le cœur a fait faire.

content de ma petite fête, qui ne m'a coûté que quelques bougies, et un peu de peine, depuis huit jours, pour les répétitions. Madame Devaines, qui était là, vous souhaitait à tous moments, et elle m'a chargée de vous le dire; cette bonne madame d'Houdetot aussi, qui s'est amusée comme vous savez qu'elle s'amuse. Enfin, nous avons été fort bien récompensés de nos peines.

Je n'ai pas pu porter à madame de Talleyrand la lettre à cause de tout cela, et parce qu'elle est à la campagne; mais je lui ai écrit un petit billet bien poli. Je l'ai déjà rencontrée plusieurs fois, et elle me fait beaucoup d'avances. Voilà donc que je vais être obligée d'aimer le mari, puisqu'il s'est avisé de vous marquer de l'attachement? Cependant, cher ami, je vous avoue que je ne puis pas savoir un gré trop grand à quelqu'un qui, en vous voyant souvent, aura découvert et apprécié toutes les aimables qualités qui vous distinguent, et je ne suis pas de celles qui pensent que votre mérite soit au nombre de ceux qu'il est difficile de distinguer. Quoi qu'il en soit, j'aime M. de Talleyrand de son amitié pour vous, et du plaisir qu'il vous cause. Adieu, mon bon et bien cher; j'ai commencé ma matinée par vous écrire, j'avais besoin de vous conter tout cela ; maintenant je vais ranger ma maison, et reprendre le train accoutumé, jusqu'au jour, bien heureux jour! où je pourrai fêter pour mon compte *le Retour du mari*.

CIX.

MADAME DE RÉMUSAT A M. DE RÉMUSAT, A MAYENCE.

Paris, 23 décembre 1806.

On répand toujours ici que l'impératrice va revenir, et je ne l'espère point, et je ne crois pas que j'aie, d'ici à quelques mois, le chagrin des mécomptes ; car je ne prends à aucun des leurres où je vois tant de gens s'accrocher. Je vous souhaite, mon ami, mais je n'ose pas vous attendre. Alix a reçu, hier, des nouvelles de son mari. Elle n'en avait pas depuis un mois, et elle était inquiète. Il se porte bien, il est en avant de Posen, loin du quartier général, avec lequel il paraît que les communications sont difficiles. Le ciel veille sur lui, et nous le ramène!

J'ai vu hier une personne qui était à Pétersbourg, lors de la mort de Paul Ier, et qui m'a conté des détails assez curieux. C'est la Pologne qui me les rappelle, parce que c'est ce Benningsen [1], qui commande maintenant les Russes, qui lui a porté le premier coup. Chargé de l'expédition, il marchait à la tête des conjurés, qui éprouvèrent un moment d'effroi, en entrant dans l'appartement du czar. Benningsen les rassura, et terrassa le hussard qui veillait à la porte, et dont les cris avertirent l'empereur. Effrayé, celui-ci se jeta hors de son lit, et se cacha derrière un paravent. Les assassins entrèrent et, ne le trouvant pas, voulurent s'éloigner; leur chef ordonna de rester, chercha partout, et aperçut enfin un morceau du vêtement de l'empereur qui passait derrière le paravent. Alors, se jetant de ce côté, il le saisit par les cheveux, le traîna au milieu de la chambre, et lui porta le premier coup de poignard; les autres l'achevèrent. Voilà quel est l'homme qui commande les armées d'Alexandre! C'est vraiment un méchant homme, cruel, incapable de la moindre générosité, dur envers ses ennemis et ses inférieurs, et qui excitera les Russes à tous les dés-

---

1. Le comte de Benningsen, général russe, né en 1745, est mort en 1826.

ordres qu'ils commettent dans leur retraite. Mais, puisque nous marchons sur lui, probablement son heure approche.

Pour ranimer un peu Paris, les princesses et l'archichancelier ont ouvert leurs maisons, et commencent à donner des bals. Il y en a eu un, dimanche, chez l'archichancelier; il y avait beaucoup de femmes, mais bien peu de danseurs, et, sans une provision de pages qu'on a fait venir, je ne sais pas trop ce qui serait arrivé. Les princesses vont aussi donner des fêtes, mais tout cela ne sera point du plaisir. Je ne sais même si le contraste du bruit et du mouvement qu'on y trouve, avec les pensées qu'on y apporte, n'augmente pas encore le sentiment mélancolique que tant d'absences inspirent. Pour moi, je sais bien que mon cœur se serrait en voyant le fauteuil de l'empereur vide, en songeant à quel point il est loin de nous, exposé à tant de fatigues et de dangers; et que, dans cette disposition, la joie et la musique me portaient à des réflexions sérieuses, et je dirais presque à des larmes. Les princesses ont des cercles, les ministres vont faire danser, enfin on s'agitera. Mais le retour, le retour seul peut nous éveiller, et nous rendre susceptibles de plaisir, en nous rendant le repos.

J'ai trouvé chez Cambacérès quelques-unes de mes collègues, mais pourtant en petit nombre ; nous sommes toutes un peu dispersées. Madame de Serrant passe l'hiver dans sa terre ; madame Talhouet, qui est venue ici un moment, vient de retourner chez elle, et ne parle que de ses plaisirs champêtres ; madame de Luçay ne sort pas de Saint-Gratien, où M. de Luçay se plait extrêmement. Sa fille loge chez madame de Ségur[1], sa belle-mère. Madame Savary est grosse, très changée et fort solitaire. Madame Duchâtel est grosse et fort jolie ; elle danse et va partout. J'ai vu madame Brignole, c'est une personne aimable, et avec laquelle je m'arrangerai fort bien, si on veut que notre service se fasse ensemble. Si vous voulez que je vous dise les bêtises qu'on fait courir ici, je vous apprendrai qu'on répand que madame de la Rochefoucauld quitte sa place, et que madame de Montmorency[2] va la prendre. On ajoute que l'empereur va nommer, en

---

1. Madame de Ségur, femme du comte de Ségur, était mademoiselle d'Aguesseau. Elle était donc tante de sa belle-fille, madame Octave de Ségur.
2. Mademoiselle de Maigtnon.

revenant ici, un gouverneur des princes, et que vous êtes sur la liste[1]. Je me suis mise à rire en écoutant cette dernière nouvelle. Cependant, si cela est, comme elle me paraît très *vraisemblable*, je vous prie d'avoir égard à ma demande, et de me mettre parmi les répétiteurs. J'acquiers tous les jours de grandes qualités pour cet emploi, et j'ose vous assurer que vous serez content de mon zèle.

CX.

MADAME DE RÉMUSAT A M. DE RÉMUSAT, A MAYENCE.

Paris, jeudi 25 décembre 1806.

Je ne sais, mon ami, si ma tête suffira à tout ce qu'on y met depuis quelque temps, et, si nous n'y prenons garde, j'ai peur, en vérité, que tu ne retrouves à ton salon un certain air de *bureau*, et à ma mère et à moi la figure de *Catau* et de *Madelon*. Si je me laisse faire, d'ici à huit jours, j'aurai entendu trois tragédies, une comédie en cinq actes,

1. Cette création d'un gouverneur des princes n'eut pas lieu.

et un opéra-comique. Tandis que tout dort à Paris, le monde littéraire veille seul, et, à cause de vos dignités, il ne se barbouille pas la moindre feuille de papier qu'on ne se croie obligé d'obtenir votre protection par mon suffrage. Aignan [1] vient de finir sa tragédie, et il est venu me demander mon jour; je dois entendre, vendredi, *les États de Blois;* M. Dorion s'avise d'avoir dans sa poche une comédie en vers; Duval vient de finir un opéra de *Joseph* dont on dit le plus grand bien; jusqu'à madame Simons qui écrit encore et qui me persécute; j'ai beau demander grâce, je n'ose pas être impolie, et je me dévoue. Mérotte s'amuse de tout

1. Aignan, né en 1773, mort en 1824, membre de l'Académie française en 1814, a fait quelques traductions et quelques tragédies. Il est probable qu'il s'agit ici de *Brunehaut ou les Successeurs de Clovis.* — La tragédie des *États de Blois*, par Raynouard, fut représentée, à la cour seulement, en 1810, et n'a été jouée publiquement que sous la Restauration. — M. Dorion était un poète que ma grand'mère avait connu dans son voyage à Cauterets. Il est mort en 1829, à soixante et dix ans. Il n'a point donné de comédie au théâtre, et n'a publié que deux épopées oubliées : *Palmyre conquise*, et *la Bataille d'Hastings*. — Alexandre Duval, mort à quatre-vingts ans en 1842, est l'auteur fort connu d'un grand nombre de drames et de comédies. Il avait été marin, soldat, ingénieur, directeur de l'Odéon et enfin membre de l'Académie française, en 1812. L'Opéra de *Joseph* est celui qui est resté au répertoire, surtout sans doute pour la musique de Méhul, quoique la pièce ait quelque intérêt

cela, et nous nous évertuons à bien tromper tous ces auteurs qui nous demandent nos *conseils* avec tant de désintéressement.

Les *Français* vont assez bien cette année, et c'est, je crois, le spectacle le plus suivi. Ils ont remis *Venceslas* avec succès; Talma a eu de beaux moments, mais le reste de la pièce a été mal joué. Lafond continue ses débuts comiques; il n'a pas été aussi bien dans *le Glorieux* que dans les autres pièces, et le public y a été trompé, car on l'attendait dans ce rôle; cela m'a prouvé la vérité d'une réflexion que le théâtre m'a déjà fait faire plus d'une fois : c'est qu'on a tort d'espérer qu'un acteur jouera bien le défaut ou l'habitude qui se rapprochent de son défaut ou de son habitude. Dans ce cas, il s'abandonne à son penchant, il l'exagère, et il est mauvais; Lafond, qui est par lui-même un peu empesé, a été tout à fait lourd dans *le Glorieux*, et mademoiselle Duchesnois, qui a la voix naturellement tendre et sensible, chante et prend de la monotonie dans les rôles qui ne sont que touchants.

J'ai vu hier M. Dorion, qui m'a dit que M. de Talleyrand et Maret avaient versé en Pologne, sans accident fâcheux. Il paraît que les chemins sont très vilains, et le climat humide. Jusqu'à présent, tout ce que nous connaissons a bien supporté les fatigues de cette campagne. A propos de cela, avez-vous des nouvelles de M. de Caulaincourt? Je n'ai encore vu ici aucun des siens, et je n'en ai pas ouï parler. Si vous lui écrivez, dites-lui un mot de moi; j'avais pensé, un moment, à lui écrire, mais il a bien autre chose à faire qu'à me répondre. Quant à M. de Talleyrand, je lui écrirai dès que je saurai le protocole; mais cette lettre m'embarrasse un peu, et, malgré votre indulgence, mon ami, je vous avoue que je ne sais plus écrire lorsque je n'ai pas le droit de compter sur l'intérêt de celui à qui je m'adresse, et quand je pense à ce que je dirai. Je m'arrête tout à fait, en songeant que M. de Talleyrand ne peut être que très indifférent à tous les sujets habituels qui remplissent mes lettres et m'occupent dans votre absence. Il a écrit à madame Devaines pour lui conter sa chute; il lui rappelle que, l'année dernière, il lui écrivait de Presbourg, cette année de Varsovie : « Dieu sait, dit-il, d'où je daterai l'année prochaine! » Ah! mon ami, fasse le ciel que ce soit de la rue d'Anjou[1] !

1. M. de Talleyrand demeurait rue d'Anjou Saint-Honoré.

CXI.

MADAME DE RÉMUSAT A M. DE RÉMUSAT, A MAYENCE.

Paris, 28 décembre 1806.

Eh bien, mon ami, gâte-moi, je ne dirai plus rien, et je me laisserai faire ; mais crois bien que mon cœur en jouira plus que ma vanité, que j'ai bien plus de plaisir à mesurer ta tendresse par ton illusion, qu'à croire que je mérite tous tes éloges. Je suis triste, bien triste cependant, et je t'avouerai que ces expressions si aimables de ton affection, en excitant toute ma reconnaissance, ajoutent chaque jour quelque chose à mes regrets. De moment en moment je supporte moins ton absence ; le sentiment de mon isolement s'augmente, et, si je te laisse voir toute ma faiblesse, il faudra que je t'avoue que je ne passe pas un seul jour sans pleurer solitairement notre séparation. Songes-tu comme moi que cette année qui va finir, je n'ai guère passé avec toi que quatre mois ? Hélas ! je me rappelle qu'à semblable époque, au dernier jour de l'an, loin de toi, je ne pus pas m'empêcher de pleurer en embrassant nos enfants, et je prévois la même peine, et peut-être une inquiétude de plus; car la jeunesse s'échappe, et, avec elle, les espérances déçues qui préparent aux mécomptes futurs. Serait-il donc bien possible que nous dussions vivre si souvent loin l'un de l'autre? Voilà, je t'assure, la plus triste inquiétude de mon avenir. Il est bien d'autres malheurs que j'ai la présomption de croire que je pourrais supporter; mais ces adieux continuels, ces longues heures si solitaires, ô mon ami, elles m'accablent. Tu penses bien, pourtant, que tu es le seul confident de ma peine; il est si peu de personnes qui voulussent me comprendre! D'ailleurs, je suis entourée de personnes dont l'absence n'est pas le premier malheur; et leur situation est si pénible, que je n'ai pas le droit d'exiger de l'intérêt. Je garde donc pour moi seule ce que j'éprouve, et, quand mon cœur est trop plein, il s'épanche dans le tien, qui l'entend, et qui lui répond toujours. Écris-moi, mon tendre ami, écris-moi souvent; parle-moi bien de ta tendresse, qui me fait tour à tour tant de mal et tant de bien, qui fait toute la douceur et toute la peine de ma vie.

Je suis bien aise que tu aies la lettre de ton fils, et je pense que tu en es content; il doit t'écrire demain; il y a longtemps qu'il forme ce projet, mais il a de la peine à l'exécuter, parce que tu lui connais un peu de paresse, et puis qu'il travaille davantage. Halma a jugé à propos de commencer à lui donner quelques idées de mathématiques, cela fait un petit tracas de plus, et puis il y a aussi de grands jeux dans la maison. Gustave a repris ses forces, le petit Carignan[1] s'est fort lié avec Charles, il amène le soir de jeunes camarades, et cela fait un vrai bataillon, et des jeux et des exercices continuels; au milieu de tout cela, la santé de notre enfant est bonne. Il grandit toujours, il est fort, et *point trop laid.* Je lui découvre quelquefois quelque chose de fin et de tendre dans les yeux, qui me rappelle certain regard dont l'expression arrive droit à mon cœur. Quand les reverrai-je, ces yeux qui me disent si bien que je suis aimée, que je suis heureuse? Heu-

1. La princesse de Carignan, qui passait pour mariée à M. de Montléard, auditeur au Conseil d'État, habitait le premier étage de la maison du boulevard de la Madeleine. Son fils, Charles-Albert, était en effet camarade de mon père, et à peu près du même âge. Il était grand, assez laid de figure, gauche de manières, et l'objet des moqueries de ses camarades. Mon père et M. de Grasse en plaisantaient encore dans mon enfance. Il n'en a pas moins été un roi chevaleresque et patriote de 1831 à 1840 et le père du fondateur du royaume d'Italie, du grand roi Victor-Emmanuel.

reuse! cher ami, combien je pourrais l'être!

Nous avons entendu, hier, *les États de Blois* chez madame Pastoret ; c'est Lafond qui lisait, et l'assemblée était nombreuse. La pièce, à ce qu'il m'a paru, a été trouvée un peu froide, mais bien écrite, et les caractères bien tracés. Le duc de Guise est réellement beau, Henri III habilement sauvé ; il y a un Crillon excellent, et un ligueur qui rappelle parfaitement les jacobins du commencement de la Révolution. Le rôle de Henri IV est semé de vers beaux et touchants, mais il le ramène trop à cette seule idée de l'amour des Français qui le fait tomber dans des répétitions fréquentes. Le style est soigné, toujours noble, mais un peu froid ; en un mot, il me semble que l'ouvrage manque d'action, et il serait bien possible qu'il n'eût, à votre théâtre, que ce que vous appelez *un succès d'estime*.

Mademoiselle Raucourt est revenue, et va jouer *Pyrrhus*. Après cela, on donnera une pièce de Lemercier qu'il a faite en quinze jours, et dont j'entendrai la lecture mardi. C'est une comédie ancienne, faite sur le modèle des ouvrages antiques. Il l'appelle *Plaute chez le meunier ;* c'est Talma qui joue, et il y a un prologue ; le comité de la Comédie en a été charmé. Je vous conterai jeudi ce que j'en pense.

CXII.

MADAME DE RÉMUSAT A M. DE RÉMUSAT, A MAYENCE.

Paris, 31 décembre 1806.

Quand je m'attristais tant, l'année dernière, d'être séparée de vous, je ne pensais guère, mon ami, que je dusse encore me préparer à éprouver le même regret cette année-ci, et cependant, je l'avouerai, tous les jours mon courage s'épuise, et je supporte moins les longues séparations. Aujourd'hui, j'ai bien de la peine à vaincre ma tristesse. Dans ces jours qui ont un air de fête, où l'on se rassemble, où le cœur trouve toujours des moyens de se faire reconnaître au milieu des protestations d'usage, entourée d'amis et de monde, je me trouve plus seule, plus isolée que jamais, et je sens que je regrette bien plus l'ami qui me manque, que je ne jouis de tout ce qui me reste. Aimable et cher ami, que tu m'es nécessaire! Combien ta présence me rendrait heureuse, et que cette maison, cette chambre, et ma vie sont solitaires sans toi ! Laisse-moi revenir sans cesse sur des plaintes qui consolent mon cœur. N'est-ce pas à toi que je dois tout mon bonheur? Et quel est, après tout, l'instant de ma vie, depuis que je me connais, que ton souvenir ne vienne embellir pour moi ?

J'ai entendu, hier, car je suis accablée de lectures, une comédie en trois actes, en vers, de Lemercier. Il l'a faite en trois semaines, et on s'en aperçoit au style, comme vous le pensez bien. Cependant, cet ouvrage m'a paru moins mal écrit que de coutume; il est plein d'esprit, et je ne serais pas étonnée que cela réussît. C'est une comédie ancienne faite sur le modèle des pièces latines, avec un prologue et le petit discours au public, à la fin. C'est Plaute chez le meunier, trouvant dans la famille où il sert le type des caractères qu'il a tracés, et Molière depuis. Il y a un avare, un valet, un jeune homme, un vieillard prêchant son fils, un peu libertin en secret. J'aurais de la peine à vous faire un bon extrait de cette pièce, mais cela m'a beaucoup amusée; le succès dépendra de la manière dont on prendra son idée, qui est fort piquante, mais un peu fine pour un parterre inattentif[1]. Si l'on ne veut pas comprendre que ce sont les pères des personnages de Molière qu'il met en jeu, on croira tout bonnement qu'il a copié, et la pièce tombera. C'est Talma qui jouera Plaute ; la distribution est faite, et cela va se jouer promptement.

J'ai eu hier la visite de mademoiselle Henri, sœur du danseur[2], et ancienne actrice de l'Opéra, réfor-

---

1. La comédie de *Plaute* eut un grand succès quelque temps après, quoique le sujet en soit un peu froid, et l'intrigue trop légère. Mais il y a beaucoup d'esprit et de naturel dans le dialogue et les caractères. Lemercier disait : « Le sujet de Molière, c'est un avare qui perd un trésor ; mon sujet à moi, c'est Plaute qui trouve un avare. »

2. Henri était danseur à l'Opéra, au temps où il y avait des danseurs. Je trouve dans une *Revue des Comédiens* de 1809 ce jugement sur sa manière et son style : « Henri a de très belles dispositions pour la danse grave, et quand il s'efforce à faire des entrechats ouverts, des pirouettes et des sauts en avant, l'exemple de Vestris ou du petit Duport, il s'écarte imprudemment de son vrai genre, il hasarde sa réputation... Ceux qui le placent au premier rang de nos danseurs sont payés pour flatter aux dépens de la vérité, ou ne sont pas de vrais connaisseurs. Henry a de la force, de l'aplomb, de l'élévation ; mais ses développements n'ont pas encore toute la grâce désirable, et l'ensemble de sa danse manque de charme. » Mademoiselle Henri, sa sœur, avait d'abord rempli les rôles de princesses à l'Opéra. Elle était mise à la retraite, comme cette lettre le prouve, et elle a joué avec quelque succès les rôles très divers des *grandes coquettes*, des *amoureuses* et des *soubrettes*. Le rôle qu'elle a le mieux joué est, dit-on, celui de Lisette, des *Folies amoureuses*.

mée par M. de Luçay; c'est samedi dernier. Elle voudrait obtenir un ordre de début pour l'emploi des soubrettes et des grandes coquettes, dans la comédie, afin de se rendre en province après. L'archichancelier m'a chargée de vous la recommander; répondez-moi quelque chose à ce sujet, ainsi que pour mademoiselle Hordé[1]. Voici encore une autre affaire qui m'intéresse bien vivement : Le Conservateur de Franche-Comté vient d'être assassiné par son fils; vous savez combien Constantin[2] désire cette place, et les démarches de ma mère, cet été. L'empereur l'avait bien reçue, et l'impératrice avait été remplie de bonté. Je vais m'adresser à M. Gaudin; mais ne vous serait-il pas possible d'obtenir qu'elle vous autorise à engager le ministre à mettre mon cousin sur la liste? Si Deschamps pouvait écrire un mot de sa part, cela ferait merveille. Enfin, si elle avait la bonté de rappeler à l'empereur les paroles bienveillantes

1. Mademoiselle Hordé a débuté, sans succès, à Versailles en 1807 et à Paris en 1810. Elle n'a joué qu'une seule fois *Cléopâtre* dans la tragédie de *Rodogune* et ne reparut plus.

2. Constantin de Vergennes obtint, en effet, la place de conservateur des forêts dans la Haute-Saône, ou le Jura. Il y épousa, en secondes noces, mademoiselle de Reculot, remariée plus tard à M. Blondel, qui est mort récemment directeur de l'Assistance publique, à Paris.

qu'il a adressées à maman pour le fils de madame de Vergennes, ce serait parfait.

CXIII.

MADAME DE RÉMUSAT A M. DE RÉMUSAT, A MAYENCE.

Paris, dimanche, 4 janvier 1807.

Nous sommes ici dans une vive inquiétude sur les nouvelles que nous attendons ; *le Moniteur* et les lettres particulières annoncent une affaire ! Sans doute le succès n'est pas douteux, mais il peut coûter des pertes particulières, et c'est assez pour nous tenir en alarmes[1]. Vous vous représentez celles de ma sœur. Elle a eu des nouvelles de son mari, du 6 décembre. A cette époque, sa santé était bonne, malgré l'humidité et le froid. J'ai vu hier une lettre de Charles de Flahault qui m'a attristée par les récits qu'il fait du pays où on est maintenant ; les chemins

1. Les Russes avaient été défaits dans plusieurs combats, au mois de décembre. Cependant cette campagne fut très languissante depuis la bataille d'Iéna (11 octobre 1806) jusqu'à celle de Friedland (14 juin 1807).

sont très vilains, et l'air est très humide. Cependant, il paraît que l'armée résiste à tout cela; la santé de l'empereur est bonne.

Je ne sais aucun détail de l'accident arrivé au maréchal Duroc: on le dit grave, et tantôt léger. Sa femme en sait-elle quelque chose? Je la plains de bon cœur; je sens qu'en pareil cas, à sa place, je ne balancerais pas à me mettre en route, et cependant, quel voyage et quelle saison!

J'ai vu Herbaut, qui m'a remis votre lettre. Il prétend que l'impératrice va revenir; je crois qu'il n'en sait rien, ni vous, ni elle peut-être. Les circonstances sont telles, qu'il devient impossible de former aucun projet; il faut attendre et rouler avec le destin. J'ai passé tous ces derniers jours en visites de jour de l'an, et je me repose, aujourd'hui, au coin du feu. Le 1er janvier, les princesses ont reçu. Il y avait un monde énorme, des files de voitures, des reculades, un train, une confusion dont je ne sais encore comment je me suis tirée. On arrivait chez la princesse, on lui faisait une révérence à laquelle elle répondait gracieusement, et puis on se hâtait de recourir après sa voiture, qu'on ne pouvait rejoindre qu'au bout d'une heure. La maison de la princesse Caroline était belle et magnifique, celle de la princesse Borghèse trop exiguë, et la rue du Faubourg-Saint-Honoré, certainement trop petite pour la quantité de voitures qui l'obstruait. Après ces cérémonies, je suis rentrée chez moi à onze heures, et j'ai déposé la queue et les diamants, pour me rendre, en robe courte, au bal des cousines. J'y suis restée jusqu'à trois heures, et j'ai un peu dansé, sans en éprouver de fatigue; le vendredi, j'ai couru le matin; le soir, nous avons eu le concert du jour de l'an chez madame de Labriche; samedi, l'archichancelier, et aujourd'hui, plein repos. Charles a employé ces jours à s'amuser des présents qu'il a reçus, qui consistent en un équipement militaire très complet. Il a formé, avec huit ou dix jeunes gens, un régiment dont Gustave est le capitaine; tout cela est mené très sévèrement; un jeune élève de Saint-Cyr leur fait faire l'exercice; on observe la plus rigoureuse discipline; il y a des arrêts, des punitions pour le moindres fautes, enfin rien n'y manque. Ils sont tous bien équipés, et ce petit corps vous ferait plaisir à voir. Je suis sûre que vous seriez charmé de votre enfant sous les armes; il a fort bonne grâce, et le capitaine paraît content de lui. C'est aujourd'hui dimanche, et, au moment où je vous écris, il y a grande parade dans ma cour, malgré le froid, qui est assez vif depuis trois jours. Mérotte a brodé un drapeau qui est joli, et moi, pour les étrennes, j'ai donné le hausse-col et les épaulettes. Ce goût, tout martial, qui se développe si promptement dans l'enfance me fait trembler, quand je pense à l'avenir. Le besoin de se détruire est-il donc si naturel à l'homme?

J'ai fait une revue de mes collègues ces jours-ci : Madame Savary est méconnaissable, tant elle est maigre et changée de sa grossesse; madame Duchatel, au contraire, est fort embellie de la sienne; madame de Luçay, presque toujours à Saint-Gratien. Son mari plante et bâtit, et croit être devenu pastoral. La maréchale Ney mène une bonne petite vie dans la plus belle maison du monde. Madame *** est toujours où vous savez, Mérotte vous a tout dit. Son cousin n'a été de sa vie si aimable, et partant la belle-mère fort triste. La femme ne voit rien ; elle a juré de traverser toutes choses sans regarder à droite ni à gauche. L'un et l'autre nous voient beaucoup; et, quelque soin que nous y apportions, il résulte, de temps en temps, de la présence de toutes ces plantes hétérogênes de petites discussions, qui vont jusqu'à l'aigreur. Nos vieux philosophes s'animent dans leurs opinions, nos jeunes magistrats s'échauffent dans leurs sentiments, et, sans l'aimable esprit de ma mère, qui ramène les choses à la gaieté, l'affaire pourrait devenir parfois un peu sérieuse. Après les grands malheurs qu'enfantent les révolutions, on souffre encore longtemps, je crois, des inconvénients qui viennent à la suite. Animés par la persécution, et par les passions que l'agitation générale a développées, et qui, d'ailleurs, tiennent fortement à des opinions qu'a fait naître le malheur ou le succès, les esprits prennent à tout, se choquent de tout; les partis, qui ont renoncé aux voies de fait, aiment à se retrouver dans la discussion ; une arrière-pensée se joint à ce qu'on avance, se mêle à ce qu'on répond, et ramène, dans la dissertation la plus étrangère, le mot qui doit choquer l'adversaire. C'est ce qui nuira encore longtemps aux plaisirs de la société et de la conversation. De là vient qu'on se jette dans les grandes assemblées, parce qu'il est plus facile de réunir des gens, en les empêchant de se communiquer leurs idées, que de les contenir dans les bornes d'une modération qu'on ne connaît pas.

CXIV

MADAME DE RÉMUSAT A M. DE RÉMUSAT, A MAYENCE.

Paris, jeudi, 15 janvier 1807.

Je suis chargée, mon ami, de vous demander qu'est-ce qui fait que nous ne sommes point payées depuis deux mois de nos appointements chez l'impératrice? Quelques personnes prétendent ici que cela dépend de madame de la Rochefoucauld. Dans ce cas, veuillez bien la presser un peu, car cela devient fort incommode. Alix, par exemple, n'a rien reçu depuis le mois de décembre, et moi, comme dame du palais, je ne touche rien. Je voudrais bien aussi que vous eussiez la bonté de m'envoyer deux autorisations : l'une pour recevoir vos appointements, parce que je n'ai plus de quittances signées; l'autre pour le loyer de M. Chanorier[1], que nous aurons le mois prochain. Je

---

1. M. Chanorier était mort, laissant à madame de Vergennes sa bibliothèque, et quelques legs à ses filles.

renonce, vu l'état où nous sommes, à en faire quelque chose qui me convienne, et je l'emploierai à payer les quatre mille francs que nous devons à M. Dhuys; car, enfin, faut-il bien payer ses dettes.

Voici une heureuse nouvelle qui nous a enfin tirés d'une vive inquiétude. Cette déroute était ce qui pouvait arriver de plus heureux, et partant l'empereur avait le droit de l'attendre. Un certain bruit de quartiers d'hiver se répand ici; je n'ose y prendre, et surtout espérer qu'il vous ramène. De toutes les peines de cette vie, les mécomptes sont les plus douloureuses, et celles que je voudrais m'efforcer d'éviter.

J'ai été quelques jours sans vous écrire, cher ami, parce qu'on disait tant de choses différentes, que je ne savais sur quel ton vous parler. Les uns veulent que l'empereur reste à Berlin tout l'hiver, les autres qu'il revienne nous visiter un peu; cela doit être décidé maintenant. Votre première lettre va être bien importante pour moi; comme elle serait reçue, celle qui m'annoncerait un retour! Et quelle douce joie votre présence causerait dans cette maison!

Voici une lettre de Bernard : il se plaint de

la manière dont mademoiselle Contat l'a reçu[1]; elle le renvoie à la paix générale; le fait est qu'elle ne joue plus, et qu'elle devient un personnage fort inutile. Mademoiselle Raucourt aussi ne paraît point. Campenon est venu me voir; il gémit sur les théâtres; il dit que le nouvel arrêté n'a rien produit, que trois théâtres de plus sont ouverts à Paris depuis trois mois, et que, malgré les secours, il ne donne que peu d'années à nos grands spectacles pour être à peu près perdus. Le fait est qu'il ne fait rien, que l'Opéra est endetté, que Feydeau n'attire personne, et que les Français clochent. D'ailleurs, vos acteurs vieillissent ou meurent, et rien ne se présente pour les remplacer. Pendant ce temps, tout Paris court au *Pied de mouton*, et aux ballets de la Porte-Saint-Martin. J'ai été, hier, au début de madame Barilli, elle a eu un grand succès, et tout à fait mérité, quant à la voix, mais, comme actrice, elle est froide.

J'ai revu hier mon amie madame de Mézy. Après avoir retardé son retour ici autant qu'elle a pu, il a fallu qu'elle cédât enfin à son époux qui, pour

---

1. M. Bernard avait remplacé par intérim M. Maherault en qualité de commissaire du gouvernement près le Théâtre-Français.

la satisfaire, a consenti à ne quitter la campagne qu'au 15 janvier; elle ramène à Paris une jolie petite fille qui lui tiendra lieu de ce qu'elle a perdu. Je l'ai trouvée assez bien; mais l'isolement où elle vit la met dans une ignorance si absolue des choses de cette vie, que je suis tout étonnée de toutes les choses qu'il faut que je mette de côté avant de commencer à causer avec elle : non seulement les caquets de société, mais les intérêts de cœur même auxquels elle serait étrangère par son ignorance de ce qui les cause. Elle n'était pas faite pour prendre la vie de cette manière, et je suis convaincue qu'on risque son bon sens, et qu'on perd son bonheur, à s'écarter des routes frayées par l'expérience et l'intérêt général[1].

J'ai dîné, mardi dernier, chez madame Devaines avec Suard, qui s'affaisse beaucoup, et que l'amour pour qui vous savez achèvera, car l'amour tue quand il ne fait pas vivre; Gallois, avec qui nous sommes

1. Madame de Mézy était une amie de ma grand'mère, très spirituelle dans son extrême jeunesse. La mort sanglante d'un des Trudaine qu'elle aimait, pendant la Révolution, la jeta dans la mélancolie, et son mariage ne la consola point. Elle perdit son premier enfant, et sa douleur changea sa mélancolie en une absorption, une sauvagerie maladives. Elle a laissé une fille, madame de Nazelle, et un fils, que nous avons tous connu, qui était aimable et qui est mort à cinquante ans.

en froid pour la vie, puisque ni lui ni nous ne paraissons nous en apercevoir, et Bertrand! Oui mon ami, Bertrand, qui s'est introduit dans cette petite chambre, dont la chaleur l'a séduit. Il y avait encore madame de Launay, la fille de Siméon, et la Polonaise, qui est heureuse de tout ce qui se passe en Pologne. On a assez bien causé, et, pendant le dîner, à propos de la difficulté qu'il y avait dans ce bas monde à plaire à tout le monde, madame Devaines s'est avisée de dire qu'elle n'avait jamais entendu parler de vous qu'avec éloge; alors ç'a été un chorus général, et un concert de louanges vraies, si vraies et si aimables, que j'en ai été tout émue, et que les larmes m'ont gagnée. Au reste, vous ne reconnaîtrez plus madame Devaines. Elle a renoncé complètement aux visites, à la parure, au mouvement; elle vit solitairement, ne pense et ne parle que de sa petite maison, et, en tout, a pris une manière tout à fait convenable à son âge. Et même à tout âge, les femmes n'ont de grâce et de dignité que dans le repos.

CXV.

MADAME DE RÉMUSAT A M. DE RÉMUSAT, A MAYENCE.

Paris, dimanche 18 janvier 1807.

Je vous écris aujourd'hui, mon ami, de provision, pour mon plaisir, pour profiter de la liberté que Charles me laisse le dimanche, et sans avoir à vous conter ni à vous dire du nouveau. Je ne sais rien, j'attends toujours, j'espère un peu. On répand de tous côtés le retour de l'empereur; je commence à y croire aussi, et à y prendre, et, si cela arrive bientôt, je n'aurai rien à souhaiter. J'ai eu, hier, de vos nouvelles. J'ai dîné chez madame de Vaudémont[1] avec M. Durand, qui

---

1. Madame la princesse de Vaudémont était une amie de M. de Talleyrand, lequel avait voulu se faire relever de ses vœux pour épouser sa sœur. C'était une personne très aimée dans la société. Sa maison passait pour agréable. Elle était bonne, serviable, et l'on avait un peu là des habitudes d'ancien régime. — M. Durand est M. Durand de Mareuil, diplomate. — M. de Lagarde, homme du monde aimable, vivait dans cette maison très familièrement. Il a eu deux filles dont l'une, morte jeune, a épousé M. de Lapasse, très connu à Toulouse comme le dernier des alchimistes.

vous a vu, le jour de l'an. Il m'a dit que vous vous portiez bien, que vous aviez à Mayence mille petits tracas assez ennuyeux; il m'a encore dit que vous étiez un homme aimable et de beaucoup d'esprit. Je l'ai cru. Il prétend que mademoiselle Georges a écrit à M. de Talleyrand une lettre de plaintes sur le misérable état de ses affaires, et qu'il en a été ému jusqu'au fond de l'âme. Vous pouvez maintenant vous rassurer sur son compte, et notre propriétaire Ouvrard vient, dit-on, de se charger de réparer sa mauvaise fortune. A propos de Durand, j'ai été frappée du soin avec lequel il copie les gestes de son ministre, et de son affectation à l'imiter. Les hommes sont souvent bien bizarres, et, tout en s'estimant beaucoup, ils croient quelquefois valoir bien davantage pourtant, en cessant d'être eux-mêmes. J'ai encore vu là l'abbé Dillon, que je ne connaissais point, et que j'ai trouvé fort aimable, M. de Lavalette que j'aime, et ce petit Lagarde que je ne sais si vous connaissez, mais qui ne me plaît guère. Vous savez comme il est bien dans la maison, cela lui donne une insolence et une prétention ridicules; il me semble que la maison de Lorraine pouvait prétendre à mieux.

C'est donc aujourd'hui dimanche, aussi il y a grande parade; votre enfant est occupé depuis le matin à nettoyer ses armes, et savez-vous bien que ces armes ne sont pas moins qu'un véritable fusil, dont on a ôté la pierre par précaution, mais qui est fort lourd, assez grand et avec lequel il faut savoir sérieusemeut faire l'exercice? Il commence à le manier assez bien, et il se moque de moi parce que je ne peux le soulever. Ma mère est enrhumée, elle ne sort point, et, pour se distraire, elle dispute tous les soirs. Hier, nous l'avons retrouvée avec le grand disputeur en titre, M. Pasquier, et la discussion s'était établie sur les gens de lettres et les savants. On se demandait quels étaient les plus aimables, et vous vous étonnerez probablement comme moi, de savoir que c'était le cousin qui défendait *l'imagination*, et ma mère *le bon sens*. Elle s'en est enrouée, mais elle a été charmante.

Je viens de recevoir mademoiselle Contat; elle est venue me présenter sa requête : elle ne veut quitter qu'à la paix, parce qu'elle voudrait que sa représentation lui valût davantage. Elle m'a quittée, je crois, médiocrement contente, parce que je n'ai rien pu lui promettre, vu que je lui ai annoncé que cela ne me regardait nullement. M. Pasquier, qui était là, dit que je m'en suis bien tirée. Voici une lettre d'elle ; vous répondrez ce qu'il vous plaira[1].

Depuis ce matin, on me ballotte de la crainte à l'espérance, et je ne sais plus où j'en suis. Les uns veulent que l'empereur reste à Berlin, et que vous alliez le joindre. Les autres... Ah! que je les aime, ces autres! vous annoncent pour dans dix jours. Mon ami, sens-tu bien comme moi le plaisir de nous retrouver l'un près de l'autre, de reprendre cette bonne vie de ménage, ces douces conversations, ces tendres épanchements qui font tout supporter, et qui doublent le plaisir? Depuis que l'espérance me permet de tourner ma pensée vers ce bon moment, je sens que je serais bien malheureuse, s'il fallait voir prolonger encore ton absence; je ne sais pas si je la supporterais encore longtemps, et il faudrait toute ma raison pour que je ne t'allasse point rejoindre.

1. Il s'agit de Louise Contat, la plus célèbre des trois actrices de ce nom. Elle quitta la scène en 1808 et mourut en 1813, à cinquante-trois ans. Elle avait créé avec le plus grand succès le rôle de Suzanne, dans le Mariage de Figaro, en 1784.

CXVI.

MADAME DE RÉMUSAT A M. DE RÉMUSAT, A MAYENCE

Paris, jeudi 22 janvier 1807

En vérité, mon ami, je ne sais où j'en suis. L'impératrice revient! Tout l'annonce, je dois croire que vous l'accompagnerez, je l'espère, et cependant je n'ose encore me livrer à cette espérance. L'empereur restera donc à Berlin? Irez-vous le rejoindre? vous reverrai-je? Voilà toutes les idées qui me passent et repassent sans cesse par la tête, et, en vérité, je n'ose m'arrêter sur une seule. O mon ami, quelle sera donc ma joie, si bientôt ta douce présence vient remplir tout ce vide qui m'entoure! Quelle différence entre mes heures d'alors et celles d'à présent, et qu'il y aura donc longtemps que je n'aurai été aussi heureuse! Cependant, je dois craindre de me livrer à cette si bonne attente, et le mécompte serait terrible. Hier, M. de Lavalette m'a appris le retour de l'impératrice, ses valets de chambre me l'ont assuré ce matin ; il serait donc possible que je te revisse d'ici à huit jours, dans cette chambre où je t'ai tant pleuré au coin de mon feu, si solitaire, où je veillais le soir si tristement, aussi douloureusement affligée que toutes les femmes que je vois séparées de leur mari, mais forcée de garder pour moi seule des regrets, qui ennuient presque toujours le monde indifférent, et auxquels il ne prête l'oreille que lorsqu'ils sont accompagnés d'une inquiétude vive qui réclame l'intérêt. C'est donc pour moi seule que je gardais ma peine, et c'est le soir, quand je me retirais et me renfermais, que j'aimais à te pleurer tout à mon aise, et à repasser sur cet heureux temps de ma vie, où nous ne nous séparions jamais. Combien de fois il m'est arrivé de m'abandonner à de si douces rêveries, que bientôt, perdant de vue toute ma situation présente, j'étais étonnée en revenant à moi de me trouver seule, et de ne pas te voir là, près de moi. Hélas ! Puis-je en effet compter sur ce retour désiré, et recevrai-je bientôt une lettre qui me l'apprenne ?

Je crois que je ne pourrai aujourd'hui t'entretenir d'autre chose ; je n'ose ni continuer pourtant un pareil sujet, ni le quitter. Dans le doute où je me trouve, il me semble qu'en t'attendant, je n'ai plus rien à te conter, et je ne sens pas en moi le courage de soutenir l'autre supposition, et, dans ce cas, de continuer notre correspondance à l'ordinaire. Combien j'aurais peu de forces pour supporter toutes ces émotions, si ma tendresse n'en était pas la cause! Mais elles viennent de toi, ainsi je dois les soutenir, et je te le dis en vérité, loin de toi, mon ami, je préfère ces agitations du cœur, et les chagrins qu'elles causent, à un bonheur et à une tranquillité que je ne te devrais pas.

J'ai appris de singuliers détails sur tout ce qui s'est passé à Mayence, par une personne qui y est restée longtemps. Je ne conçois pas la conduite de certaines personnes, et la plainte, et surtout l'humeur, me paraissent déplacées dans les occasions de ce genre. Au retour de l'impératrice, j'imagine, d'après tout cela, que ces dames auront mille raisons pour vouloir se reposer. Je ne sais comment s'arrangeront les services. Le mien vient de s'écouler; mais si, dans les nouveaux arrangements, il se trouvait à cette époque quelques-unes des voyageuses à remplacer, je serais fort heureuse que le choix tombât sur moi, et, si vous voulez le dire à Sa Majesté, la crainte seule d'être accusée de vouloir me mettre en avant m'empêchera de le demander, à moins qu'elle ne m'y autorise. Elle a été bien bonne pour vous, on me l'a dit encore, et vous soigneux pour elle. Vous voyez, cher ami, si je suis instruite.

Je n'entends pas le moindre bruit dans cette maison, que je ne croie que c'est la lettre que j'espère qu'on m'apporte. Aussitôt qu'elle sera reçue, avec quel plaisir je commencerai tous les rangements qui annonceront la présence du maître! Je pourrai faire ouvrir tout le côté si tristement fermé, que je ne visitais qu'avec un serrement de cœur; attendre mon ami est déjà un plaisir, et enfin te regretter n'est pas non plus sans charmes. Tu retrouveras ton fils bien portant; car j'espère qu'il sera débarrassé d'un rhume de cerveau qui le rend un peu souffrant dans ce moment, et qu'il a attrapé en montant la garde dimanche dernier. Je crois que tu seras content aussi de notre Albert qui fait lentement de petits progrès; nous *causons* souvent ensemble de toi, et il a, comme tu le penses bien, plus d'une fois levé sa petite épaule. Mais voilà que je parle encore comme si j'étais sûre! Je vais te quitter, parce que je ne sais que te dire; je ne fermerai ma lettre que ce soir, peut-être alors aurai-je reçu la tienne, et pourrai-je parler à coup sûr. Je vais dîner chez le ministre de la police, je reviendrai cacheter et envoyer mon paquet. Puissé-je bientôt cesser d'écrire ce triste mot d'*adieu!*

Ce vendredi matin.

Que j'ai bien fait de ne pas fermer cette lettre avant ce matin! Cher ami, je viens de recevoir votre lettre, votre bonne lettre qui m'annonce ce retour si souhaité. Me voilà contente, et bientôt heureuse! Charles pleurait de joie; Albert apprend à dire : *Papa va revenir;* enfin c'est une joie dans toute la maison. Voilà donc le temps des chagrins passés; car pour moi votre douce présence les fait disparaître tous; encore quelques jours, et je n'écrirai plus, et nous causerons, et je te serrerai dans mes bras! J'ai reçu hier une visite qui m'a touchée et que je ne veux pas oublier de vous conter. C'est celle de la famille Bourgoing[1]. La mère, en entrant,

---

1. Il s'agit de la famille Bourgoing dont les membres ont servi dans la magistrature et dans l'armée. Je ne sais rien de l'affaire à laquelle il est fait allusion. L'*enfant* qui était à l'armée était sans doute Charles de Bourgoing, né en 1791, aide de camp du maréchal Mortier en 1814, employé dans la diplomatie sous la Restauration, pair de France en 1841, ambassadeur en Espagne sous la République, et mort sénateur du second empire en 1868.

m'a dit : « Madame, c'est une famille heureuse qui vous doit une visite. Nous savons à quel point, lorsque nous étions dans la peine et repoussés de tous côtés, M. de Rémusat nous a témoigné d'égards et d'intérêt. Aujourd'hui que le sort est changé pour nous, c'est un devoir que nous venons remplir, en vous l'apprenant nous-mêmes. » Ils sont d'autant plus heureux, que c'est à la bonne conduite de leur enfant à l'armée qu'ils doivent le retour des bontés de l'empereur. La pauvre femme pleurait en me le racontant, et, moi, j'étais bien émue.

CXVII.

MADAME DE RÉMUSAT A M. DE RÉMUSAT, A LA HAYE [1].

Paris, jeudi 14 mai 1807.

Je vous remercie, mon ami, de votre bonne petite lettre de Cambrai; je ne l'attendais pas; je ne pouvais espérer que vous eussiez trouvé un mo-

---

1. L'impératrice était revenue de Mayence au mois de février, avec la cour, et avait passé l'hiver à Paris. Mais le fils de la reine

ment pour m'écrire. D'après cette exactitude, j'attends maintenant des nouvelles de Bruxelles, avant que vous partiez pour la Haye. Puisse cette absence ne pas se prolonger! Nous ne nous y étions pas préparés, et je n'ai pas de résignation de reste. Il m'en faut une si forte dose pour le temps qui va venir! Pendant que nous gaspillons le mois de mai, nous allons gagner celui de juin, qui amènera le triste moment du départ. Si vous voyez Corvisart, causez un peu avec lui d'Aix-la-Chapelle, afin qu'il se décide. Maintenant qu'il m'en a donné l'espérance, je crois que je n'aurais plus le courage de mettre deux cents lieues entre vous et moi. D'après ce que vous me dites, je ne vous attends plus que l'autre semaine.

Ce voyage doit être bien triste, l'impératrice ne verra arriver que dans bien longtemps le moment où elle commencera à se consoler. Les chagrins causés par de semblables pertes ont besoin de s'user pour s'affaiblir. Je pense souvent à celui de l'empereur : ce sont de ces coups qui

---

Hortense, Napoléon-Charles, héritier de l'empire, étant mort du croup à la Haye, l'impératrice s'y rendit aussitôt, accompagnée du premier chambellan. De là cette lettre qu'il faut rapprocher de celle où la douleur de la reine est décrite, et que j'ai citée dans les notes des *Mémoires*; p. 141, t. III.

nous ramènent à l'idée du néant de tout, et du peu de solidité des choses de cette vie. C'est, peut-être, la première fois que le malheur l'avertit qu'il est homme mais l'avertissement est terrible.

Vous trouverez, mon ami, le ton de mes réflexions un peu sombre ; mais il est vrai que je suis toute triste. Je voulais me persuader que je ne me chagrinerais point de ce petit voyage ; je tâchais de me répéter que l'absence devait être trop courte pour qu'elle pût m'affliger ; mais je me suis trompée. J'ai besoin, mon ami, de te voir, ou du moins d'en avoir l'espérance. J'aime à te sentir près de ma chambre, avec ton enfant, et je retombe, loin de toi, sur mon insuffisance. Le voyage de l'année dernière m'a bien convaincue du peu que je vaux loin des objets de mes premières affections. On ne peut guère se tromper vis-à-vis de soi-même, et il faut que j'avoue, en toute humilité, que c'est ma mère, vous, mon Charles, qui me donnez du mouvement, de la vie, quelque chose d'animé qui me manque totalement quand je suis dans la solitude. Ne me quitte donc jamais, si tu veux que je sois un peu aimable, et surtout bien heureuse.

J'ai dîné hier chez madame de Lalive. M. Pasquier nous a assuré qu'il avait vu quelqu'un de sûr qui lui avait parlé d'armistice et de médiation de l'Autriche[1]. On répand encore que l'empereur sera ici le 1ᵉʳ juillet. L'impératrice doit avoir des lettres en route, et, sans doute, en sait plus que nous. Je tâcherai de voir, ce soir, M. de Lavalette. Je me rappelle que, lorsque j'étais enfant, par un certain instinct des mécomptes de la vie, je m'efforçais de ne pas songer aux choses que je souhaitais trop, de peur qu'elles ne vinssent à manquer. Il en est ainsi pour moi de la paix; je ne veux pas arrêter ma pensée sur ces heureux événements; je m'en détourne, j'attends, et n'ose pas souffler.

J'ai été hier, un moment, aux *Français*. On donnait *Gaston et Bayard*, il y avait beaucoup de monde, et mademoiselle Duchesnois a bien joué les trois derniers actes que j'ai vus. Je suis chargée de vous demander les entrées de mademoiselle Loyson; M. Roger[2] me paraît s'y intéresser beaucoup.

---

1. L'empereur était absent de Paris depuis le mois de septembre 1806. La guerre de Prusse était devenue la guerre de Russie. Il avait gagné la bataille d'Eylau le 8 février 1807, et se préparait à gagner celle de Friedland, au mois de juin. La paix ne se fit qu'au mois de juillet.

2. M. Roger, auteur dramatique, mort membre de l'Académie française en 1842, était né en 1776.

CXVIII.

MADAME DE RÉMUSAT A M. DE RÉMUSAT, A PARIS[1].

Bruxelles, à trois heures, mercredi 23 juin 1807.

Me voici à Bruxelles, mon ami, et j'y ai tout le loisir de vous écrire, parce que je suis obligée de m'arrêter pour trois ou quatre heures. Je ne sais ce qu'on a fait aux roues de la voiture, mais le fait est que, depuis hier, chacun des rayons ballotte si bien dans sa case, que nous n'avons point fait route sans inquiétude. Arrivée ici, j'ai fait venir un sellier, que j'ai consulté, et qui m'a assuré que je courais risque de voir faire ce qu'il appelle *le chapelet* à mes roues ; Bernard[2] le craignait aussi, et nous avons jugé plus prudent de nous arrêter et de faire arranger notre équipage. Je suis trop juste pour en vouloir à ce pays de ce désappointement, malgré le peu de goût qu'il m'inspire; mais ce

1. Comme il a été dit dans une des lettres précédentes, ma grand'mère partait pour les eaux d'Aix-la-Chapelle à la fin du mois de juin 1807.
2. Valet de chambre.

que je lui pardonne moins, c'est la poussière abominable dont nous sommes couverts tous trois, sans pouvoir nous en garantir, sous peine d'étouffer; ce matin surtout, de Mons ici, il m'a été impossible d'ouvrir les yeux un moment. A cet inconvénient près, je suis fort bien ; la voiture est douce, et je ne souffre point du tout.

Mais, mon ami, je m'ennuie excessivement. La journée d'hier a été d'une longueur mortelle ; nous n'avons pas trouvé quatre mots à dire, Augustine et moi, et nous avons gardé le plus beau silence, interrompu seulement par ces agréables propos de route : « Combien de postes ? Combien à payer ? Prenez garde aux tournants, doucement sur le pavé, etc. » Je ne sais si cela tenait à mon humeur mélancolique, et je le croirais assez, car j'ai à peu près repris ma mine de Cauterets, mais, enfin, le pays ne m'a pas paru si beau qu'on me l'annonçait, et ces énormes plaines de blés qui annoncent tant d'abondance, un si beau terrain, une si grande science de culture, m'ennuyaient à considérer. Mais, de l'humeur dont je suis, qui pourrait m'amuser ? Cependant ma grognerie ne m'a pas empêchée d'être bien plus contente de la route de Mons jusqu'ici, et surtout des environs de cette ville, et je crois que, si jamais il vous prend l'aimable fantaisie de m'accompagner dans quelque voyage, j'admirerai les beaux lieux comme une autre.

J'ai trouvé tous ceux que je viens de parcourir pleins des traces du passage *incognito* de l'impératrice. Tous ceux qui l'ont aperçue sont restés charmés de sa bonne grâce et de son air affable; mais, dans les auberges, on se plaint beaucoup des valets qui la suivaient, de leur violence et quelquefois de leur brutalité. A Roye[1], où j'ai passé la première nuit, pendant mon souper, la plus bavarde des hôtesses est venue m'entretenir de ce qu'elle appelle le *carnage* fait dans sa maison. Elle a fini par me dire qu'après tout ce *sabbat*, voilà ses expressions, rien n'avait été payé, qu'elle avait dépensé vingt-huit louis, qu'on lui en avait offert vingt-cinq, et qu'elle en avait demandé cinquante, parce que le prince Joseph, il y a trois ans, les avait donnés, parce que le prince Louis donnait huit cents francs, « enfin, a-t-elle ajouté, parce que, autrefois, en allant à Aix-la-Chapelle, le comte d'Artois les donnait, et que l'impératrice vaut

---

1. Village du département de la Somme.

mieux que tout cela ». En arrivant à Mons, mêmes jérémiades, et d'autant plus fortes qu'on m'a demandé mon nom en arrivant, et qu'on m'a reconnue pour la femme d'une *excellence,* qui avait passé avec Sa Majesté. L'hôtesse, ici, demandait deux mille francs, en appuyant sa requête des mêmes raisons que l'autre. J'ai pensé que vous pourriez faire finir tout cela, d'autant mieux que cela amène d'assez mauvais propos que ces gens mécontents tiennent assez haut, pour se consoler.

Lorsque ma voiture sera raccommodée, j'irai coucher à Louvain, et demain j'arriverai de bonne heure à Aix-la-Chapelle. J'écrirai à Mérotte, et à Alix, quand j'y serai, et que j'aurai trouvé mon gîte.

Adieu, mon ami; je vais dîner et boire à votre santé, et, si vous le voulez, à la mienne, à qui je sacrifie dans ce moment plus qu'elle ne vaut.

CXIX.

MADAME DE RÉMUSAT A M. DE RÉMUSAT, A PARIS.

Vendredi, Aix-la-Chapelle, 26 juin 1807.

Me voici à Aix-la-Chapelle, cher ami, et je joins mon annonce d'arrivée à la petite lettre que je vous ai écrite hier. J'ai trouvé madame de ***. Elle m'avait retenu un logement fort commode et voisin du sien ; j'y suis bien, il n'est pas cher, et je prévois que ma dépense sera ici moins forte qu'à Cauterets. Quant à mon plaisir, j'ai bien peur qu'il ne soit le même. Ma compagne est fort aise de me voir arriver, elle s'ennuie beaucoup, et j'ai bien peur encore de ne la récréer que fort peu. Elle m'a appris la victoire sur les Russes, que nous ne savons encore que par les bruits arrivés de Mayence [1]. Avec quelle impatience j'attends de vos nouvelles, afin de savoir des détails ! Voilà le commencement des inconvénients de l'absence, et un beau sujet de reprendre mes plaintes. Mais

[1] La bataille de Friedland avait été livrée le 14 juin 1807.

ANNÉE 1807.

j'ai promis de ne plus vous attrister comme l'année dernière, et je glisserai sur tout, de mon mieux.

J'écris au milieu du désordre de mes paquets et de nos rangements, et, comme Augustine dit que, si je m'en mêle, elle ne se reconnaîtra à rien, je me suis mise à mon écritoire pour occuper mon temps ; vous savez mon goût pour cette espèce de confidence. Cependant, je ne me sens pas aussi en train que l'année dernière de me livrer à la correspondance; et je crois que j'élaguerai tout ce qui ne sera point lettres de cœur ou absolument obligé. Dites bien à Mérotte qu'elle n'engage personne à m'écrire, que je suis revenue de ce passe-temps. Elle, vous, Alix, madame de Grasse, et un petit nombre d'élus, voilà tout. Mais, pour Dieu, garantissez-moi du cousin ! Je n'en veux pas ! je n'en veux plus ! Je compte sur madame de Grasse pour me tenir au courant de ses longues visites du soir, et de ses aimables propos. Avec ses soins assidus et la solitude de Paris, vous risquez fort de ne pas vous amuser plus là-bas que moi ici. Oh ! si vous aviez pu venir, mon bon ami, quelle différence! ou, enfin, si je tenais ma bonne mère dans cette triste chambre; mais il fallait que le sacrifice fût entier, et, pour que rien n'y manquât, que je le fisse à moi-même, afin qu'il fût sans mérite, comme sans dédommagement.

Je vous recommande beaucoup de m'écrire souvent; les lettres arrivent tous les jours à quatre heures. Elles mettent trois jours et demi, et, si vous vous entendez mieux que l'année dernière, je puis en avoir une chaque jour, sans que vous vous fatiguiez beaucoup. Je me suis assez joliment conduite en route, et je mérite bien un peu de soins de votre part. Je n'ai pas trop joui des environs d'Aix, parce que je suis partie des Battices par un brouillard épais qui m'a dérobé tout le pays. Cette ville me semble passablement triste, mais qui pourrait me paraître gai? — Adieu, ami bien cher. Je n'ose pas écrire à ma pauvre sœur avant d'avoir des détails sur la bataille. Peut-être est-elle tranquille, tandis que je m'inquiète; peut-être aussi... Mon Dieu! voilà une pensée qui me ramène à mon refrain ordinaire, et celle-là n'est pas de nature à pouvoir être repoussée.

1. Village de la province de Liège.

CXX.

MADAME DE RÉMUSAT A M. DE RÉMUSAT, A PARIS.

Aix-la-Chapelle, ce dimanche 28 juin 1807.

Voilà deux jours que je suis ici, mon ami, et deux jours sans lettres ! Vous ne vous conduisez pas comme vous me l'aviez promis, et vous n'avez pas assez bien compris le plaisir que j'aurais eu à retrouver ici un souvenir dans les premiers moments de mon arrivée. J'attends aussi, avec bien de l'impatience, une note ou une lettre de Corvisart, parce que le médecin d'ici me paraît un homme qui tient aux règles, et il voudrait une consultation en forme. Enfin, ce manque de lettres m'a tourmentée à tous égards, et m'a donné hier, tout le jour, une inquiétude très vive. On savait ici, par Mayence, qu'on s'était battu à l'armée, mais on n'avait point de détails ; mes comptes de jours me prouvaient que vous auriez pu m'en avoir donné, si vous m'aviez écrit ; je me suis figurée qu'il était arrivé quelque malheur, et qu'on ne voulait pas me le mander. Mon imagination a été aussi loin que possible, d'autant qu'on disait ici des officiers généraux tués. J'étais vraiment dans un état pénible. Enfin, hier au soir, *le Moniteur* est arrivé, je me le suis procuré, et j'ai été rassurée; il ne me reste donc plus qu'à être un peu fâchée contre vous, ce que je ne ferai point cependant, parce que, dans l'exil où je suis, ce serait pour moi un chagrin de plus, et je n'en ai pas besoin.

A présent, si vous voulez savoir la vie que j'ai menée depuis que je suis ici, je vous dirai qu'après avoir mis ordre à mes arrangements, vendredi, j'ai dîné à cinq heures avec madame de ***; nous nous sommes mises au même ménage. Après le dîner, elle a été tentée du spectacle français établi dans cette ville; nous avons vu *Blaise et Babet* [1] fort mal joué, et *crié*, car assurément on ne peut se servir du mot *chanter*. Après la première pièce et pendant la seconde, M. de Lameth [2] est venu

---

1. *Blaise et Babet* est un opéra-comique de Mouvel et Dezède.
2. Alexandre de Lameth, le plus jeune des trois frères, avait fait la guerre d'Amérique. Il avait été député aux états-généraux, où il poursuivit l'abolition des privilèges, notamment de ux du clergé. En 1792, il servit sous M. de Lafayette, dont il artagea la captivité à Olmutz. Il avait été préfet des Basses-Alpes en 1802, de Rhin-et-Moselle en 1805, et il était en 1807 préfet de la Roër, dont Aix-la-Chapelle était le chef-lieu. Il a été

nous rendre visite; il était un peu embarrassé, ainsi que madame de ***, parce qu'on a toujours cru, dans la famille, que c'était lui qui avait fait une satire contre son oncle, au commencement de la Révolution, et sa tante avait conservé tant d'animosité à cet égard, qu'elle désirait que madame de *** ne vît pas le préfet. Vous jugez que cette disposition a mis du froid dans la conversation, d'autant que j'y apportais assez d'indifférence. Je n'ai pas encore en moi la volonté de prendre part aux distractions. Il a été fort poli, il nous a annoncé l'arrivée de sa sœur pour cette semaine, et il nous a offert de visiter les manufactures. Après le spectacle, où je me suis ennuyée, nous nous sommes couchées. Hier, la journée a été froide et pluvieuse ; je n'ai pu me promener qu'un instant. Nous avons arrangé que nous réglerions notre journée comme au couvent, afin de la rendre plus courte. On se lève à sept heures, on boit, on se baigne à neuf; nous déjeunons à dix; à onze, nous nous retirons jusqu'à cinq, nous dînons, nous nous promenons, et, le soir, nous lisons du français,

député sous la Restauration, et il est mort en 1829 à soixante-neuf ans

ou de l'italien, parce que ma compagne l'apprend, et veut que j'en lise avec elle. Voilà, à peu près, comment se passera notre vie. Il y a beaucoup moins de monde ici qu'on n'en avait annoncé : des Allemands et des Hollandais qui, dit-on, ne se montrent guère; je ne sais encore ce qui habite la maison; je voudrais bien vous voir dans celle où l'on m'a dit que vous aviez logé, si c'est trop de vous souhaiter dans celle-ci. Ensemble, ici, en famille, nous aurions mené une vie de château, qui m'aurait fort convenu; mais je ne m'arrangerai qu'avec un peu de courage de celle d'une religieuse. Je suis fort contente de ma compagne, et nous vivons bien ensemble; elle a beaucoup de douceur et de bonhomie; elle cause, elle ne demande pas mieux que de lire et de s'occuper; enfin, elle est aimable pour moi, et je suis fort heureuse de l'avoir trouvée.

CXXI

MADAME DE RÉMUSAT A M. DE RÉMUSAT, A PARIS.

Aix-la-Chapelle, ce jeudi 2 juillet 1807.

Vous me demandez, mon ami, comment je me trouve d'Aix-la-Chapelle; je vous répondrai plutôt comment je me trouve de l'absence; car je ne sais pas encore en quel lieu je suis. Ma compagne et moi, nous ne sortons guère; nous n'avons fait encore ni promenades ni visites; nous nous levons, nous nous occupons, nous dînons, nous causons, nous lisons, et nous nous couchons; et, si les regrets ne forçaient pas à compter les heures, je vous assure qu'elles passeraient assez bien. Je suis fort contente de madame de***. Elle a, je vous assure, beaucoup plus d'esprit qu'on ne lui en suppose, de la douceur et de la politesse; elle aime à s'occuper, nous faisons ensemble de petites lectures qui nous conviennent; ses correspondances multipliées me laissent tout le temps de faire les miennes; enfin, c'est une très bonne compagne de solitude. Demain, nous avons le projet d'aller voir un certain ermitage que vous avez sans doute visité, et qu'on dit dans une situation charmante. M. de Lameth est venu nous proposer une course à quelques lieues d'ici pour la semaine prochaine. Nous ne nous pressons pas de voir, parce que nous n'aurons guère que cela à faire, et qu'il faut ici ménager ses plaisirs. On nous annonce le roi de Hollande[1] pour le 1ᵉʳ juillet; un homme de la maison est déjà arrivé. On répand ici que l'empereur a désiré qu'il ne s'éloignât point autant de la Haye, et qu'il vient prendre les eaux d'Aix. Je n'imagine pas que la reine l'accompagne, et qu'elle puisse revoir ces lieux aussi promptement. Peut-être qu'elle ira à Saint-Cloud pendant ce temps, et l'impératrice se trouvera bien de cet arrangement.

Je conçois que ce petit bonhomme ne laisse pas de vous occuper beaucoup; il y gagnera tout à fait, et rien, mon ami, ne lui vaudra vos soins et vos leçons. Tandis que vous avez près de lui si peu de moments à vous, je ne sais que faire ici de tous les miens. Je suis si accoutumée à le compter dans

---

1. Louis Bonaparte.

l'emploi de ma journée, qu'ici je ne sais plus que faire, et que je le cherche toujours ; cette assiduité auprès d'un enfant, qui d'abord donne un peu de gêne, finit par devenir une véritable habitude, dont l'affection que vous me témoignez est la plus douce récompense.

J'ai eu beaucoup de peine à trouver ici quelques livres ; le libraire chez lequel on s'abonne n'a guère que des romans bien sales qui ne me tentent point. Je n'aime dans ce moment que celui que je fais[1], qui m'amuse et m'occupe *sérieusement*. Quand les heures de composition sont passées, je lis les *Révolutions d'Angleterre*, que je ne connaissais point ; après, je joue de ma chère guitare, et je traduis du Virgile tous les jours, bien exactement. Je crois, à la facilité avec laquelle je le lis, que les leçons de Charles m'ont été utiles ; j'entends fort joliment, et cette lecture m'amuse beaucoup. Je vous ai dit aussi que je m'étais remise à l'italien ; nous lisons l'Arioste, madame de *** et moi ; je suis la plus forte des deux, et c'est moi qui donne la leçon. Si vous étiez venu avec moi, cher ami, j'aurais de

---

1. Il s'agit sans doute de *l'Ambitieux ou les Lettres espagnoles*, le seul roman un peu développé qu'elle ait fait, et qui n'a jamais été publié.

cette manière passé un été fort tranquille; mais, sans vous, il y a toujours, quelque courage que j'y mette, des moments bien pénibles, de tristes réveils, des instants de découragement dont il faut se tirer, s'il est possible ; mais il est bien difficile que la raison l'emporte toujours sur le cœur, et le mien ne sait que répondre à ces privations de ce qu'on aime le mieux. Ma compagne se moque de moi, elle ne regrette personne, et elle trouve que c'est pis. Elle voudrait acheter tous les liens qui m'attachent à mon ménage, au prix de mes chagrins et de mes regrets. Je crois qu'elle a raison ; du moins, je sens que je ne voudrais pas ne pas souffrir ce que je souffre, et que le plaisir de vous aimer vaut bien les chagrins qu'il me cause à présent.

CXXII.

MADAME DE RÉMUSAT A M. DE RÉMUSAT, A PARIS.

Aix-la-Chapelle, 4 juillet 1807.

Il court ici, depuis deux jours, des bruits de paix qui nous mettent dans une extrême agitation; c'est une nouvelle arrivée de Dusseldorf. On assure que, après une bataille signalée, l'empereur de Russie et le roi de Prusse ont demandé quartier, et que les préliminaires ont été signés sur-le-champ. J'espère bien que vous me manderez promptement ce que vous saurez, et, en attendant, je tâche de prendre patience. Serait-il bien possible que nous eussions la paix, enfin? Quand on me l'a dit, j'ai pensé à cette pauvre Alix, et j'en ai pleuré de joie; il est vrai que j'ai pleuré, après, de regret de n'être pas là pour l'embrasser, et puis vous, et Mérotte, et tout le monde; car, enfin, ce doit être une joie universelle; et, quand nous en serons sûrs, nous regarderons derrière nous comme on fait dans les mauvaises routes, étonnés de celle que nous venons de traverser. Dans mon premier mouvement, j'ai été tentée d'écrire à l'impératrice; mais, ensuite, j'ai pensé qu'il valait mieux attendre que nous fussions plus instruits. On débite dans cette ville deux autres nouvelles qui paraissent avoir assez de consistance parce qu'elles viennent par des correspondances de négociants. L'une est la révolte des Turcs contre leur Grand Seigneur; on prétend que les janissaires l'ont forcé de quitter son trône, qu'ils ont mis son neveu en sa place, et que Sébastiani s'est retiré en Autriche. La seconde, qui a été écrite de Hambourg, annonce qu'une flotte anglaise a paru sur les côtes de Hollande. J'espère encore que tout cela n'est pas vrai; mais, dans ce cas, je n'ose pas plus croire à ce que je souhaite qu'à ce que je crains, et tout cela fait une incertitude qui m'irrite encore plus contre l'absence [1].

Ma vie est toujours la même, et, franchement,

1. Un armistice avait été accordé aux Russes le 21 juin, à Tilsit, et la paix fut signée le 7 juillet. Le général Sébastiani, ambassadeur à Constantinople, avait eu, en effet, des négociations difficiles avec la Porte; mais le sultan Sélim n'avait pas abandonné l'alliance française. Celui-ci pourtant fut, un peu plus tard, détrôné, et étranglé en 1808, par son successeur Mustapha II.

quoiqu'elle ne soit pas gaie, je ne m'ennuie pas. Comme ma santé est meilleure que l'année dernière, je résiste mieux, et je puis m'occuper davantage. J'ai commencé les eaux et les bains; je les crois plus douces que celles de Cauterets; toutes les manières de les prendre sont plus commodes, et, enfin, la vie est ici de moitié moins chère. Je ne suis pas aussi contente du médecin que du reste; mais je n'en ai guère besoin; vous savez que, ainsi que ce pauvre Ganay, j'aime assez à me traiter, et je me suis mise à un fort bon régime. J'ai parcouru quelques-uns des environs, et, comme vous le dites, ils sont charmants. Il y a un certain ermitage que vous devez vous rappeler, et qui m'a beaucoup plu. Malheureusement, ma compagne et moi, nous ne sommes pas marcheuses, et les chemins sont si mauvais, qu'on y éprouve en voiture d'horribles cahots; aussi je crois que nous nous bornerons à tourner dans ces jolies prairies qui sont aux portes de la ville.

Je suis toujours fort contente de ma compagne, et je vous avoue, entre nous, que j'aime mieux la société que celle que j'avais l'année dernière. Nous faisons moins d'esprit, cependant nous causons encore assez bien, et elle est d'ailleurs tout à fait bonne enfant. Elle paraît touchée de l'intérêt que je lui témoigne ; peu heureuse par les affections de son cœur, elle n'est pas blasée sur le plaisir d'être aimée. Je reçois toutes les confidences qu'elle veut me faire, mais je n'en presse aucune. Je ne l'interroge point sur certaines lettres que je lui vois recevoir de l'armée, et j'attends toujours qu'elle me dise : « *On* m'a écrit. » Elle ne cherche point les occasions de me parler de cette correspondance, mais elle s'ouvre volontiers sur les chagrins de sa vie intérieure ; elle hait et méprise son mari : voilà qui est bien sûr. Je doute encore de tout le reste ; cependant, d'après quelques mots, je crois qu'il n'y a encore que sa vanité d'intéressée dans ce que vous savez ; elle me paraît un peu froide, très fière, et tout cela la défendra longtemps.

Nous causons souvent de vous ; elle dit du bien de vous, elle aime à m'en entendre dire, et je ne me fais pas prier. Quand nous avons ainsi causé, nous lisons ensemble, tour à tour, et travaillons. Voilà l'emploi de nos soirées, c'est-à-dire depuis six heures jusqu'à dix que je me couche. Avant hier, nous avons fait une visite à madame de Lameth[1]. Je m'arrangerais assez de cette maison ; mais ma compagne a une raison, que je vous ai dite, pour ne pas trop la fréquenter, et je ne puis pas faire autrement qu'elle. Le préfet est aimable, mais ce n'est plus, à présent, cet homme élégant et recherché que vous m'annonciez. Il n'a plus l'air jeune, il est couperosé ; il ne parle que de son départemeut, il s'en occupe sans cesse ; il ne sait pas un mot de ce qui se passe hors d'Aix-la-Chapelle, il n'ouvre pas un livre, et ne sait que sa place. Il paraît aimé ici ; son état de maison est fort simple. Les habitants de la ville sont sans luxe, et ils n'aiment point à perdre leur temps à se rassembler en société. Il y a, cependant, eu un bal à la Redoute depuis notre arrivée ; mais nous ne nous sommes pas souciées de nous y transporter, dans la crainte de nous fatiguer, en étant forcées d'y danser. Nous nous permettons plus volontiers le spectacle, qui n'est réellement pas très mauvais, quand on a pris le parti d'oublier qu'on en a vu d'autres. A propos de cela, dites-moi donc si nous aurons Talma ici, quoique je ne sache guère ce qu'on en ferait, à moins qu'il ne jouât des monologues.

1. Madame de Lameth n'était point la femme du préfet, c'était sa belle-sœur, madame Charles de Lameth.

Je pense que mes lettres sont ennuyeuses, et cela m'ôte le goût de l'écriture; je n'ai rien à mander, aussi n'écrirai-je qu'à un très petit nombre. Voici, pourtant, une lettre de M. de Lavalette; dites-lui bien que je le prie de tenir vis-à-vis de moi sa promesse, et de ne pas exiger de moi beaucoup d'exactitude, car je n'ai rien, rien du tout à conter. Adieu, cher et aimable; j'ai envie de finir cette lettre en disant que je ne vous aime plus, pour qu'elle renferme au moins quelque chose de piquant.

CXXIII.

MADAME DE RÉMUSAT A M. DE RÉMUSAT, A PARIS.

Aix-la-Chapelle, 7 juillet 1807.

Le journal de madame de Grasse est ma consolation. Où en serais-je sans elle? Et cependant je n'aime pas qu'on vous remplace; ma pauvre mère est bien moins coupable que vous, car elle a été fort souffrante. Si je ne savais pas qu'elle a tant de mal de tête depuis mon départ, je serais tentée de croire que la migraine a établi son siège à Aix-la-Chapelle. J'en ai eu quatre depuis dix jours, dont deux assez fortes pour me forcer à me coucher ; il faut me soumettre à cet héritage ; ma grand'-mère nous a fait à toutes deux un assez triste legs.

Je voudrais bien savoir où on en est des nouvelles ? Madame de Grasse ne m'en dit qu'un mot ; elle a l'air de me croire instruite, et je ne sais rien qu'à moitié ; on espère la paix ici. Quant à moi, cette espérance me fait peur, et je voudrais être sûre de voir arriver ce que je désire, et je n'ose me fier à tout ce qu'on dit ; je vous croirais bien, vous, mais vous ne voulez pas parler.

Ma compagne a reçu une petite lettre de l'armée, mais elle était du soir de la bataille ; depuis, elle ne dit pas qu'elle ait rien eu. Je ne presse point ses confidences, et j'attends toujours qu'elle me parle. Elle a quelquefois des besoins subits de s'épancher, et puis tout à coup elle se contient. Je me trouve dans une position assez piquante, entre celle-ci et l'autre que vous savez, qui, en partant, m'avait recommandé de bien me mettre au fait des choses, pour l'éclairer tout à fait. Vous jugez bien qu'au retour je n'aurai rien découvert. Cependant, je vous dirai à vous, à l'oreille, qu'en avançant dans ses confidences, je commence à croire qu'il y a de ce côté-ci une préférence marquée, qu'elle s'avoue à moitié, et qu'elle colore, selon la coutume, d'un beau titre *d'amitié*. Elle m'entretient souvent de l'amour platonique; quelquefois, j'ai envie de lui dire que c'est la ressource des pauvres malades comme nous. Elle est flattée de la persévérance, et un peu occupée; mais elle est bien loin de s'être monté la tête comme l'autre, et d'aimer aussi vivement. Aussi sera-t-elle bien plus aimée, comme il arrive toujours avec vous autres hommes. Cette petite, ou plutôt cette grande femme, a, je vous assure, de l'esprit, un peu de sécheresse et de fierté, le sentiment de sa beauté, qu'assurément je ne lui dispute pas, ce qui fait que nous vivons bien ensemble.

Voilà deux lettres dans un même jour! Ne suis-je pas cent fois meilleure que vous? Il est vrai que celle-ci est pour soulager ma bile. Je n'entends point que ce petit garçon vienne sur mes brisées, et qu'il prenne tout votre temps. Envoyez-le promener, et écrivez-moi davantage. Au lieu de cela, vous allez courir le spectacle avec lui; vous ne rentrez qu'à des dix heures, le joli métier pour un père! et les beaux exemples que vous donnez!

CXXIV.

MADAME DE RÉMUSAT A M. DE RÉMUSAT, A PARIS

Aix-la-Chapelle, 7 juillet 1807.

Je n'ai de consolation que dans vos lettres; vous devriez bien ne me pas priver si souvent de ce plaisir. Si j'en recevais davantage, je prendrais mieux mon parti; je suis réellement assez contente de mon courage; je puis me servir de ce mot, quand il s'agit de vivre loin de vous. J'emploie fort bien mon temps, et il me semble qu'il marche un peu. Je sors peu, cependant, et je ne reçois aucune visite, non pas que je ferme ma porte, mais on ne nous en fait point. Hier, cependant, nous avons soupé chez le préfet, et cela n'était pas la plus amusante soirée de mon séjour ici. Pendant la saison des eaux, M. de Lameth a la coutume de rassembler, de temps en temps, toute la société de la ville, ce qui fait environ cent cinquante personnes. On a joué, j'ai fait deux rubbers de whist, et puis nous sommes rentrées dans notre gîte. Cette assemblée était assez brillante. M. de Lameth fait très bien les honneurs de chez lui; sa belle-sœur roulait dans le salon pour donner bonne idée de sa politesse; on nous a mises à une table de jeu, et nous n'avons eu ni l'occasion ni le temps de dire quatre paroles. Il y a dans cette ville une madame K***, qui fait, comme on dit, la pluie et le beau temps. Vous vous rappelez d'en avoir entendu parler à Norvins. Cette madame, qui a à Paris une réputation un peu suspecte, est ici recherchée par tout ce qu'il y a de mieux. Elle a dû être fort belle, la parure lui sied encore bien, et elle paraît jouir de ce regain de province dont maman parle quelquefois. Sa place vaut deux cent mille francs par an à son mari, et elle tient une fort bonne maison; on assure que nous nous y amuserions; mais nous n'avons pas jugé qu'il fût convenable de nous y faire présenter, à cause de *notre dignité*, et surtout à cause de la vie que cette femme mène à Paris, et de la société qu'elle y voit. Elle était, hier, resplendissante de perles et de camées, et les toilettes simples que nous avons apportées se trouvent un peu étonnées de sa magnificence.

Hier matin, j'ai été voir une exposition des produits de l'industrie de ce département, et j'ai été dans l'admiration de tout ce qu'on y fait. J'ai vu les plus beaux draps, des velours, des satins, et beaucoup d'autres choses encore. On m'a assuré que les prix étaient moindres qu'à Paris, mais je n'ai pas pu le savoir encore. Jeudi matin, nous irons, avec M. de Lameth, visiter les manufactures de draps et d'aiguilles, dont je suis fort curieuse. Après ces courses, et quelques promenades aux environs de la ville, j'aurai tout vu, et je me tiendrai tranquille.

Mais, mon ami, est-ce que vous ne trouvez pas qu'il y a déjà bien longtemps que je suis partie? Pourtant, le temps du retour est si loin encore! Quand je m'arrête sur cette pensée, mes forces diminuent un peu, et, pour ne pas perdre courage, il faut que je ne m'occupe que de la journée, et que je me détourne du lendemain. Ah! la maudite chose que l'absence! Ce sera la dernière, cher ami; une autre fois, vous viendrez avec moi, ou je ne bougerai plus; cela est bien arrêté dans ma tête, dans mon cœur; tâchez de le mettre aussi dans le vôtre.

CXXV.

MADAME DE RÉMUSAT A M. DE RÉMUSAT, A PARIS.

Aix-la-Chapelle, 11 juillet 1807.

Vous ne m'écrivez pas souvent, mon ami, mais vous m'en dédommagez par la tendresse de vos lettres, et vous pensez bien qu'elles sont pour moi comme une espèce de provision de plaisir que je puis renouveler à tous les moments où je veux les relire. La dernière que j'ai reçue m'a profondément attendrie; elle est si aimable pour moi, si tendre pour vos enfants, si parfaite en tout, qu'il est impossible de ne pas pleurer de douces larmes en la lisant; c'est un *plaisir* que je me suis donné. Que Charles est heureux d'avoir un tel père! Et moi, mon ami, que je suis heureuse de faire ma route dans le monde avec vous! Combien notre enfant va gagner à tout ce temps que vous pouvez lui donner! Son cœur, son esprit se formeront près de vous, et il vous devra tout le bonheur de sa vie, du moins celui qui dépend d'un bon caractère et d'un esprit juste et droit. Et moi aussi, je dis comme vous, que je ne crois pas que l'éducation publique lui soit bonne, et que la meilleure serait celle qu'il pourrait recevoir dans la maison paternelle ; aussi je pense que, sauf meilleur avis, il faudrait nous en tenir à ce lycée externe qui ne nous l'enlèvera pas tout à fait, et qui lui tiendra lieu de vous dans les moments où vous seriez trop occupé. Voyez, pensez-y bien, tâchez de trouver un moment pour visiter ce lycée, et puis décidez-en ; car, enfin, quel que soit mon avis sur cet article, il est bien simple que ce soit le vôtre qui s'exécute, et j'y suis bien décidée. Quel bonheur eût pu se comparer au nôtre, mon aimable ami, si notre fortune avait répondu au reste, et si l'indépendance nous permettait d'élever en paix nos enfants ! Mais ne serait-ce pas souhaiter trop de biens à la fois, que d'ajouter encore ceux-là à tout ce que je tiens de vous ?

Plus je vais dans le monde, plus je reviens à vous, cher ami, avec empressement. Ici même, dans les entretiens que ma compagne a fréquemment avec moi sur les chagrins de son intérieur, je trouve mille occasions de comparer sa situation avec la mienne, qui augmentent ma tendresse et ma reconnaissance. Alors, je ne puis m'empêcher de lui parler de vous et de mon bonheur; elle dit qu'elle aime à m'entendre, que cela la console de voir que tous les maris ne sont pas comme le sien; elle vous admire, elle m'a chargée même de vous dire qu'elle vous aimait, et qu'elle vous décernait, ainsi que madame de Grasse, le surnom de *merveille*. Je suis toujours contente de ce voisinage, et nous nous convenons si fort, que nous avons peine à quitter nos petites chambres pour chercher l'ennuyeuse société d'Aix-la-Chapelle. Nous lisons beaucoup, toujours les *Mémoires de Sully;* chacune travaille et lit alternativement; nos journées sont réglées, occupées, et, franchement, je m'attriste quelquefois, mais je ne m'ennuie guère. Nous allons dîner aujourd'hui chez madame K***; il a fallu accepter, sous peine de grande impolitesse. Nous lui avons fait, hier, une visite. C'est une femme encore fort spirituelle, mais d'un assez mauvais ton, c'est-à-dire de celui de sa société, composée à Paris de beaucoup d'hommes de toutes classes, d'artistes, de gens de lettres, de fort peu de femmes. Norvins y allait beaucoup, et m'avait parlé d'elle souvent. Elle est fort riche, elle habite la plus jolie maison de la ville, elle est excellente musicienne, elle donne ici le ton, les modes, les bons usages. Son mari gagne deux cent mille francs par an; ils passent tous les hivers à Paris, et les étés ici. Elle a été pour nous d'une extrême politesse. Quoique, au premier abord, elle ait l'air d'une mère de famille tout occupée de ses cinq petites filles qu'elle a nourries, et qu'elle soit grosse encore dans ce moment, on assure ici qu'elle a encore le temps de s'occuper de tout autre chose. On prétend qu'elle a essayé de plaire à M. de Lameth, mais que, jusqu'à présent, il a résisté, à la grande édification des habitants. On croit qu'en attendant cette conquête, elle se console avec quelques-uns des jeunes gens attachés à la préfecture, que le préfet a amenés avec lui. Voilà les mauvais propos qu'on tient dans cette ville, et que nous savons déjà, quoique nous connaissions fort peu les habitants, tant le mal est prompt à circuler et à se répandre!

Mon ami, vous devez savoir où me prendre. Vous connaissez probablement cette maison de madame Brammer, où je loge. C'était celle où l'impératrice se baignait, vis-à-vis du grand hôtel que vous habitiez. Si vous voulez me voir, vous me trouverez au second, sur la rue, dans une assez vilaine chambre, mais pourtant commode. A côté, se trouve une autre pièce dont nous avons fait un salon. Les meubles en sont un peu sales, la tenture un peu déchirée; mais, il y a un vieux canapé sur lequel nous passons une grande partie de nos journées. Le premier de la maison est assez joli, mais il nous aurait coûté fort cher, et nous n'en avons pas voulu. Il est habité par une famille hambourgeoise fort honnête. Au-rez-de chaussée demeure un vieil Anglais très infirme, qu'on porte au bain tous les jours, à côté de nous. Depuis deux jours est arrivé le duc de ***, sur lequel nous ne comptons guère comme ressource. Je ne l'ai point encore vu. Avant-hier, j'ai couru les manufactures; celle d'épingles m'a fort amusée, et j'ai visité avec beaucoup d'intérêt celle de drap d'un M. Vemonten, que vous avez dû voir aussi. Il habite à l'une des extrémités de la ville une belle maison, il est riche, il a dix enfants, un grand nombre d'ouvriers. Avant la guerre, leur nombre allait à deux mille. Ils ont l'air heureux, de ce bonheur solide et doux que j'aimerais.

CXXVI.

MADAME DE RÉMUSAT A M. DE RÉMUSAT. A PARIS.

Aix-la-Chapelle, 15 juillet 1807.

Je ne sais, mon ami, si vous avez à Paris la même chaleur que nous avons ici; mais le fait est que, depuis cinq ou six jours, on étouffe; et que, si je sors de la paresse où cette température me met, c'est parce que je ne vous ai écrit ni hier ni avant-hier, et que je crois que vous vous souciez de moi, quoique vous ne me le disiez guère. Il faut que je m'en prenne à ce coquin de Charles de votre silence, et que je le lui pardonne, sans qu'il se soucie guère de mon mécontentement, ni de ma résignation. Voilà comme il arrive toujours aux pauvres mères! Comme je ne prévois pas que le retour de l'empereur vous donne beaucoup plus de liberté, je vous prie de recommander à madame de Grasse d'être bien exacte à cette époque[1]. Vous

1. L'empereur revint à Paris le 27 juillet 1807, après dix mois d'absence.

lui conterez les choses, et elle me les dira. Je suis bien fâchée de ne pas me trouver à Paris dans ce moment; cette rentrée sera bien glorieuse et, en même temps, bien touchante. Je compte écrire demain à l'impératrice.

Nous avons ici, depuis dimanche, le duc de ***. Il a paru fort scandalisé, le premier jour, de trouver le whist établi à trois sols la fiche; il a demandé grâce. Pour lui plaire, on a monté sa partie à trente; et, hier, chez le préfet, il a obtenu le petit écu, prétendant qu'il était déshonoré s'il descendait à des pièces si médiocres. Vous conviendrez qu'il a singulièrement placé l'honneur de son nom. Je me suis assez amusée à le voir jouer; il est si sûr de son fait, si fier de son succès, si heureux de son gain, qu'il pourrait, un moment, faire envie, si ce n'est pourtant pitié.

On se rassemble ici, tous les lundis, chez le préfet, et on joue toute la soirée; madame de *** et moi, nous n'osons nous en dispenser, mais, lorsque nous sommes à cette triste table carrée, nous regrettons notre petite chambre, et nos *Mémoires de Sully*. Le dimanche, l'assemblée se tient chez madame K***; nous y paraîtrons de temps en temps. Le mercredi, il y a bal à la Redoute, mais nous n'y avons pas encore paru; le reste de la semaine se passe tranquillement. Il y a encore dans cette ville le préfet d'Anvers, qui est venu prendre les eaux avec sa fille. Vous savez que c'est Cochon[1]. Nous avons beaucoup causé ensemble de madame Devaines, et d'autres personnes de connaissance. Quand on est loin, il y a un grand plaisir à entendre au moins prononcer le nom de ses amis, ou même des gens que l'on connaît; c'est une sorte de rapprochement momentané qui console; il semble que le cœur se trouve moins isolé, et qu'il consente à se tromper soi-même. Après tout, les illusions d'affections sont, bien souvent, les plaisirs les plus réels de la vie.

Dites-moi, cher ami, si vous avez quelques nouvelles de J***. Je pense quelquefois à lui, au temps qui s'écoule, et à cet avenir qui deviendra tout à l'heure le présent. Je voudrais que vous déterminassiez quelque chose, et que vous pussiez faire pour votre neveu ce que vous croyez devoir,

---

1. M. Cochon, comte de Lapparent, né en 1749 et mort en 1825, avait été membre de la Convention, et avait voté la mort du roi. Plus tard, il remplaça Merlin de Douai comme ministre de la police. Il fut déporté au 18 fructidor et délivré au 18 brumaire. Il a été préfet de la Vienne en 1800, des Deux-Nethes en 1805, sénateur en 1809, et exilé en 1815.

sans que votre extrême bonté de caractère se résignât à une présence pénible pour tous. S'il était possible de profiter du moment du retour des puissants, ou bien si, en le laissant chez lui, on pouvait lui envoyer un peu d'argent avec quelques mots qui adoucissent son exil, nous serions tous mieux. Pensez-y un peu, cela sera utile à tous!

CXXVII.

MADAME DE RÉMUSAT A M. DE RÉMUSAT, A PARIS.

Aix-la-Chapelle, 17 juillet 1807.

Si cela continue, il faudra que je m'en retourne à Paris pour prendre du repos, et la vie dissipée que nous menons ici finira par être très fatigante. Il est vrai qu'elle est, à peu près, sans plaisir, ce qui fait qu'aujourd'hui, par exemple, nous sommes dans la joie de notre âme, parce que nous devons passer le jour en tête-à-tête. On nous assomme de dîners et de parties de whist, et on désobligerait extrêmement si on refusait.

Hier, c'était chez M. de Lameth, demain chez madame K***, qui nous fait tant d'avances et de politesses qu'il faut absolument y répondre, et prendre son parti de s'y faire écrire, une fois de retour à Paris. Sa maison, sa loge, ses chevaux, sa calèche, tout est à nos ordres; elle vient elle-même tout offrir. Jusqu'à présent, nous nous étions assez défendues; mais, depuis l'arrivée de M. Adrien de M***, il n'y a plus moyen d'échapper. Il nous met en avant. Il demande, il nous revient, et il faut finir par accepter. Je ne sais si vous counaissez cet Adrien? Il a plus d'esprit qu'il n'est aimable, mais nous n'avons pas le droit de choisir. J'aimerais assez le préfet, qui a une politesse noble et de bon goût, mais il est trop froid et trop préfet; il ne parle que de son département, et paraît n'avoir plus que son administration dans la tête. Il est assez mal avec madame K***. On dit ici qu'elle lui a fai beaucoup d'avances; mais, pour ne pas déplaire aux bonnes Allemandes, que les manières un peu libres de ladite dame choquaient, il a résisté à tout. On ajoute qu'elle ne le lui a pas pardonné. Vous voyez que ce n'est pas là le Lameth d'autrefois. Il l'est encore dans certaines opinions *constituantes* qu'il se plaît à mettre en avant. Mais ce qui est remarquable, c'est qu'il ramène toujours la conversation sur les scènes passées, et qu'il aime à rappeler ses liaisons avec l'ancienne cour et la faveur qu'on lui témoignait. Quand il parle ainsi, on le regarde, et on ne trouve rien à répondre. Au reste, il n'a pas l'air de savoir mauvais gré du silence. Madame de *** a bien de la peine à le traiter comme un autre; elle a peur de déplaire à sa tante, qui lui écrit de temps en temps des lettres pleines d'aigreur à ce sujet. Pour moi, qui n'ai pas les mêmes raisons pour lui savoir mauvais gré d'une satire contre l'archevêque, je ne me montre pas si sévère. Aussi cause-t-il plus volontiers avec moi. En somme, tout cela n'est pas très amusant, et ne m'empêche pas de répéter fréquemment mon refrain favori : « Je voudrais bien m'en aller. »

J'ai lu dans mon oisiveté, avec un grand intérêt, les *Révolutions d'Angleterre;* j'étais peu au fait de cette histoire, et j'ai été fort contente d'avoir eu cette idée. Je vais tâcher de retrouver ici quelques autres mémoires; les livres sont assez rares, excepté les romans, que je suis trop raisonnable pour me permettre. On m'en a offert un de madame K***, que, malgré ses politesses, je n'ai pas encore eu le courage d'accepter. Il est vrai qu'il est, dit-on, fort mauvais. Il en paraîtra *un* incessamment qui commence à m'épouvanter par son volume. Chaque jour, il s'augmente de quelques pages, et, comme vous l'aviez prévu, les flots d'écriture coulent abondamment. Que faire en un gîte, à moins qu'on n'y écrive? Cette occupation nuit un peu aux correspondances, qui m'ennuient décidément cette année. Cependant, j'ai jugé convenable d'écrire une fois à toutes les personnes à qui je le devais; mais je ne recommencerai guère quand je serai au bout de ma liste, excepté pour quelques personnes cependant, entre autres M. de Lavalette, qui m'a écrit la plus aimable lettre. J'en ai reçu une de madame de Vintimille; mais, comme la mienne aura croisé la sienne, je me regarde comme quitte. Elle me dit qu'elle ne quitte pas Mérotte, qu'elle n'aime plus que nous et notre famille, que nous sommes l'esprit, la grâce par excellence, etc., etc., enfin son engouement me paraît complet; il durera tant que cela pourra. Je suis inquiète de madame d'Houdetot. Je vous assure que je serais sensiblement affligée de sa perte; les personnes bonnes sont rares, et j'aime celle-là tendrement. A propos de *bonnes*, madame de *** est tout étonnée, en vivant avec moi; elle dit que je le suis beaucoup, et qu'on lui avait dit que j'étais méchante. Je voudrais savoir où on m'a donné cette réputation-là, car, lorsque je m'examine consciencieusement, en vérité, je trouve que ni moi, ni la tournure de mon esprit, ne le sont le moins du monde, et, quand j'entends dire qu'on le pense de moi, cela me fait toujours un petit chagrin.

CXXVIII.

MADAME DE RÉMUSAT A M. DE RÉMUSAT, A PARIS.

Aix-la-Chapelle, 20 juillet 1807.

Mon ami, je commence à m'ennuyer passablement; j'ai assez bien supporté ce premier mois, mais je ne conçois pas ce que je ferai du second. Notre société ne m'amuse guère, je vous regrette tous de plus en plus. Cet Adrien de M*** m'assomme de ses longues et oisives visites. Il a dans une perfection désolante ce ton léger de nos jeunes gens de Paris, et cette manière libre avec les femmes, à laquelle je suis fort étrangère; aussi dit-il que je suis prude et cérémonieuse. Rien de si ordinaire que de le voir, étendu sur une chaise, sortir tout à coup d'une suite de phrases toutes médiocres, toutes terre à terre, pour s'écrier qu'il déteste le vulgaire, qu'il n'aime que le chevaleresque, qu'il est fou de l'illusion, qu'il n'y a de réel au monde que le prestige, etc. La société de madame de Staël lui a fait entrer tous ces mots dans la tête, qu'il place à tort et à travers, sans jamais écouter une réponse, ou paraître y joindre une idée. Les deux ou trois premières fois j'y ai été prise. Il fallait bien causer, je le voyais se lancer dans le galimatias, je me décidais à m'y mettre. Mais point du tout : un moment après, je découvrais que je voyageais seule ; mon homme s'était arrêté je ne sais où. Après cette découverte, je me suis tenue tranquille. Quand il parle maintenant, je l'écoute du regard, et, si je puis, je pense à autre chose. Comme je suis en train de lire l'histoire, quelquefois celle de ses grands-pères me revient dans la tête, et c'est cela qui est certainement *autre chose*.

J'aimerais bien mieux M. de Lameth, mais je vous ai déjà dit que madame de *** ne veut guère le fréquenter; je fais comme elle. Vous ne vous faites aucune idée de la douceur de son caractère, dans cette vie d'indifférence. Hier, elle me disait : « Je vous crois un peu faible. » Ce reproche m'a charmée, d'autant que je suis accoutumée à m'entendre traiter par vous et Mérotte de *loup garou*. Apparemment que je ne suis mauvaise et querelleuse qu'avec les gens que j'aime, et, dans ce cas, vous ne devez pas vous plaindre; car, dans la proportion, j'aurais dû vous étrangler déjà plusieurs fois. Enfin, je trouve donc le préfet plus aimable; il vient quelquefois me faire de petites visites du matin. Au bout de quelques moments, il trouve le moyen de mettre la conversation sur les commencements de la Révolution, sur l'Assemblée constituante, sur les idées de régénération, sur ses espérances de réforme. Il arrange tout cela de son mieux, il fait des contes que j'ai l'air d'adopter, et qu'au fond, je ne repousse pas entièrement, parce que je trouve en moi une disposition naturelle, fort utile dans ce siècle-ci, à excuser une bonne partie des erreurs publiques. Hier, je lui ai fait raconter les circonstances de sa captivité, et, après avoir d'abord pensé que le roi de Prusse avait eu assez raison d'arrêter ce *trio*, cependant j'ai trouvé qu'on avait été bien dur[1]. Je crois que je les ai presque plaints, mais surtout cette pauvre madame de Lameth, la mère, qui partageait la prison de son fils dans les derniers temps, et qui avait six cents marches à monter pour arriver au donjon. Il conte bien ce qu'il a souffert. J'ai été surtout frappée d'une obligation de danser tous les jours, qu'il s'était imposée pour faire de l'exercice. Pendant trente-neuf mois, à la même heure, il sautait en chantant une contredanse, et il m'a avoué qu'il s'était souvent surpris à répandre des larmes, au milieu de ce triste rigodon. C'est à la fin d'une pareille contredanse, qu'une fois il s'est déterminé à se couper la gorge avec un rasoir, et qu'il en a été empêché par un domestique qui l'a surpris.

Je reviens à mon ami. Je ne sais, je vous le répète, comment se passeront les semaines qui me restent. Quelquefois, il m'est d'autant plus difficile de répondre de mon courage, que je suis obligée

---

1. Je crains fort que M. de Lafayette ne soit compris dans ce *trio*, et l'on trouvera peut-être le rapprochement assez piquant, si l'on veut bien se souvenir que mon père a épousé sa petite-fille. On voit, d'ailleurs, dans cette lettre, les premiers symptômes de la conversion de l'auteur aux vérités constitutionnelles, de sorte que nous n'avons eu, ni mon père ni moi, l'embarras de faire un choix entre les opinions de nos parents et grands-parents.

de dissimuler ce qu'il me coûte. A qui parler ici? Madame de *** m'écoute bien avec complaisance, mais comment pourrait-elle m'entendre? Elle n'a plus de mère, son mari lui déplaît, ses enfants sont ceux de son mari, et ne l'occupent guère, et son cœur est bon, mais un peu froid ; ses affections jusqu'à ce jour n'ont point été vives. Une petite pointe de vanité satisfaite, et un petit mouvement de préférence lui suffisent dans ce moment. Avec tout cela, l'absence ne peut guère lui peser; elle s'amuse des distractions qui se présentent, tandis que je préfère à tout mes petites rêveries solitaires qui raccourcissent les distances. Mon ami, je suis faite pour une vie d'affections. Il faut que mon cœur se mêle à tout ce que je fais, qu'il anime mes actions, qu'il s'unisse à mes projets. J'aimerais encore mieux les chagrins qui me viendraient de lui que son inaction, et j'ai besoin de vivre toujours auprès de vous, pour qu'il soit toujours occupé.

CXXIX.

MADAME DE RÉMUSAT A M. DE RÉMUSAT, A PARIS.

Aix-la-Chapelle, 24 juillet 1807.

Je vais avoir bien besoin de lettres, et je serai tourmentée d'une terrible curiosité. C'est une étrange affaire que d'être loin de ces grands événements, de tant d'intérêts importants. Lemarrois[1] a passé hier ici, pour aller prendre les eaux de Spa. En changeant de chevaux, il nous a fait faire ses compliments; j'aurais bien voulu le voir, et je suis un peu piquée de cette rapidité de course. Ma voisine a reçu une lettre de l'armée d'une écriture inconnue, sans signature, qui lui rendait compte des principales conditions de la paix. Nous avons fort bien deviné d'où cela venait. Je pense que vous serez au courant de tout quand cette lettre arrivera, et je ne m'aviserai pas de vous rien apprendre.

1. Le général Lemarrois venait d'être nommé gouverneur de Varsovie. Il est mort en 1836.

J'ai passé la soirée, hier, chez un riche négociant qui m'a fort parlé de vous. Vous accompagniez, dit-il, l'empereur dans une visite qu'il a faite à sa manufacture. Il s'appelle M. Vemoulen, il est riche, il reçoit fort bien. Ces assemblées chez les négociants se multiplient beaucoup, et il n'y a pas moyen de les éviter, pour ne pas passer pour des impertinentes de cour. Je m'y conduis fort bien, j'y joue avec beaucoup de courage, je deviendrai habile au whist. Heureusement, mes matinées sont à moi, et, en vérité, elles ne sont pas aussi longues que je le craignais. Je les passe aussi solitairement qu'à Cauterets, mais je les emploie mieux. Là-bas, les eaux sont plus fortes, elles me portaient à la tête, les orages continuels me faisaient mal aux nerfs; j'étais fatiguée des remèdes, abattue, agitée, et, mon pauvre ami, nous sommes toujours, quoi que nous fassions, un peu machines; mes tristes lamentations se ressentaient de tout cela. Cette année, ma santé est vraiment meilleure; j'éprouve du bien des eaux, je n'ai point d'attaques de nerfs, de rêveries creuses; je puis lire, travailler, écrire, faire de la musique, et mon temps passe mieux, parce qu'il s'emploie; je vous regrette au milieu de tout cela, je vous désire, mais je ne manque à rien vis-à-vis de mon propre cœur, en occupant mes journées, parce que j'envisage le plaisir de vous retrouver comme la récompense de mon courage ; oui, *courage*, c'est le mot, car ne suis-je pas loin de ce que j'aime le mieux au monde?

Ma sœur me conte encore la plus jolie histoire du monde au sujet d'une petite version du grec en latin par Charles. Son récit est très drôle, et il m'a fait rire un peu à vos dépens. Ah! ah! vous vous laissez aller à de petits moments d'enthousiasme pour cet enfant; mais prenez-y donc garde, c'est bon pour nous autres folles! Ce n'est qu'un enfant fort ordinaire, point du tout beau, médiocrement bon et aimable, avec une dose très commune d'intelligence, et qu'on élève aussi fort mal. Enfin, vous ferez comme moi, je vous le prédis; vous reviendrez de cet engouement.

CXXX.

MADAME DE RÉMUSAT A M. DE RÉMUSAT, A PARIS.

Aix-la-Chapelle, 26 juillet 1807.

Je pense que l'empereur est maintenant à Paris. J'ai rêvé, cette nuit, que je le voyais, et que je lui sautais au col en pleurant. Quel poids de moins sur le cœur que de le savoir à Paris, et la paix faite ! Vraiment, c'est à présent qu'on regarde derrière soi, et qu'on est étonné d'avoir marché si longtemps au-dessus de cet effrayant précipice. Nous en voilà quittes, et, avec nous, on pourrait dire une petite partie de l'univers qui s'appelle la terre, car tout tient à cette seule vie. Il y a déjà ici quelques militaires qui viennent arroser leurs rhumatismes; vous devriez bien nous envoyer quelques revenants. A propos d'estropiés, on m'a conté hier que le général Loyson, qui a perdu son bras, l'année dernière, non pas à Austerlitz, où il avait été fort exposé, mais dans une partie de chasse, s'est imaginé de le faire embaumer et replacer à son épaule à l'aide d'une machine. Il ne veut, dit-il, rien perdre de ce que la nature lui a donné, et il aime mieux un bras mort que rien, à son côté. Songez-vous à l'impression de cette main pâle et froide, lorsqu'on s'avisera de la lui prendre, et concevez-vous une plus étrange idée? Nous disons, ici, qu'il fera *main morte* à tout le monde. Il a fallu cette mauvaise plaisanterie pour me remettre sur cette fantaisie, car j'avais pris au tragique cette espèce de revenant de bras.

Il y a ici un petit jeune homme, de la plus jolie figure du monde, qui a aussi perdu le bras à la bataille d'Eylau. Celui-là ne le cache point ; il a sa manche en écharpe, mais il n'en danse que plus gaiement ; il valse, il saute, il tourne ; on le remarque, on le soigne, on le recherche, et, s'il ne lui manquait rien, peut-être qu'on ne le regarderait point. Nous avons toujours les M***. Le père s'ennuie à périr, parce qu'il ne trouve plus de joueurs, et qu'il cause une frayeur mortelle. Le fils passe sa journée à *oisiviter*. J'ai fait le mot pour lui, pardonnez-le-moi. Il va, il vient, il sort, il rentre, il parle, il questionne, il dérange, il commence une phrase, et, comme ce qu'il hait le plus c'est le *vulgaire*, il s'empêtre dans l'indéfinissable, et il ne se tire pas plus de son idée qu'on ne se tire de sa présence.

J'aime bien mieux la famille Lameth; la mère est bonne femme, la fille aussi, et le gendre est excellent. Tout cet intérieur est fort uni; ils ont l'air heureux, et je suis toujours tentée de savoir gré du bonheur. Celui de madame de Nicolaï[1] est la suite d'un mariage d'amour; il est quelquefois bon à quelque chose, ce coquin d'amour, et je ne trouve pas qu'il fasse si mal au mariage. N'êtes-vous pas un peu de mon avis. Le préfet est aimable aussi; il a plus d'esprit que le reste, mais il n'est pas si *bon homme*. Au reste, il est fort poli. Il m'a parlé d'un ancien militaire qu'il a vu à Digne, qui est de vos parents, qui vous aime beaucoup, qui s'appelle Salves ou Salles[2], ou enfin je ne sais comment; il a entendu dire du bien de vous. Où diable a-t-il pris cela, que vous étiez un homme d'esprit et fort aimable? Il m'a aussi parlé de mon père, qu'il a beaucoup connu; de ma mère, qui avait la réputation d'une femme d'un esprit supérieur. Je ne sais où cet homme a vécu. On l'aime ici autant que possible, car on n'est pas encore

1. M. de Nicolaï était gendre de madame de Lameth.
2. M. de Salve-Villedieu.

trop *Français;* il faut de l'adresse et du temps.

Savez-vous bien que je suis à la fin du quatrième chant de Virgile, à l'avant-dernière lettre de mon roman, à la fin de mon fauteuil de tapisserie? Avec tout cela, je fais des progrès sur ma guitare et je deviens un petit duc de Laval, au whist. Il n'y a qu'en tendresse pour vous que je ne puis plus avancer; mais, pour cela, je n'en suis cependant pas près de la fin.

J'ai rouvert ma lettre pour vous dire des nouvelles. Que dites-vous de cette impertinence? Voyez si nous sommes instruites! Voilà ce que nous disons ici : Le prince Jérôme, roi de Westphalie; le prince Murat, roi de Pologne, sous la protection de la Russie; le grand-duc Constantin, roi de Serbie et des Monténegrins. Voilà, monsieur, les dernières nouvelles d'Aix-la-Chapelle. Sur ce, je vous aime tendrement, ce qui n'est pas une nouvelle.

CXXXI.

MADAME DE RÉMUSAT A M. DE RÉMUSAT, A PARIS.

Aix-la-Chapelle 28 juillet 1807.

Madame de *** a trouvé, l'autre jour, dans une lettre de sa femme de chambre à son amoureux, cette propre phrase : « Eh quoi ! le soleil se couchera et se relèvera encore vingt-sept fois avant que je puisse espérer de te revoir ! » Vous voyez que Racine avait deviné cette fille[1]. Je dis comme elle, mon ami, ou comme Bérénice, et je me désole de cette maudite absence. Savez-vous bien que j'ai cru le mois de juillet interminable? Ces derniers dix jours m'ont paru les plus longs du monde; maintenant, je vais compter par août, il me semble que c'est commencer le retour. La belle et laide chose que l'imagination ! Si nous ôtions de nos peines et de nos joies tout ce que nous en

---

1. Dans un mois, dans un an, comment souffrirons-nous,
Seigneur, que tant de mers me séparent de vous?
Que le jour recommence et que le jour finisse,
Sans que jamais Titus puisse voir Bérénice,
Sans que de tout le jour, je puisse voir Titus?
Bérénice acte IV, scène V.

rêvons, que resterait-il? Pour moi, je ne suis guère embarrassée de le dire : il me resterait un bon et très aimable mari, ce qui est une fort douce réalité. Je ne vous dirai point de caquets aujourd'hui, vous voilà bien à plaindre. Depuis trois jours, je n'ai vu personne, j'ai eu beaucoup d'*affaires* qui m'ont empêchée de sortir. Un homme et une femme de ma connaissance, qui vous sont assez étrangers et qui cependant me tiennent de près, m'ont donné du mal. Ils se trouvaient dans une position embarrassante, je ne savais comment les en tirer, et cependant on ne peut pas laisser la vertu des femmes exposée trop longtemps. Malgré tous mes soins, si mon héroïne vivait un peu plus dans le monde, on aurait tenu d'assez mauvais propos; mais heureusement qu'elle aime la retraite. Entre nous, je la crois en piteux état; elle ne passera pas deux à trois jours. J'ai dans la tête qu'elle va faire une belle mort, quoique décidée à ne pas prononcer une parole, contre l'usage ordinaire de ces conteurs qui ne parlent jamais tant que lorsqu'il ne leur reste presque plus de vie[1]. Quant à l'homme, il ne s'en porte que mieux; on ne meurt plus pour si peu de chose.

---

1. On comprend qu'il s'agit des personnages du roman l'*Ambitieux*.

Je m'amuse à relire la Bruyère et la Rochefoucauld. Si je le pouvais, j'essayerais de les comparer; mais je ne suis pas de force, quoique je sente bien la différence. Je trouve quantité de petites raisons éparses, difficiles à ranger; tout ce qu'il me semble, c'est qu'en quittant la Bruyère, j'aime encore les hommes, et que, après avoir lu l'autre, je serais tentée de détester l'humanité. Je me trouve assez en train de lectures, et je profite de cette bonne veine; je suis sûre, cher ami, que vous vous arrangeriez de cette disposition. Hier, je prétendais que vous ne vous ennuieriez point avec nous; madame de *** trouvait que j'avais bien de l'orgueil; j'ai répondu que non, mais c'est que vous aviez bien de la tendresse. Est-ce que vous ne mourez pas de chaud? Nous en étouffons tout à fait; point de vent, on ne sait ce que c'est que la pluie. Le soir, le ciel se couvre un peu, on se flatte d'un orage; le lendemain, le soleil se relève plus brûlant que jamais.

Il n'y a pas plus de monde ici, au contraire, il en part, et notre maison est vide. Quelques-uns nous restent, j'aimerais mieux la solitude. Adrien passe toutes ses soirées avec nous. S'il voulait être simple, il vaudrait mille fois mieux; mais la crainte de se servir du mot propre, et la difficulté d'en trouver un juste, fait qu'il n'achève pas une seule phrase. Son esprit bégaye comme sa langue. Cependant, je suis une ingrate, car il me fait mille compliments; ce sont de ces louanges de grand seigneur auxquelles je préférerais quelquefois une bonne sottise. Il m'a demandé de venir me voir à Paris, vous pensez de quel ton j'ai dit *oui*, mais je ne l'en ai pas moins dit.

J'ai appris hier que Norvins a la gale; voilà qui sera inquiétant, cet hiver. M. de Caulaincourt le sait, demandez-le-lui de ma part; je serai d'une belle colère, si je ne reçois pas un mot de lui pendant mon voyage; car enfin j'ai quelques raisons de croire qu'il n'est pas manchot. J'attends bien impatiemment des nouvelles de la cour. Vous entendez toutes mes questions : Comment est l'empereur? Que vous a-t-il dit? Je saurai tout cela la semaine prochaine; mais que la patience est peu à l'usage du cœur, et que le mien maudit l'absence! Celle-ci sera la dernière. Je ne sais où je prendrais des forces pour une troisième, et je sens que je n'aimerais plus tant à vivre s'il fallait gaspiller si souvent loin de vous des jours et des mois entiers. Pour gagner le temps, je passe le mien à parler de vous, et j'aime ma compagne de la manière dont elle m'écoute. Hier, nous disions que nous ne connaissions que vous de bon mari ; nous regardions à droite et à gauche, et c'était toujours vous qui vous trouviez le plus aimable, le plus tendre, le plus soigneux, et aussi le plus aimé. Ah! mon bien-aimé, que tout le reste est loin de la place où vous êtes dans mon cœur!

CXXXII.

MADAME DE RÉMUSAT A M. DE RÉMUSAT, A PARIS.

Aix-la-Chapelle, 5 août 1807.

Depuis que vous redevenez homme de cour, vous négligez un peu les pauvres provinciales comme moi, et je pourrais bien vous faire une petite querelle, si je n'étais vraiment une bonne femme, ou plutôt si vous ne m'aviez accoutumée à croire tellement que je suis présente à votre tendresse, que tout naturellement, lorsque vous ne m'écrivez pas, je pense que vous n'avez pas pu le faire, et je m'attriste, sans vous accuser. La douce chose, mon aimable ami, que cette confiance que tu as su m'inspirer! et qu'elle est nécessaire aux sentiments durables! Je ne puis m'empêcher quelquefois d'admirer ton habileté, ou, ce qui vaut mieux, d'être touchée de ton affection, qui semble avoir pris plaisir à me dérober les épines qui environnent trop souvent les jouissances du cœur; car, enfin, je sais fort bien que je n'étais pas disposée à cette tranquillité d'âme qui n'exclut pas la vivacité du sentiment. En entrant dans ma jeunesse, en éprouvant pour la première et *unique* fois les émotions de l'affection la plus vive, je voyais poindre en moi toutes les dispositions inquiètes et un peu soupçonneuses qui ne troublent que trop celle qui les éprouve, comme celui qui les inspire. Je ne sais comment tu t'es rendu maître de tout cela; mais il semble que tu aies pu *refaçonner* mon cœur, et n'y laisser que ce qui devait me rendre heureuse. Tu m'as appris à aimer sans jalousie, tu m'as inspiré une confiance que rien ne peut ébranler, et je compte sur ta tendresse comme sur un bien qui, s'il ne m'est pas dû dans cette perfection, m'est du moins complètement acquis. Va, mon ami, avec ce fonds de bonheur, on a bien des moyens de supporter les contradictions de la vie, et, quelles que soient celles auxquelles le reste de ma vie est peut-être destiné, je ne vois pas dans tout le monde un autre sort préférable au mien. Il y a toujours à dire à tous les autres maris; plus j'avance, plus je le trouve, et cette comparaison que je me plais à faire souvent, à part moi, et dont tu sors toujours plus aimable et plus aimé, cette comparaison me faisait faire hier solitairement une petite réflexion sur l'imprudence des femmes. En effet, si elles sont assez malheureuses pour ne pas aimer ce qu'elles devraient aimer, et pas assez fortes dans ce cas pour n'aimer rien, elles cherchent au dehors des consolations qui le plus souvent sont bien peu dignes de leurs sentiments, et, après, les voilà perdues sans ressource; car je suis convaincue qu'il est encore plus facile de trouver un bon mari, non pas comme toi, mais enfin assez bon encore, qu'un amant toujours tendre et délicat, qu'on ne se repente jamais d'avoir écouté. Il y a dans le ménage tant d'intérêts qui rapprochent, qu'il est presque impossible, avec un peu de raison, qu'on ne finisse pas par s'entendre; mais, dans cet autre lien, tout volontaire, quel garant peut inspirer assez de confiance, pour qu'une femme ne regrette souvent le sacrifice qu'elle a fait? Ce sujet de méditation pourrait nous mener loin, si je ne songeais pas que tu es beaucoup trop occupé pour me suivre dans toutes les petites rêveries qu'a faites mon oisiveté ; aussi je coupe court à tout cela, et je reprends mon refrain : c'est que tu es le plus aimable du monde, et le plus tendrement aimé.

Je ne sais si toutes ces pensées de ménage ne me sont pas inspirées par la mésintelligence que je vois régner dans celui de ma voisine ; elle m'en parle assez souvent, avec une sorte d'indifférence qui me surprend quelquefois; après en avoir souffert, elle s'est tout à fait endurcie, et, au fond, son mari ne méritait guère qu'elle s'amusât à pleurer sur ses infidélités ; mais je connais certaines bonnes têtes qui n'auraient pas si bien pris leur parti. Le sien est irrévocablement arrêté ; elle méprise trop son mari pour lui revenir jamais, et l'estime se regagne encore moins que l'amour. Mais la voilà seule, et bien exposée, et défendue seulement par un grand fond de fierté que vous admirez beaucoup, et qui ne me paraît pas une barrière insurmontable. D'ailleurs, elle s'engage peu à peu, moitié par entraînement, moitié par force ; je suis quelquefois embarrassée, quand elle me demande des conseils à ce sujet, ce qu'elle fait volontiers. Dans ce cas, je ne puis mentir à ma raison, et puis j'ai peur que, là-bas, on ne me sache mauvais gré d'un trop sévère sermon; aussi j'évite plutôt que je ne cherche ces sortes d'entretiens. Ce qu'il y a de bon, c'est que je crois que *votre ami* est un peu inquiet des deux confidences que je reçois en même temps.

Mais, mon ami, voilà pourtant l'absence qui approche de sa fin. Dans quinze jours, je partirai; dans vingt, je serai auprès de vous; c'est dans ce moment que je sens toute la différence de la distance de l'année dernière à celle de cette année. Je me rappelle que, le jour même de mon départ de Cauterets, je n'osais pas encore penser à celui de l'arrivée. Aujourd'hui, il me semble que je le touche; j'irai si vite, le pays est si beau, la route si commode, qui pourrait m'arrêter? Comme cette petite voiture roulera! Quel plaisir j'aurai à la sentir courir. Mon bon ami, je pleure un peu en y songeant. Ah! que cette vie a de bons moments!

J'ai reçu une petite lettre toute latine de Charles; il me dit aussi en très bon français qu'il est fort triste de ne plus vous voir, et qu'il vous regrette de tout son cœur; à quoi va-t-il s'amuser de penser à vous? Est-ce que cela est convenable? Vraiment voilà un bel emploi de son temps! et nous faisons, lui et moi, un joli métier. Ma mère m'écrit qu'il est plein d'esprit, je crains pourtant qu'il ne la fatigue beaucoup; c'est même ce qui me talonne; je prenais mieux patience quand je vous savais avec lui. Quel dommage, mon ami, que vous ne puissiez pas faire tranquillement cette petite éducation! Comme elle tournerait bien! Il n'aurait plus besoin de rien.

CXXXIII.

MADAME DE RÉMUSAT A M. DE RÉMUSAT,
A SAINT-CLOUD.

Aix-la-Chapelle, 10 août 1807.

Il est bien vrai, mon ami, que je trouvais que vous étiez un peu longtemps sans m'écrire, et que ce silence, dont j'expliquais bien la cause, m'attristait tout à fait. Cependant, je pourrais dire au sujet de vos lettres comme Montesquieu fait dire à Arsace dans le petit conte d'*Amine :* « Mon âme s'apaise en m'occupant de toi. » — « Allons, direz-vous, la voilà qui cite Montesquieu! Mais, dans sa retraite, elle touche à tout! » Oui, mon ami, c'est le mot; je me suis abonnée chez un libraire, et je lis presque tout le jour; c'est ce qui me distrait le mieux, et je ne me sens jamais si bien que lorsque je suis tout à fait détournée de moi. Comme il faut pourtant être vraie, je vous avouerai que j'y reviens à présent beaucoup plus volontiers. Depuis que le jour du départ approche, je ne crains plus tant de m'appesantir sur toutes mes privations; il me semble que je jouirai mieux des plaisirs du retour, et, quand je compare cette petite chambre solitaire au mouvement que je retrouverai dans quinze jours, je me sens le cœur serré par quelque chose qui tient de la joie presque autant que de la tristesse. Je crois, mon ami, que je partirai de samedi en huit, ce qui sera le 22. J'espère que vous serez à Saint-Cloud. Cependant j'ai une certaine inquiétude de Rambouillet, depuis hier; j'ai reçu une lettre de M. de Caulaincourt, qui me parle de voyages; il serait bien triste de se trouver à quinze lieues l'un de l'autre, et cette contrariété serait de trop, après deux mois d'absence.

J'apprends que cette bonne Mérotte s'évertue à

Paris pour vous remplacer auprès de Charles, et que, tout en jouissant de ses aimables soins, il vous regrette toujours. Je plains ce pauvre enfant, et je comprends terriblement cette privation et son regret; rien de complet dans ce bas monde, toujours un *mais*, toujours un point noir à toutes choses : un bon mari qu'il faut quitter, une mauvaise santé qui dérange, un enfant qu'on élèverait bien et qu'on ne peut suivre, une fortune détraquée qui tourmente. Mais avec tout cela des cœurs amis, des affections qui consoleraient des mécomptes qui ne les toucheraient pas; et ce dédommagement est tel, que la somme de toutes ces choses réunies compose encore ce qu'on appelle une douce et heureuse vie. Ma santé est toujours assez bonne, les eaux commencent à me fatiguer; mais celles de l'année dernière me faisaient le même effet, et, après, m'ont procuré un hiver tranquille. J'ai reçu une lettre de Corvisart. Au travers de mille plaisanteries, je démêle fort bien qu'il désire que je reste un peu de temps. D'après cela, si l'empereur n'était pas revenu, je crois que j'aurais eu le courage de pousser un peu dans le mois de septembre; mais cela devient impossible, et je crois agir raisonnablement en me conduisant comme je le fais. Il m'est impossible de laisser à ma mère, si longtemps, la charge de nos enfants.

Que vous dirai-je encore, cher ami? Vous êtes trop *ahuri* pour que je vous conte les petites niaiseries qui remplissent mes journées. En quittant la ville, vous avez laissé tous les caquets qu'on me mande, et je suis peut-être plus au courant que vous ; il faut donc encore se rabattre sur le cœur, beau chapitre à traiter vraiment avec un homme de cour! Cependant, certains passages de votre dernière lettre m'assurent que vous entendez encore quelque chose à cette langue. Imaginez-vous que je me suis avisée d'être émue de la manière dont vous me peignez votre émotion, en revoyant M. de Talleyrand! N'est-ce pas une folie que d'avoir toujours en soi une corde prête à répondre à tout ce que vous sentez? Ah! mon ami, vous pouvez plus sur moi, quelque éloigné que vous soyez, que toutes les présences du monde.

La famille Lameth est revenue de Spa ; leur récit a achevé de me détourner de ce voyage. Les routes sont affreuses, le village désert, et les environs beaucoup moins jolis que ceux de cette ville; je m'en tiens donc au bois d'Aix, que vous vous rappelez sans doute, et qui est vraiment délicieux, et je ne prendrai la poste que pour retrouver mon cher boulevard.

CXXXIV.

MADAME DE RÉMUSAT A M. DE RÉMUSAT,
A SAINT-CLOUD.

Aix-la-Chapelle, 14 août 1807.

Sais-tu bien, mon ami, que c'est de demain en huit que je pars pour t'aller retrouver? As-tu un peu pensé à cette *toute petite joie* que j'éprouve, en préparant mes arrangements de *fugue?* En vérité, je ne dois plus songer à me plaindre, ni du peu de jours qui me restent à passer ici, ni même peut-être de l'absence. Il y a quelque chose de si doux dans cette pensée de retour, quelque chose de si vif dans le retour lui-même, que je me sens tentée d'aimer les émotions qui ont précédé celle-ci. Mon ami, je te reverrai donc bientôt, et nos enfants, et tout ce que j'aime! Je te rapporte une meilleure santé, une vraie joie du cœur; la satisfaction d'avoir supporté avec courage cet exil, et de ne l'avoir employé qu'à en recueillir le fruit que tu voulais que j'en tirasse : voilà les compagnons de route qui me tiendront compagnie, jusqu'à ce que je trouve dans tes bras la réponse et la récompense de tous ces sentiments.

Ma mère m'a écrit qu'*Esope* n'avait pas réussi à la cour, je ne m'en étonne guère; cet ouvrage, tout bien écrit qu'il est, m'a toujours paru ennuyeux. Vous voilà retombé dans les tribulations des plaisirs; c'est quelque chose d'assez difficile que d'avoir à amuser un maître, et surtout un maître vainqueur, qui, depuis longtemps, semble avoir pris la gloire et la fortune pour ministres de ses plaisirs. Je m'imagine toujours que l'empereur doit trouver la vie de Saint-Cloud bien fade, après de si grands événements, et qu'il y a toute une moitié de lui-même qui ne sait à quoi s'occuper. Ce sont ces moments de langueur et d'ennui des grands de la terre qui consolent les médiocres comme nous. A propos de grands, je viens de lire un chapitre de Montaigne qui me plaît fort; s'il vous tombait sous la main, relisez-le. C'est celui intitulé *De la constance*. Il est plein de choses dont on fait l'application à ces vingt dernières années qui viennent de s'écouler : « Ceux qui donnent le branle à un État, dit-il, sont volontiers les premiers absorbés en sa ruine; » et puis : « Le fruit du trouble ne demeure guère à celui qui l'a semé; » et puis encore ceci : « Le meilleur prétexte de nouvelleté est dangereux. » J'ai montré cette dernière maxime à M. de Lameth; il m'a avoué qu'il pensait que Montaigne avait raison. Je vous en prie, relisez ce chapitre. J'ai été bien heureuse des bontés de l'empereur pour M. de Nansouty. Il y a quelque chose d'élevé et de grand dans toutes ces récompenses qui va fort bien avec le gigantesque des événements. Assurément la victoire est un assez beau parchemin. J'ai été un moment tentée d'écrire à M. de Talleyrand pour le complimenter; mais mon ignorance de ses nouveaux titres m'a embarrassée, dites-le-lui et présentez-lui mes hommages. Savez-vous que je commence à l'aimer beaucoup de vous apprécier comme il le fait?

CXXXV.

MADAME DE RÉMUSAT A M. DE RÉMUSAT, A PARIS[1].

Aix-la-Chapelle, ce 12 juillet 1808.

Je me suis arrangée ici pour une vie qui me fait assez bien passer le temps. Je me lève à huit heures, je bois jusqu'à dix, je me baigne en-

---

[1]. Au commencement de l'année 1808, les souffrances de madame de Vergennes s'étaient aggravées et elle succomba le 17 janvier 1808 à un mal de gorge gangreneux. Ce fut une grande douleur dans la famille et un grand changement dans la vie de mes grands-parents. La situation de madame de Vergennes était assez considérable dans le monde pour que M. Suard lui ait consacré un article nécrologique dans *le Publiciste*, éloge moins banal alors qu'il ne serait en ce temps-ci. D'un autre côté, la situation de mon grand-père s'était améliorée. Il était devenu surintendant des spectacles, et l'empereur lui donna, comme à ses collègues, une subvention pour tenir sa maison sur un pied moins modeste; ce qu'il ne fit point, précisément à cause de son deuil. L'empereur en fut irrité, ainsi que cela est raconté dans les *Mémoires*. Mes parents étaient alors dans un état de demi-disgrâce, et de demi-mécontentement. L'empereur se séparait de M. de Talleyrand, et entreprenait la guerre d'Espagne. C'est au mois de juillet de cette année 1808, que ma grand'mère partit pour Aix-la-Chapelle, accompagnée de madame de Grasse.

Voici l'article adressé par M. Suard aux rédacteurs du *Publiciste*, et publié dans le numéro du mercredi 20 janvier 1808 : « Vous » avez annoncé, messieurs, la mort de madame de Vergennes; » permettez-moi d'ajouter à cette annonce trop succincte quel-

suite, puis je viens me recoucher, et déjeuner, et paresser jusqu'à midi. Je me lève tout à fait ensuite; je lis, j'écris, je chante; M. Aldini[1] arrive, il veut bien lire de l'italien avec moi, et,

» ques détails sur une perte qui laisse de si légitimes regrets. Il
» me semble que c'est acquitter une dette que d'honorer par quel-
» ques mots d'éloges la mémoire des personnes qui ont embelli la
» société par des qualités aimables et intéressantes; c'est
» adoucir la douleur de ceux qui pleurent un parent ou un ami;
» c'est peut-être encore encourager ceux qui restent à mériter un
» jour pour eux-mêmes ces honorables témoignages d'estime et
» de regret.

» Adélaïde Bastard, fille de M. Bastard, conseiller d'État et
» chancelier de M. le comte d'Artois, était veuve de M. de Ver-
» gennes, neveu du ministre de ce nom. Son mari avait été une
» des plus innocentes victimes de la tyrannie révolutionnaire; en
» le perdant, elle perdit en même temps une fortune considé-
» rable dont elle jouissait avec noblesse, et dont elle supporta la
» privation avec une résignation sans effort.

» Douée d'un esprit naturel, piquant, cultivé par l'instruction,
» elle fut dans la société constamment gaie, spirituelle, bonne, et
» parfaitement raisonnable. Son esprit plaisait à tous les esprits,
» son caractère convenait à tous les caractères.

» Elle laisse deux filles, l'une mariée à M. de Rémusat, premier
» chambellan de S. M. l'empereur, et surintendant des quatre
» grands théâtres de la capitale; l'autre mariée à M. le général
» Nansouty. Comme elle fut la meilleure des mères, elle mérita
» d'en être la plus heureuse. Une réunion rare de qualités ai-
» mables, de talents et de vertus dans ses enfants, la récompensa
» de toute la tendresse qu'elle leur avait prodiguée, et elle trouva
» dans ses deux gendres deux véritables fils, qui partagent en ce
» moment tous les sentiments de deux filles tendres et désolées. »

1. M. le comte Aldini, ministre secrétaire d'État pour le royaume d'Italie, a laissé la réputation d'un homme très distingué.

par parenthèse, il est fort content de ma prononciation ; après cela m'arrive un maître d'anglais que j'ai pris pour m'occuper. Nous dînons à cinq heures. Le soir, nous nous promenons, nous recevons quelques visites, et, à dix heures, chacune est couchée dans notre réduit. Voilà, mon ami, comment j'emploie le temps loin de toi, afin de le passer de mon mieux. Ma collègue, qui court beaucoup, vient souvent me réclamer pour aller avec elle; mais je m'y refuse le plus que je puis sans la désobliger : mon deuil me fait élaguer les bals, et ma santé me sert d'excuse pour les grandes courses. D'ailleurs, madame de *** s'est fort associée à madame K*** cette année, et cela n'entre point dans mes arrangements. Je crois bien que ces dames me trouvent un peu sauvage et pas trop amusante; mais, si je leur cédais, je gâterais tout l'effet de mon voyage, et il me coûte assez cher pour que je ne m'occupe qu'à l'*utiliser*, comme disait M. Pasquier.

Ce que tu me dis de ta solitude me fait une vraie peine, et c'est un chagrin très vif pour moi de te savoir ainsi isolé, loin de tout ce qui t'est cher. Hélas! les autres fois, ma pauvre mère te restait, je la savais près de toi, et je me trouvais la seule à plaindre; mais l'absence, dont je sens si bien tout le poids, est tout aussi pénible pour toi cette année, et, par cela même, je souffre de tous mes regrets et de tous les tiens. Oh! que je ne voudrais jamais te quitter, mon ami, et que la vie est douce à ton côté! Que je t'aime, que tu me rends heureuse, et par combien de liens tu m'attaches à des jours que tu me fais si beaux et si bons! Comment veux-tu que je ne m'afflige pas souvent des dérangements que ma santé apporte dans une union qui serait si douce sans eux? Puis-je ne pas aimer la vie, quand ta tendresse sait si bien m'en embellir tous les moments? Sois moins aimable, et je serai moins inquiète; donne-moi le moyen d'oublier tes douces caresses, dont il faut que je me prive; enseigne-moi à moins compter sur un avenir paisible que ta tendresse me prépare, et alors je serai patiente et résignée. Va, qui m'assurerait de vivre tous les jours me rendrait au repos, et me calmerait ma pauvre tête; je ne voudrais que cette certitude : Mon ami, mon excellent ami, faire la route ensemble, et la quitter au même moment!

Si tu écris à M. de Talleyrand, parle-lui de moi, dis-lui que la vie que je mène est trop ennuyeuse pour que je risque de lui écrire d'ici, que je le prie de ne pas m'oublier, et de me savoir gré de mon silence. Je n'ai vraiment rien à dire. La vie est courte ici, et les heures fort longues; il faut y boire, s'y taire, et s'en aller dès qu'on le peut. C'est bien ce que je compte faire aussitôt que j'en aurai le congé.

CXXXVI.

MADAME DE RÉMUSAT A M. DE RÉMUSAT, A PARIS.

Aix-la-Chapelle, ce 15 juillet 1808.

Si tu avances, mon ami, toutes tes affaires arriérées, tu ne nous mets pas dans ce nombre, car tu n'écris pas très souvent. Voilà trois jours que nous n'entendons parler de personne, ni sœur, ni mari, ni Gustave, enfin on nous délaisse tout à fait, et pourtant nous aurions besoin de quelques distractions, car notre vie n'est pas très variée. Il fait une chaleur extrême; nous n'en perdons rien, parce que nous sommes au couchant sans volets; aussi cette pauvre madame de Grasse

est étendue par terre dès le matin, et elle ne bouge
plus. Je prendrai mieux mon parti qu'elle, parce
que j'aime la chaleur, que je la crois saine, et
qu'en faveur de la médecine, je lui pardonne son
incommodité. Je me porte réellement bien ici.
Je ne puis guère attribuer ce bien-être aux
eaux dont je n'ai pris encore que trois bains;
mais je crois le devoir au repos de ma vie, et
tout cela me prouve davantage à quel point je suis
faite maintenant pour ce train de campagne dont
nous avons tant parlé ensemble. Il faudra bien
que nous nous arrangions pour m'établir aux
champs quelque jour; je le souhaite de plus en
plus, et je me sens la disposition d'avoir un goût
très vif pour cette oisiveté champêtre.

Nous en sommes loin encore, et surtout toi,
qui vas reprendre ton train de cour si l'empereur[1]
revient, comme on l'annonce. Aldini, qui craint
d'être bientôt rappelé à Paris, nous quitte aujourd'hui, pour aller prendre les eaux de Spa. Je
regrette extrêmement sa société et sa conversation,
qui me paraissait instructive et agréable; nous

---

1. L'empereur, revenu d'Italie au mois de janvier, était reparti en avril pour un voyage à Bayonne, d'où il revint, par Toulouse, le 15 août.

causions fort bien l'italien ensemble, et il était fort aimable pour moi. Si tu le vois là-bas, tu lui parleras, j'espère, de mes remercîments et de mes regrets. J'ai trouvé ici un ménage hollandais qui m'est aussi une bonne ressource; le mari et la femme sont bons musiciens, nous chantons ensemble, et cela occupe un peu le temps. Je remplis le reste comme je puis; le préfet nous vient voir souvent; madame de Grasse s'y est apprivoisée; elle l'aime assez, mais c'est le seul à qui elle veuille parler; les Allemands l'ennuient. Madame K*** lui déplaît, et elle a pris ma collègue à tic. Il est vrai que je ne l'ai jamais vue si évaporée que cette année, et qu'il y a quelque chose de singulier dans le ton qu'elle a pris, et dans les principes qu'elle affiche. Elle parle très légèrement de son mari, et amène volontiers la conversation sur ce sujet; elle semblerait même vouloir aller au delà; mais je repousse doucement les ouvertures, et ne me soucie guère des confidences.

Il y a ici une pauvre femme bien malade, et qui me fait une vraie pitié, c'est madame de Mirbel[1]. Elle souffre des douleurs de tête exces-

---

1. Madame de Mirbel devait être la première femme de M. de Mirbel, le botaniste, qui épousa seulement en 1823 Aimée-Zoé

sives. Elle est seule, inquiète, fort abattue, enfin dans un état misérable; j'y vais quelquefois. Dans les premiers moments, j'ai souffert de ce triste spectacle qu'elle m'offrait ; ce mal de tête, ces souffrances, la manière de se plaindre, me faisaient mal, et me donnaient de tristes souvenirs; mais, comme j'ai vu que nos visites lui faisaient du bien, madame de Grasse et moi nous nous sommes déterminées à surmonter cette pénible impression, et nous allons lui tenir compagnie. Cette pauvre femme est toute reconnaissante de nos soins, et quand je la vois si malade, et d'un mal auquel la faculté ne connaît rien, je n'ose plus me plaindre, et je demande pardon à Dieu de mon peu de patience pour mes incommodités.

C'est aujourd'hui jeudi, je pense que tu es dans ce moment au collège auprès de notre enfant [1]. Il doit avoir bien chaud, dans sa cour sans arbres,

Lizinska Rue, célèbre par son talent de peintre de miniatures.

1. Malgré ce qui a été dit plus haut des avantages de l'éducation de famille, mon père avait été mis au collège dans le courant du mois de septembre 1807. On avait choisi le lycée Napoléon, surtout parce qu'il y devait retrouver l'aîné des fils de madame Pastoret, Amédée Pastoret, plus âgé que lui et déjà rhétoricien, et le second, Maurice, beaucoup plus jeune. Amédée Pastoret est mort vers 1860, sénateur du second empire.

et je me représente que vous vous êtes collés l'un à l'autre en vous embrassant. Que je voudrais que ce petit fût près de toi! Je vous aime assez l'un et l'autre, pour désirer que les vacances se fussent en partie passées pendant mon absence; il me semble que cette petite compagnie t'aurait très bien convenu, et que ta sauvagerie s'en serait arrangée. Mais, à propos de sauvagerie, comme elle va s'augmenter dans mon absence! Je suis bien sûre que tu ne t'avises de voir personne, et qu'à mon retour tous mes amis me demanderont de tes nouvelles; aussi, je ne te demande aucun détail sur eux, et j'attends les lettres d'Alix, pour être au fait des caquets. Il n'y a que madame de Vannoise qui ira te voir, et dont tu me donneras des nouvelles; les malheureux sont bien sûrs de te trouver, mais tu fuis comme la peste ceux qui ne te donneraient que du plaisir et de la considération.

Tandis que je suis seule, je rêve éducation, je lis des ouvrages qui en parlent; j'ai relu *Adèle et Théodore*[1] que je n'avais point rouvert depuis ma première jeunesse, et j'y ai vraiment trouvé

---

1. *Adèle et Théodore ou Lettres sur l'éducation*, par madame de Genlis, 3 vol. in-8. Paris, 1782.

de très bonnes choses. En le feuilletant j'ai remarqué un paragraphe que je veux te soumettre, et tu me diras si tu en peux faire l'application :

« Un enfant qui n'aime à parler qu'avec les per» sonnes qui ont sa confiance, celui qui se tait » devant les étrangers, qui ne bavarde qu'avec ses » parents et ses compagnons, et qui trouve en » même temps un grand plaisir à écouter les » autres, *cet enfant aura certainement beaucoup* » *d'esprit.* » Qu'en dit Votre Excellence? Il me semble qu'elle rit, Votre Excellence, qu'elle se moque de moi, et puis, ensuite, qu'elle trouve que j'ai raison.

Hier, madame de Lameth me disait : « Vous avez laissé votre mari au milieu de toutes ces actrices, et vous n'êtes point inquiète? — Non, lui ai-je répondu. — Comment, point jalouse? — Non! — Et pourquoi? — Ah! pourquoi? ah! pourquoi? je n'en sais rien; mais... mais le fait est que je ne suis point inquiète. » Et toi, mon bon ami, dis-moi donc le pourquoi?

CXXXVII.

MADAME DE RÉMUSAT A M. DE RÉMUSAT, A PARIS.

Aix-la-Chapelle, ce 17 juillet 1808.

C'est aujourd'hui surtout que j'aurais besoin de ta douce et aimable présence; mon cœur est tout serré, tout oppressé de souvenirs. Aujourd'hui 17, précisément un dimanche, aujourd'hui, il y a six mois que nous avons perdu cette bonne mère, et il faudrait quitter notre deuil. J'éprouve une sorte de douceur de m'être arrangée de manière à le garder tout le temps que je resterai ici; mais que je suis triste, et que ces six mois ont apporté peu de changement à mes regrets! Si elle vivait encore, elle serait là avec moi; peut-être ces eaux lui auraient fait du bien; peut-être lui en eussent-elles fait plus tôt, et c'est pour nous, pour notre enfant qu'elle n'y a pas été! Voilà une pensée qui me poursuit ici, et qui, vraiment, quelquefois m'accable. Hélas! tu n'es pas là pour que je te la dise, pour que je m'en afflige avec toi, et que je trouve ensuite, dans ta tendresse, une réponse et une consolation à ma douleur ! Laisse-moi donc t'écrire tristement; pardonne-moi si je t'afflige, mais ne m'as-tu pas accoutumée à te voir partager tous mes sentiments, et n'as-tu pas, de ton côté, éprouvé tout ce que j'éprouve?

Au milieu de ma peine, j'ai eu hier une pensée bien douce, c'est que ton fils est dans ce moment près de toi. Pauvre cher enfant! je voudrais pour lui que cette journée se prolongeât plus que de coutume, et moi, qui aime tant à voir arriver la fin de celles que je passe ici, je ne presse point mes heures aujourd'hui, et il me semble que j'éprouve une sorte de repos, en me répétant que vous êtes ensemble. Cher ami, qu'il est pénible de vivre loin de toi, et que c'est bien toi qui me fais aimer mon existence ! Conserve-toi bien, soigne-toi, mon ami, aime-moi, dis-le-moi, écris-le-moi; enfin, ne perdons aucun de ces moments si courts qui nous sont accordés pour nous aimer. Ma santé est bonne, je prends toujours ces eaux doucement; elles me font du bien, et je suis fort contente de mon médecin, qui paraît m'entendre comme je le souhaite. Je crois bien que le repos contribue autant que les remèdes à ce mieux; tu ne peux imaginer une vie plus rangée que la mienne; tout est réglé, tout mesuré; madame de Grasse est excellente, et ce calme, cette absence de douleur, cette bonté de ma compagne, et le petit nombre des occupations que je me suis faites, tout cela fait que je ne m'ennuie pas. Je m'attriste de ne pas te voir, je m'afflige quelquefois, comme aujourd'hui; mais, je te le répète, je ne m'ennuie pas, et je ne rêve plus que liberté et campagne.

Nous sommes aussi fort soignées par le préfet; il est d'une politesse tout aimable pour nous. Ce sont des attentions journalières qui ajoutent des commodités à notre petit ménage, et qui ravissent madame de Grasse. Il cause bien, il nous soigne, *il nous trouve aimables,* il dit du bien de toi; enfin, il faut bien qu'il nous plaise. Je m'arrangerais fort de ne voir que lui; et je mets toute mon habileté à éviter les rassemblements bruyants que ma collègue recherche beaucoup plus cette année que l'année dernière. Sa santé paraît très bonne; elle l'a mise à des épreuves dont elle se tire merveilleusement, et qui me feraient, à moi, beaucoup de mal. Elle veille, elle danse, elle court sans cesse, je la laisse faire; quand elle se soucie de moi, elle me trouve, et, à présent, elle est toute rangée à ma vie solitaire. L'année dernière, je me dévouais un peu plus à ses fantaisies; mais d'abord j'étais seule, et je ne puis laisser madame de Grasse; et puis je me rappelle toujours qu'elle m'a, à peu près, plantée là, à la fin du dernier voyage, et qu'elle ne m'a guère vue cet hiver, et j'ai renoncé avec elle au métier de dupe. Je vais la voir tous les jours, je cause avec elle tant qu'elle veut; mais, quand elle sort, je rentre, et je reviens auprès de mon excellente compagne, qui me soigne avec une tendresse qui me touche jusqu'au fond du cœur.

Afin de m'occuper, je me suis mise à l'anglais, et je t'assure que je l'apprends sérieusement. M. de Lameth prétend que je m'accable de travail, comme si j'avais dit qu'il fallait absolument que j'avale Aix-la-Chapelle, soit en bols, soit en pilules. Il a bien un peu raison, mais ce moyen me réussit. J'ai trouvé ici un bon maître; c'est un Anglais qui ne sait guère qu'un petit nombre de mots français, et encore les prononce-t-il d'une manière si inintelligible, qu'il est encore plus facile, avec de l'attention, de l'entendre dans sa langue. Il me fait parler, il me parle, il me casse la tête, et je crois bien qu'il doit finir par très bien montrer. Il a quelque envie d'aller à Paris, et, si cela lui arrivait, je continuerais de prendre ses leçons que je trouve bonnes. Cette étude ne laisse pas que de me prendre du temps, et, ici, je le jette à qui veut le prendre. Oh! le temps, le temps, qu'il va lentement dans le détail, et cependant comme il nous entraîne rapidement! Je le pousse, je le presse follement, et tout cela pour arriver peut-être à des chagrins qui m'attendent, et ensuite à la fin de tout. Et pourtant, mon ami, la vie est si douce avec toi! Tiens, je te l'ai déjà dit, tu me fais trop aimer la vie.

CXXXVIII.

MADAME DE RÉMUSAT A M. DE RÉMUSAT, A PARIS.

Aix-la-Chapelle, ce 20 juillet 1808.

Je ne t'ai écrit hier qu'un mot, mon aimable ami; il était six heures du soir, il fallait que les lettres partissent, et, ce qui t'étonnera peut-être, je n'avais pas eu un moment à moi dans ma journée. Tu sais que M. de Lameth prétend que je prends Aix-la-Chapelle en pilules, et le fait est que la peur de m'ennuyer, ou plutôt de m'attrister, me porte à multiplier mes occupations, d'une manière presque folle. J'ai un peu l'air d'une petite fille qui commence son éducation, et je ne suis plus guère d'âge à apprendre du nouveau. Peut-être serait-il plus sage de travailler sur ce que je crois savoir; mais, enfin, le nouveau m'applique et m'occupe davantage. L'important est de presser l'absence, et de la finir s'il est possible; ainsi, je continuerai comme j'ai commencé, je ferai des gammes et des roulades, je me casserai la tête sur l'anglais, et je t'écrirai après, pour mon repos et ma récompense.

J'ai reçu, hier, ta lettre du 14; elle m'a tout attristée de ta tristesse. Tu t'ennuies, mon ami, et j'en suis fâchée; je n'ai jamais besoin de cette preuve de ta tendresse. Tu sais bien qu'il ne serait pas maintenant en ton pouvoir de me faire douter de ton cœur, et on pourrait m'écrire de tous côtés que tu te divertis du matin au soir, en mon absence, sans que je fusse, un moment, tentée de craindre un peu de refroidissement. Mais cette douce confiance que tu m'inspires, tu dois me la rendre de ton côté; il est bien vrai que je t'aime tous les jours davantage, et tous mes sentiments sont dans mon cœur bien loin de celui que tu m'inspires. Je te l'ai déjà bien dit, je te l'ai écrit, j'aime à te le répéter sans cesse ; j'aime à te trouver dans mes pensées, dans mes regrets, dans mes désirs, dans ce que j'ai de bon dans l'esprit, de mauvais dans la tête que j'ai gardé, parce que tu m'as supportée telle que j'étais, et dans cet abandon avec lequel j'aime à te répéter que je te dois tout. Je sens qu'il me plaît de me livrer ainsi tout entière à toi, en avouant qu'il ne me resterait aucune excuse, si jamais le plus léger nuage venait obscurcir les jours si doux et si purs que tu me fais.

J'ai écrit à notre enfant hier, j'ai craint que ma lettre ne fût un peu grave; il me semble que j'étais en train de faire la mère; tu liras cette épître, et tu la donneras si tu veux, ou tu trouveras moyen qu'il la lise devant toi, afin que tu sois sûr qu'il la comprenne. Il y a de la gaieté et du naturel dans ses lettres; elles m'amusent, et elles auraient bien amusé sa pauvre grand'mère. Qu'il est dur de ne l'avoir plus pour témoin des progrès de cet enfant! Quelle perte j'ai faite, et que je la sens! Pardonne-moi si je reviens sans cesse sur ce triste sujet; je sens bien qu'il faut tâcher de briser ces tristes pensées, mais le moyen, et surtout avec toi, qui partages si bien ce que j'éprouve? Eh bien, n'en parlons plus, mais pensons-y souvent, et que notre enfant ne l'oublie jamais!

Ne me loue pas tant du silence de madame ***, car il n'a pas duré; je n'ai rien fait pour le rompre, peut-être même, au contraire, avais-je trop l'air de repousser la confidence. Le hasard, un mot, a amené une confession entière, et, quoique tu en dises et que le monde en juge, il y a plus de malheur que de tort, dans cette affaire. Elle avoue ses imprudences, elle sent le danger de sa position, mais il y a eu des scènes affreuses. Le mari lui-même demande le divorce, la famille l'approuve, et dit bien qu'il n'y a pas de moyen d'accommodement. L'avenir, ajoute-t-elle, la justifiera peut-être; elle vivra retirée, seule. Elle n'a pas pu penser, un moment, au mariage; elle ne s'étonne pas que le monde l'ait cru; elle était affligée que je pensasse comme d'autres, elle craignait ma sévérité. Mais, cependant, elle me prie de ne pas juger les autres par moi: je suis trop heureuse pour n'être pas indulgente, et il serait généreux à moi de ne pas retirer un appui à une personne, imprudente peut-être, mais bien malheureuse, et qui n'a pas une faute grave à se reprocher. Mon ami, elle a raison, *ma vertu* me coûte trop peu de peine pour me rendre vaine; je te la dois peut-être aussi comme tout le reste, et je plains celles qui n'ont pas eu, comme moi, le plus aimable ami dans le compagnon de leur vie. J'ai répondu à tout cela comme je devais; j'ai toujours blâmé le divorce, j'ai paru attristée qu'on l'ait cru indispensable, mais j'ai hasardé un conseil. J'ai dit : « Quand une femme est assez malheureuse pour » être forcée de braver les préjugés reçus, il faut » encore qu'il paraisse qu'il lui en a coûté. Pour ne » point paraître humiliée, vous prenez quelquefois » le langage de l'audace; et ce langage ne va jamais » aux femmes. Permettez-moi de le dire : il faudrait » que vos regards, vos paroles, vos actions fussent » encore plus retenus que dans une autre femme. » On ne nous pardonne point de braver l'opinion ; » et malheur à celle qui, après avoir commis une » faute grave, s'aviserait de vouloir la soutenir » par de faux principes ! » Elle m'a écoutée avec douceur, et elle m'a dit que, peut-être, j'avais raison, mais qu'elle avait une fierté naturelle qui l'entraînait. Enfin, mon ami, j'ai été contente de cette conversation, et de la douceur avec laquelle elle se soumettait à ma censure : « Je sais bien, » m'a-t-elle dit, « que, dans le monde, vous ne » pourrez pas me défendre, mais promettez-moi » de ne croire que ce que je vous dirai. » — « En » essayant de vous défendre, lui ai-je répondu, ce » serait un moyen de vous faire attaquer encore. » Mais je puis ne pas souffrir qu'on parle de vous » devant moi, et le moyen m'en sera doux et facile, » puisqu'il ne sera nécessaire que de laisser voir » mon amitié pour vous. » Elle a paru touchée, elle m'a embrassée. Je la crois vraie, cher ami, et j'aime mieux être trompée de cette manière, si tant est que je le sois, que de me défier d'une confiance que je n'ai point cherchée. Je crois qu'elle a envie d'être sage; mais je n'ose pas, comme elle, répondre de l'avenir; elle est bien violente, bien jeune, bien belle, et sa route est trop glissante.

CXXXIX.

MADAME DE RÉMUSAT A M. DE RÉMUSAT, A PARIS.

Aix-la-Chapelle, 24 juillet 1808.

S'il ne m'arrive point de malencontre, j'ai toujours le projet de partir d'ici le 20 d'août, c'est-à-dire dans moins d'un mois. A peine si j'ose m'arrêter sur cette idée ; il me semble qu'il est plus difficile de sortir de ce lieu que d'un autre, non point assurément que le plaisir y retienne. M. de Lameth a beau être le plus aimable, le plus poli du monde, la vie est assez ennuyeuse, et précisément ce qu'on invente pour se divertir est presque toujours ce qui y dérange le plus. Ce sont ces concerts donnés par de pauvres diables qui profitent du séjour des étrangers ; c'est la musique, la plus ennuyeuse ; c'est un assez mauvais spectacle, des courses dans les environs dans de mauvaises calèches bien dures, des parties de dîner sur l'herbe fort mal à l'aise avec des personnes que je ne connais guère, ou que je ne veux pas connaître, etc., etc. ;

des rassemblements avec d'éternelles parties de wisht. Ce que je préfère assurément, c'est de rester chez moi. Je ne suis pas de force aux grandes courses, et je ne m'ennuie point du tout avec madame de Grasse, qui me soigne, qui me gâte, qui m'écoute dans ma tristesse, dans mes inquiétudes, dans mes affections, dans tout ce qui tracasse ma tête ou occupe mon cœur.

Cette manière de vivre me donne ici une petite réputation de sauvagerie qu'on attribue au chagrin que je porte avec moi. Elle surprend cependant madame ***, qui est à l'autre bout de la corde; elle ne pose point à terre, fait tous les jours des parties, court après tout ce qui porte ici le nom de plaisir, et se fâche quelquefois de ne pouvoir m'entraîner à rien. Cette jeune femme me met dans une position étrange; tu vas dire : « Ma chère amie, je te le répète encore, elle ne te convient pas; » et j'avouerai que tu as raison. Mais ce n'est pas par sa conduite dans les événements importants de sa vie; ce n'est point par ses torts, par l'éclat qu'elle va faire ; c'est par la couleur que son caractère donnera à tout cela. Elle est légère et imprudente; oisive, et par conséquent un peu médisante; sa conversation est une suite d'anecdotes scandaleuses sur la société, et, pour n'en pas perdre l'habitude, elle s'informe, même ici, de toutes les petites intrigues, vraies ou fausses, des femmes de la ville. Tout cela me déplaît; aussi, par goût, ne la rechercherai-je jamais, tandis que sa position, les larmes très sincères que je lui ai vu répandre, la franchise avec laquelle elle m'a parlé, la douceur qu'elle a mise à m'entendre, tout cela m'a inspiré de l'intérêt pour elle, et me gêne dans un autre sens. Je crois ne me tromper ni sur ce qu'elle a de bon, ni sur ce qu'elle a de mal; mais le bon est tel, que je ne dois pas paraître l'abandonner; car il m'est clair qu'elle recherche mon appui, et le mal qui, après tout, n'en serait peut-être point avec une autre, m'est une preuve que jamais cette liaison ne me conviendra. Elle partira, je crois, plus tôt que moi, et je t'avouerai que je ne serai point fâchée de la voir s'éloigner. Madame de Grasse, qui l'a prise en grippe, dit qu'elle n'arrive jamais que pour nous déranger, ce qui est un peu vrai.

Je travaille toujours l'anglais, et mon maître est réellement content de moi; cela m'amuse assez. Ce qui m'amuse encore plus, c'est la correspondance de Voltaire, que j'ai retrouvée ici. A son aigreur près contre la religion et tout ce qui y tient, qui défigure quelquefois son style par l'âcreté et l'indécence de ses expressions, je trouve que ses lettres sont un vrai modèle, et mes lectures très amusantes; et même elles me raccommodent avec lui. Je lisais, hier, cette phrase sur la vie, qui m'a paru jolie : « La vie, dit-il, est un enfant qu'il faut bercer doucement jusqu'à ce qu'il s'endorme. » Ne touves-tu pas que ce temps-ci est assez plein de gens qui, au lieu d'agiter doucement leur enfant, passent leur temps à le culbuter, dans la crainte, peut-être, qu'il ne s'endorme trop vite ?

CXL.

MADAME DE RÉMUSAT A M. DE RÉMUSAT, A PARIS.

Aix-la-Chapelle, 30 juillet 1808.

Tu vas avoir ce soir ton garçon; je m'en réjouis dans mon coin, et ce samedi et ce dimanche me font plaisir à passer. Après cela, tu l'auras pour plus longtemps. Mais pourquoi t'inquiètes-tu de ce petit? Aussitôt son arrivée, c'est-à-dire dans la huitaine, que ne fais-tu avertir M. Capdeville[1]? Que ne l'établis-tu avec ton fils dans ta chambre à coucher, où ils liront et travailleront? Après cela, on lui laissera de l'ouvrage pour l'après-midi, et puis tu trouveras bien une heure dans le jour pour vous promener ensemble. Je pense qu'il est important qu'il ne perde pas l'habitude du travail, et, si on lui en donne beaucoup, on pourrait le faire lever de bonne heure, comme au collège. Il mangerait, en s'éveillant, un morceau de pain, travaillerait, déjeunerait avec toi à onze heures, et dînerait comme à l'ordinaire. Vois, mon ami, si cela te convient, et cause un peu avec ce Capdeville. Il n'y a que dans le cas où l'empereur reviendrait et irait quelque part que je ne sais ce que notre pauvre enfant ferait. Encore, sauf meilleur avis, je crois que j'aimerais mieux qu'il restât à la maison avec ce Capdeville, auquel on le recommanderait, en ayant soin de régler son régime, parce que, chez ma sœur, il y aurait du désordre dans les repas; elle aurait seulement la bonté de venir le prendre ou de l'envoyer chercher, après

---

1. M. Capdeville était un ancien abbé que mon père eut pour répétiteur pendant les vacances de 1808.

les études, pour l'amuser et le distraire un peu. Arrange tout cela, cher ami, jusqu'à mon retour, que je hâterai le plus que je pourrai. Je pense toujours au 20 août ; mais je n'ose encore rien fixer de si loin, et j'attends avec le plus de patience que je puis.

Dans ce moment, je ne me porte pas mal. Le pauvre préfet d'ici n'en peut pas dire autant. Sa santé est dans un triste état : il a la fièvre tous les jours, et de grandes douleurs dans le foie ; il garde même la chambre depuis cette semaine, et nous allons tous les soirs jouer au *quinze* auprès de son fauteuil de malade. Ils ont beau dire là-bas, il est aimable, cet homme, et très bon homme, à présent. Je ne réponds point du passé, mais son présent me plaît fort. Je crois que notre nouvel engouement pour lui fait dire dans le faubourg Saint-Honoré de beaux vers à notre louange. Le cousin [1] a déjà

1. Voici une note de mon père qui éclaircira ce passage : « M. de Lameth était un des hommes les plus mal vus dans notre société, généralement contre-révolutionnaire, quoique très imprégnée des idées de la Révolution. Ma mère, en ayant sur les personnes et les faits de la Révolution toutes les préventions d'une fille de condamné de 1793, avait un fond de libéralisme naturel et d'impartialité qui la rendait plus indulgente et plus juste, surtout quand elle rencontrait de l'esprit. »

écrit des injures à madame de Grasse; je crois bien qu'Alix se moque aussi de nous; mais nous sommes décidées à tout braver, et à aimer à tort et à travers, au mépris des difficiles, tout ce qui nous paraîtra aimable et nous aimera. Au reste, comme ceci ne se passera pas tranquillement, tu peux te figurer d'avance de belles disputes, qui feront le pendant de celles de ce printemps, au sujet d'une autre de mes affections[1]. A propos de celle-là, est-ce que tu ne lui écris pas? est-ce que tu n'en entends point parler? est-ce qu'elle ne sortira pas de son château? Ce qu'on avait répandu là-bas est venu jusqu'ici, mais je n'en crois rien.

Il pleut horriblement ici; cela me contrarie beaucoup, parce que cela dérange mon *goût* pour la promenade; aussi, je me console en passant dans mon lit la moitié de ma matinée; il est vrai que j'en faisais à peu près autant, la semaine dernière, par le beau temps. Mais, enfin, je voyais le soleil qui m'égayait, et, quand il pleut, Aix-la-Chapelle est d'une tristesse mortelle. Ce sont tout de suite des airs du mois de décembre, du vent, du

---

1. M. de Talleyrand.

froid, un ciel bas et gris, et pas un chat hors de la maison. Quand l'horizon s'éclaircit, et que les chats sortent, cela n'est guère plus amusant. Mon enfant, je ne veux point de préfecture; tu me pardonneras ce dégoût, mais je vois qu'elle m'ennuierait extrêmement. Les assemblées, les bavardages, l'oisiveté des femmes, la nullité des hommes, tout cela est mortel; non, je ne veux point de préfecture, mais bien d'une belle et bonne terre à vingt lieues de Paris, où nous passerons six à sept mois de l'année, quelquefois avec du monde, le plus souvent seuls, toi, mon fils, madame de Grasse, Alix allant et venant, Bertrand, ou quelques autres garçons. Si je me porte mieux, je me promènerai; sinon, j'ai déjà dans la tête un modèle de fauteuil roulant dans lequel on me traînera partout; je planterai mon jardin, j'aurai des fleurs, et une petite chaumière, une jolie vue, avec un canapé et mon écritoire; j'irai voir traire mes vaches, et dénicher mes œufs; je vous ferai du bon beurre; je ferai dans le village une petite école pour les petites filles; j'aurai ma pharmacie pour les malades; je visiterai tout cela; je rentrerai pour dîner; après le dîner, nous ferons de la tapisserie pour le salon; vous vous promènerez avec Charles et Gustave; j'irai chez moi visiter les chers manuscrits, et, le soir, nous lirons et nous jouerons, parce que je veux me mettre à aimer le jeu. Eh bien, que dites-vous de mon projet? Est-ce que cela n'est pas très bien arrangé? Allons, mon ami, vite une terre, afin qu'à mon retour, je ne fasse que traverser Paris, pour aller vous joindre tous. Je suis bien sûre que vous m'attendrez, au moins, au bout de l'avenue. Adieu, cher ami; je t'embrasse, et j'aurai bien du plaisir à te retrouver, même sur mon boulevard.

CXLI.

MADAME DE RÉMUSAT A M. DE RÉMUSAT, A PARIS

Aix-la-Chapelle, 3 août 1808.

Il m'a pris une folie de musique qui ne me sert pas mal à remplir mes journées; et j'ai été fort secondée dans cette fièvre par deux jeunes élèves du Conservatoire qui nous sont tombés ici, et dont l'un a le plus beau talent sur le piano. Il accompagne de plus parfaitement; et, avec son camarade qui chante, madame K***, un Hollandais très fort, et votre servante, nous avons fait de très bonne musique. Je suis très fâchée que ces jeunes gens soient engagés pour Hambourg, cet hiver; j'aurais beaucoup aimé à les retrouver à Paris; il est vrai que ma mélomanie serait peut-être finie, car elle ne tient pas contre ma souffrance. C'est vous dire, cher ami, que ma santé est assez bonne; je suis contente des eaux, je commence à ne pas espérer d'elles grand'chose pour l'avenir; mais il m'est bien prouvé qu'elles me soulagent dans le moment où je les prends, et je leur en sais gré, car l'absence et le mal, ce serait trop!

Quand je ne joue point, et que je ne fais point de musique, je paresse dans ma chambre, ou je lis et je travaille à mon anglais, qui m'amuse comme la nouveauté. Je n'écris guère. « Quoi! madame, pas le plus petit manuscrit? » Non, monsieur; j'ai les bras et les jambes coupés par cette pensée que vous tenez maintenant dans vos mains mes pauvres œuvres que Joséphine a honorées de maroquin; j'en ai du regret, parce que je suis sûre que cette grande écriture, et cette dorure éclaireront toutes les fautes que mon griffonnage me dérobait, et qu'après avoir subi votre juste et trop éclairée censure, je voudrai tout recommencer.

J'ai fini la correspondance de Voltaire, c'est-à-dire que je l'ai plantée là, aux Calas et aux Sirven, qui m'ennuyaient. Je lis maintenant Gulliver, par le conseil de madame de Vintimille, et, après ne l'avoir lu, autrefois, que comme un conte fait pour amuser les enfants, je suis confondue, à présent, qu'on ait osé imprimer une censure aussi violente de toutes les institutions humaines, et surtout du gouvernement du pays dans lequel il a été fait. Si M. Bertrand ne l'a pas ouvert depuis longtemps, dis-lui que je l'engage à refaire cette lecture, qui est vraiment amusante. L'abbé Morellet a quelque raison d'être si attaché à Swift; j'ai découvert que c'était un homme de beaucoup d'esprit.

Ce qui m'a divertie dans la correspondance de Voltaire, c'est de retrouver là tous les débuts de ces vieux philosophes, maintenant si déchus de leur folle vanité. Cependant, cet excès d'imprudence avec laquelle on voit qu'ils s'efforcent de creuser l'abîme où nous avons roulé avec eux, fait quelquefois serrer le cœur, quand on sait à quels malheurs ils nous ont conduits. Ah! comme ils se trompaient dans leur orgueil et dans leur vaine science! Dans une lettre à un de ses *enrôlés*, Voltaire écrit : « Instruisons le peuple, et nous servirons tous les pays. Grâce à nous, Cromwell ne réussirait plus en Angleterre, et le cardinal de Retz ne pourrait plus faire supporter les barricades. » Et la Révolution a prouvé à quel point nous savons nous défendre des barricades !

Je reçois une lettre de madame Devaines, fort gaie, mais où elle se donne trop beau jeu sur ce qu'elle appelle *mes folies* et *sa raison*. Elle mériterait que je me permisse un jour de lui dire son fait; car, enfin, elle prend sans cesse l'indifférence pour la sagesse, et la modération devient facile et peu méritoire à qui ne se soucie de rien. Elle me mande que M. de Talleyrand est fort triste à Valençay, et qu'il regrette toujours son neveu; si cela est, je regrette encore plus de n'être pas près de lui; peut-être aurais-tu dû lui proposer d'aller le voir. Je suis bien sûre que ta visite lui aurait fait du bien et du plaisir; il me semble qu'il y a longtemps qu'il n'a vu figure humaine. S'il est malheureux, voilà que j'ai quelque envie de lui écrire; mais j'ai peur qu'il ne soit trop tard, et que ma lettre n'arrive au moment du retour de l'empereur. Toutes réflexions faites, je n'écrirai point, et, à mon retour, je le querellerai un peu.

CXLII.

MADAME DE RÉMUSAT A M. DE RÉMUSAT, A PARIS.

Aix-la-Chapelle, 12 août 1808.

Il faut convenir que je suis une bien bonne personne. Je t'ai un peu grondé avant-hier, et cela m'a mise mal à l'aise toute la journée d'hier, et cependant j'avais raison d'être mécontente, et, mon ami, c'était mal à toi de m'avoir causé ce petit chagrin. Après tout, c'est toi qui m'as rendue si difficile, qui m'as habituée à tant de délicatesse dans l'amour, à tant de confiance. Dans une union comme la nôtre, tout est senti, tout est apprécié; et les légers nuages qui s'élèvent entre nous seraient, à coup sûr, le beau temps de tous les autres. Je suis bien contente de ce que tu me dis de notre enfant, et de ce qu'en pense Muzine; il a raison sur cette sorte de timidité qui nuit un peu à ses succès; je ne sais si l'éducation de collège doit l'augmenter, ou la diminuer; je n'ai aucune idée là-dessus, et je suis prête à me soumettre à ce que tu en penseras. Je ne compte guère sur un prix pour lui ; mais je vois qu'il l'a à peu près mérité, et c'est bien assez pour moi ; j'ai une grande joie dans le cœur, quand je me dis que je vais le revoir bientôt, et que nous avons gagné ce temps des vacances, après lequel je soupirais tant. Mon ami, sais-tu bien que je compte partir de lundi prochain en huit, c'est-à-dire dans dix jours? Je n'ose presque pas le dire tout haut, de peur que quelque malin génie ne m'entende, et ne m'envoie quelque retard comme l'année dernière; jusqu'à présent je me porte bien, et j'espère rapporter un peu plus de santé à Paris. Paris! si tu savais avec quel plaisir je prononce ce nom! Comme j'aime à me représenter mon retour dans cette grande ville, et près de toi! Je ne crois pas avoir jamais tant désiré la fin de l'absence que cette année. Avant le malheur que nous avons éprouvé, je supportais mieux encore, ou moins mal, cet éloignement de tout ce que j'aime; mais, à présent, le fond de mon âme est trop triste pour que je n'aie pas besoin de voir et de jouir de tout ce qui me reste, et ce qui me reste est si bon, si aimable et si aimé!

Nous commençons ici nos préparatifs pour la

fête de l'empereur. M. de Lameth, dont la santé s'est un peu raffermie, orne sa maison, et va nous donner un bal. Tu auras aussi de ton côté quelque fête, car tout annonce que l'empereur sera revenu à cette époque. J'espère qu'alors tu verras M. de Talleyrand, et que tu lui parleras un peu de moi. Je t'assure qu'il est bien dans le nombre des personnes que j'aimerai à retrouver.

J'ai reçu une grande lettre de M. Bertrand, la plus aimable du monde. Si nous étions plus souvent loin l'un de l'autre, nous ferions à nous deux des correspondances énormes. Avec mon goût pour l'écriture, et le nombre d'idées que la moindre chose fournit à sa très féconde imagination, nous ne finirions plus. Il me paraît dans le ravissement de la Comédie-Française. Il ne veut plus aller qu'au spectacle; il m'y donne rendez-vous; on y est bien, la comédie est excellente, les acteurs parfaits, les pièces charmantes; enfin, c'est une vraie passion, avec toute la vivacité de la nouveauté. Si on nous laisse un peu tranquilles à mon retour, je ne demanderai pas mieux que d'aller y passer mes soirées avec lui. Mais ce que j'aimerais encore plus que tout cela, c'est mon cher château, où je viendrais bien passer cet automne. Ce matin, on m'a apporté deux œufs frais ; madame de Grasse et moi, nous nous sommes écriées en même temps : « Ah! si nous étions dans notre château, nous aurions été chercher nos œufs dans notre basse-cour! » J'aurais besoin que tu me dises si tu me conseilles d'acheter des moutons d'Espagne; madame de Grasse veut absolument que nous ayons un troupeau; crois-tu que ce soit encore une bonne spéculation?

CXLIII.

MADAME DE RÉMUSAT A M. DE RÉMUSAT, A ERFURT [1].

Paris, dimanche, 25 septembre 1808.

Je t'écris, mon ami, à six heures du matin, de mon lit ; je vois notre enfant qui ne s'est pas encore réveillé, et je songe, avec une douleur que je ne puis t'exprimer, que, dans huit jours, il ne sera plus là, et que je me retrouverai toute seule

1. Ma grand'mère était revenue à Paris à la fin d'août, et un mois après, le 22 septembre, l'empereur partait pour Erfurt, avec son premier chambellan, chargé d'organiser dans cette ville les célèbres représentations de la Comédie-Française, qui y réunissaient, a-t-on dit, un *parterre de rois*. Tout le monde connaît le mot de cet insolent qui disait : « Ce n'est pas un *parterre,* mais une *plate-*

pour soutenir le chagrin que va me faire cette séparation. Le pauvre enfant en souffre autant que moi. On ne nomme pas son collège que les larmes ne lui viennent aux yeux, et il me caresse avec une tendresse qui m'attriste et me désole. La vie d'une pauvre mère se compose de bien des sacrifices. Dès que nos enfants ne sont plus des enfants, il faut renoncer à tout pour nous autres, et marcher en avant avec eux, sans nous compter pour rien. Je tâcherai d'être assez forte pour imposer à des larmes dont je n'ai nul besoin ; mais tu peux te faire une idée de ce que j'éprouverai, en le remettant dans cette maison, et en rentrant dans la mienne. Hélas ! mon Dieu, elle sera pour moi tout à fait vide. L'année dernière, j'étais sûre au moins que mes faiblesses maternelles y seraient entendues et partagées ! Cet automne-ci est bien triste pour moi ; il est marqué par des souvenirs douloureux qui me désolent, et je suis si triste dans certains moments, que, quelque bonne que me fût ta présence, je ne suis pas

---

bande. » Il semble que l'empereur imposât à tout le monde son infatigable activité, car, entre le 28 septembre et le 13 octobre, en quinze jours, on a représenté à Erfurt : *Cinna, Andromaque, Britannicus, Zaïre, Mithridate, Œdipe, Iphigénie, Phèdre, la Mort de César, Rodogune, Rhadamiste, le Cid, Manlius* et *Bajazet.*

fâchée que le hasard t'ait éloigné de moi ; tu as trop d'affaires maintenant, pour que nous puissions nous entretenir ensemble des regrets que nous conservons tous deux, et je souffrirais encore de penser que j'attriste le peu de moments que tu peux me donner.

Je me suis assez bien portée hier ; c'est ainsi, je crois, qu'il faut que je donne de mes nouvelles, et je m'accoutume assez à ne plus compter sur ma santé, c'est-à-dire sur une bonne santé, que pour des moments. Ils disent tous que mon état n'a point de danger, mais qu'il ne peut guère changer ; il faut donc s'habituer à toutes ces petites douleurs, et prendre son parti sur toutes les privations qu'elles m'imposent. Je suis assez contente de moi sur cet article, et je commence à ne plus souhaiter autre chose que ce que je puis faire. La nécessité est le meilleur professeur de la grande université.

Je n'ai pas grand'chose à te conter depuis ton départ ; les heures se sont passées assez lentement, et sans beaucoup d'intérêt. Les théâtres vont. Trajan a fait plus de sept mille francs ; mademoiselle Leverd a joué deux fois. On dit Fleury malade, et se retirant à la campagne. J'ai été voir *Scarmen tado*[1] ; c'est bien la plus mauvaise rhapsodie, et la plus ennuyeuse. Je ne crois pas que l'Odéon me voie beaucoup; on peut trouver de l'ennui plus près de chez soi.

Charles est réveillé maintenant; il saute autour de moi; il compose en faisant des culbutes sur son lit. Il vient de faire un assez joli couplet sur Molière, dont il avait eu l'idée, hier, en sortant de *Scarmentado*. Dans la voiture, il chantait entre ses dents, sans vouloir qu'on lui parlât; et, rentré à la maison, il n'était pas possible de lui persuader de se coucher, tant le feu de la composition le tourmentait! Enfin, il s'est endormi sur un hémistiche dont il m'a saluée tout à l'heure, en s'éveillant.

CXI.

MADAME DE RÉMUSAT A M. DE RÉMUSAT, A ERFURT.

Paris, ce mardi 27 septembre 1808.

Si je ne craignais que tu ne fusses inquiet de nous, mon ami, en ne recevant point de lettres,

1. Comédie de Lemercier.

je crois que je ne t'écrirais pas, jusqu'à ce que le jour de la rentrée au collège fût passé. Je suis si triste, que je ne puis guère te parler d'autre chose que de ma tristesse, et c'est avec une sorte de remords que je t'envoie mon chagrin, au travers de tout ton tracas. C'est donc lundi prochain que nous nous séparons; vraiment, je ne comprends pas comment je supporterai cette séparation, comment je verrai la porte se retourner sur lui, et comment je rentrerai chez moi. La vie est bien courte pour tant de chagrins et de contradictions, et les mères sont bien faibles pour tant d'efforts ! Je voudrais pouvoir te parler d'autre chose, mais mon cœur est trop plein pour que je quitte ce sujet; je crois que je n'ai jamais tant aimé mon fils que cette année; jamais aussi il n'a été si caressant pour moi; enfin, rien n'y manque pour que je souffre par tous les points sensibles de mon cœur.

Que veux-tu encore? Je ne mène pas une vie qui puisse me distraire, ni me fournir quelque autre chose à te dire. Je reste beaucoup chez moi, je ne vois que les personnes que tu sais, et les jours passent assez lentement, sans que j'ose souhaiter de voir arriver le lendemain. Je ne sens plus en moi ces désirs de campagne qui m'animaient cet été, pendant mon exil. Je ne fais pas un projet, je ne souhaite pas de quitter Paris. Il me semble que je tiens, avant tout, à ces murs qui vont renfermer mon fils, et, si ma pauvre santé ne me permet pas d'aller souvent le voir, toute mon ambition se bornera, je crois, à avoir un petit entresol auprès du lycée, pour ne plus voir entre nous un grand espace qu'il me serait quelquefois impossible de franchir. Tu vois que me voilà encore revenue sur ce sujet; il y a quelque chose de plus fort que moi qui m'y ramène toujours. Tu vas me trouver bien faible, j'en conviendrai avec toi; tout ce que je puis, c'est de ne rien témoigner à Charles de mes regrets, et je le fais avec le plus grand soin. Je crains ses larmes, et j'évite tout attendrissement.

La pauvre madame de Grasse a bien de la peine à envoyer son fils à la mer; le ministre de la marine m'a refusé net ce que je lui avais demandé. Gustave est vraiment irrité des obstacles qu'il rencontre, et, en effet, il devrait être plus facile d'obtenir d'aller se faire tuer.

J'ai été avant-hier à Tivoli, assister au dîner qu'on y donne aux troupes chaque jour; je m'y suis amusée[1]. Les tables sont bien servies, les soldats sont gais et pourtant paisibles ; des femmes, des enfants, se promenaient au milieu d'eux, sans qu'il se passât le moindre accident ; on entendait des cris de : « Vive l'empereur ! » d'une table à l'autre, et tout cela avait l'air fort joyeux. Charles s'est fort amusé de ce spectacle et des divertissements qu'on leur a donnés, après le repas.

J'ai été aussi, hier, à la première représentation de *Ninon*[2]. Cette petite pièce a réussi, et le méritait ; il y a un peu de manière et de recherche dans le style, mais c'est joli et passablement joué.

Voilà presque les deux seules fois que je suis sortie. Ce matin, je vais à la Malmaison, où l'on dit que l'impératrice se porte bien et s'amuse ; j'espère qu'on en fait de même là-bas. Fais-moi donner des nouvelles de ta santé. Tu verras M. Edmond de Périgord, qui te donnera des miennes ; il a eu la bonté d'envoyer chez moi, et je l'ai vu hier chez sa sœur, au moment où il partait. J'ai donné à dîner, vendredi, à madame de Vintimille, M. Pasquier, Bertrand, l'abbé Morellet et

---

1. On donnait successivement des fêtes et des banquets aux régiments qui passaient à Paris.
2. *Ninon chez madame de Sévigné*, opéra-comique de Dupaty.

Picard. Je ne pense pas que vous vous amusiez là-bas, à passer vos après-midi comme nous avons passé celle-là; ç'a été un feu roulant de dispute. M. Pasquier était en verve, tout lui était bon. Enfin, nous avons fini par la discussion ordinaire sur la Rochefoucauld et la Bruyère. Tu sais comme elle anime toujours madame de Vintimille; l'abbé criait comme à vingt ans; moi, comme je pouvais; M. Bertrand disait de temps en temps : « Permettez ! permettez ! » Mais nous ne permettions pas; Picard riait et pouvait assurément préparer une scène de comédie. Le lendemain matin, M. Bertrand est venu pour me dire son opinion qu'on n'avait pas écoutée. Il me contait, à propos de la Bruyère, qu'il l'avait lu plusieurs fois dans sa jeunesse, avant d'oser se livrer au plaisir qu'il lui faisait. « Il me semblait, me disait-il, qu'en vançant dans ce livre, après l'avoir vu se moquer des autres, je trouverais aussi qu'il se moquerait de moi; je n'osais pas penser, parce que je croyais que je ne lui échapperais pas; enfin, il me paraissait le *Talleyrand* des écrivains. »

Adieu, mon ami; je vais me lever et partir. Pour toi, tu es déjà depuis longtemps hors de ta chambre et trottant et rôdant pour tes affaires; je te vois au milieu de tes comédiens, ayant bien du mal et disant bien des paroles, avant de leur faire entendre raison. Mais, quelque peine que tu aies, je crois que, dans ce moment, je t'aime mieux où tu es qu'ici. Ta maison est trop triste, je suis trop faible, je t'aurais chagriné et tracassé. Tout se passera sans toi; tu auras une peine de moins, et ta douce présence viendra, après, me consoler.

CXLV.

MADAME DE RÉMUSAT A M. DE RÉMUSAT, A ERFURT.

Paris, ce 28 septembre 1808.

J'ai fait vingt visites ce soir, mon ami; et je reviens maintenant me dédommager de l'ennui de ma soirée en la terminant avec toi. Me voici, auprès de mon feu, les pieds sur les tisons, lisant, rêvant, écrivant depuis deux heures, et m'amusant à rêver cette bonne petite vie de repos à laquelle tu sais que je prends chaque jour davantage. En vérité, je crois que ma paresse s'augmente tous les jours, et que, si j'étais maîtresse de mon temps, la vie se resserrerait beaucoup pour moi, c'est-à-dire le mouvement de la vie. Il me semble que, pour les femmes, il y a quelque chose de bien et de convenable dans le repos. Tu diras que je cherche à parer ma disposition naturelle, pour me dissimuler les privations que m'impose ma mauvaise santé; mais, enfin, quel que soit mon motif, arrange-toi, si jamais tu es riche, pour acheter quelque jolie campagne, où nous nous retirerons une partie de l'année, après avoir fait convenablement les honneurs d'une bonne maison pendant l'hiver. Ce sera à condition, cependant, que tu me permettras d'emmener mon fils.

Le coin de mon feu est fort bien soigné depuis ton départ par les cinq ou six personnes que tu sais. Hier, j'ai été pourtant seule tout le jour; mais, à neuf heures, mon cousin et madame de Vintimille sont venus, et nous avons très bien causé jusqu'à onze heures. Ils m'ont conté la société d'autrefois, les jolis soupers, la bonne conversation, la politesse des jeunes gens envers les femmes. Nous avons un peu déploré la perte de tout cela; mais nous avons dit que la génération que nous élevions à présent vaudrait beaucoup, et j'ai cru sans beaucoup de peine qu'un jour mon fils serait charmant. Au reste, je pense que cette absence de politesse, de galanterie, je dirais presque d'amour, dans les jeunes gens d'à présent, trouve sa principale cause dans la privation totale d'instruction. L'étude des auteurs, la lecture continuelle des beaux vers de Virgile, d'Ovide, et ensuite des écrivains du siècle de Louis XIV, doivent avoir de l'influence, non seulement sur les manières, mais encore sur les sentiments. L'exercice de l'esprit raffine nos sensations, et l'amour, tel que les femmes l'entendent, est certainement l'enfant de la plus parfaite civilisation. D'après cette idée, mon ami, la maîtresse de Charles te devra quelque jour des remercîments ; j'espère bien qu'elle me saura quelque gré aussi de lui avoir fait les plus beaux yeux du monde. Nous avons, lui et moi, causé beaucoup, ce matin, de son collège ; nous étions tous deux fort raisonnables ; il y met de la résignation, et prend fort bien aux motifs qui font qu'il y retourne.

J'ai employé ma solitude d'hier à lire tout un volume de Tacite. Cette lecture, avec laquelle tu m'as laissée, me fait un extrême plaisir ; mais sais-tu pour qui elle excite mon admiration surtout? C'est pour Racine. J'admire comme, dans *Britan-*

nicus, il était plein de son sujet, comme il a traduit fidèlement, sans laisser échapper aucun des traits qui pouvaient ajouter à la vérité des portraits. Je vais avoir fini mes trois volumes; dis-moi donc ce que je lirai après. Je tourne dans la bibliothèque, sans savoir à quoi m'arrêter.

J'ai été hier à la Malmaison ; le parc est singulièrement embelli. L'impératrice se porte mieux; elle jouit en vrai propriétaire, se promène tout le jour, malgré la pluie, et m'a paru heureuse et tranquille. Elle avait des nouvelles de l'empereur; elle pense que vous êtes arrivés hier; peut-être l'empereur de Russie aujourd'hui, et, demain, je te vois dans tout le tripot de la Comédie. Si ta tête ne se rompt pas de toutes les minuties obligées qui vont la remplir, il faudra qu'elle soit bien bonne; je te vois toujours au milieu de tous ces acteurs criant autour de toi. Les théâtres vont assez bien ici; je m'occupe de *Numa*, et je fais comme la mouche. Enfin, j'ai vu Gardel, qui répond des ballets. Paër répète tous les deux jours, et m'a dit que, le 25, on pourait représenter l'opéra; Isabey presse les décorations.

J'ai reçu deux très aimables lettres de l'évêque d'Alais. Il est fort reconnaissant du choix de l'empereur; il a accepté, quoiqu'il craigne de ne pouvoir remplir les fonctions qu'on exige de lui. Dans ce moment, il a une telle attaque de goutte, qu'il ne peut même marcher avec des béquilles; mais Fontanes lui a écrit qu'on ne lui demanderait que sa correspondance. Il me parle beaucoup de cette vie de Bossuet; il dit qu'il faut quatre ans de lectures avant de penser à prendre la plume; enfin, il paraît effrayé de cette immense entreprise[1].

CXLVI.

MADAME DE RÉMUSAT A M. DE RÉMUSAT, A ERFURT.

Paris, 7 octobre 1808.

J'ai passé toute la journée d'hier à la Malmaison; il y avait assez peu de monde. L'impératrice a le cou tout à fait dégagé, mais ses maux de tête recommencent à présent, et cela l'attriste. On tra-

---

[1]. M. de Bausset, ancien évêque d'Alais, venait d'achever son *Histoire de Fénelon*. Il avait été nommé conseiller de l'Université, établie en cette même année 1808. Il n'a publié son *Histoire de Bossuet* qu'en 1814, et il est mort en 1824, après avoir reçu le chapeau de cardinal en 1817.

vaille toujours partout, et ce lieu devient véritablement enchanté. Quand je vois ainsi la campagne de temps en temps, comme par une fenêtre, elle réveille tous mes désirs champêtres, et je rentre dans cette grande ville avec un sentiment assez triste. Aujourd'hui, j'attends Duval, qui doit nous lire sa comédie[1]. Tu trouveras que c'est chez moi un feu roulant de lectures, et, en effet, je suis à la troisième. J'espère bien me reposer un peu, après; mais Duval le désirait, et j'y ai consenti. Comme je me suis mise à ne guère sortir le soir, mon salon se remplit plus que dans les commencements; le petit nombre d'oisifs qui ne sont ni aux champs, ni à l'armée, ni en voyage, viennent se chercher au coin de mon feu. Avant-hier, il y avait très bonne compagnie : M. Delambre, M. Cuvier, mademoiselle de Meulan[2], M. Bertrand, madame Devaines, qui criait un peu haut, mais qui cependant a été aimable. Je suis fort contente de M. Delambre; il est bon et simple comme la véritable science. Je crois, cependant, à Cuvier plus

1. Il est probable qu'il s'agit du *Chevalier d'industrie*, comédie en cinq actes, en vers, représentée en 1809.
2. Delambre et Cuvier sont connus. Mademoiselle Pauline de Meulan, une des personnes les plus distinguées de son temps, est devenue plus tard madame Guizot.

de ce qu'on appelle *esprit* dans le monde; sa conversation est bien plus piquante, mais un peu railleuse. Nous avons beaucoup causé *lycée*. Ils sont effrayés de la quantité de choses à faire, et de tous les obstacles qui se présentent; ils disent qu'ils seraient tentés d'élever tous les professeurs avant de leur confier des élèves.

On ne parle ici que de départs; les militaires s'en vont et les adieux recommencent. Nous aurons de la peine à égayer Paris, cet hiver, à moins que la promptitude avec laquelle l'empereur devance toujours la prévoyance humaine ne fasse que tout soit fini avant la mauvaise saison. Tu penses bien qu'on cause ici beaucoup sur la nouvelle capitulation; il me semble qu'on la trouve belle et honorable à nos armes. On y ajoute aussi beaucoup de circonstances particulières auxquelles je ne crois pas un mot. C'est encore là un des ennuis de la ville dans ce moment-ci. A la campagne, on ne voit que les journaux, on ne sait que les faits; ici, il faut sans cesse repousser les *on dit*, inventés par l'oisiveté et quelquefois par la malveillance.

Je ne compte guère sur tes lettres, et je vois bien que j'ai raison; ton valet de chambre donne de tes nouvelles à Laure; je sais que tu te portes bien, et cela me suffit. Il dit que tu es dans un mouvement continuel, accablé de demandes, de monde, de lettres, de listes, et qu'il ne conçoit pas comment tu y tiens. Puisse au moins toute cette peine que tu prends avoir un heureux succès, et les spectacles et ton service aller bien et réussir! On dit que la salle d'Erfurt était fort mauvaise et dans un grand désordre; ton activité provençale se sera joliment démenée au milieu de tout cela, et je suis, à présent, bien loin du tourbillon où tu t'agites, car je n'ai jamais été plus reposée, ni plus paresseuse. Cette oisiveté du corps convient à ma santé, et lui réussirait encore mieux, si elle pouvait s'étendre jusqu'à ma pauvre tête; tu n'as pas le temps d'écouter tout ce qui la traverse, et quelquefois la tracasse, pendant que je suis dans cette solitude. Des pensées de toutes les couleurs, des souvenirs parfois pénibles, des inquiétudes, des espérances, que sais-je enfin? tout ce qui peut passer par l'imagination un peu vive d'une pauvre femme oisive et rêveuse.

J'ai fini Tacite, car je ne rêve pas toujours. En cherchant quelque chose, je suis tombée sur *Émile*, et me voilà le lisant. Mais, mon ami, je vieillis, car je n'aime plus tant Rousseau. Ses paradoxes me frappent et me choquent bien plus qu'autrefois; je me surprends disant quelquefois tout haut : « Mais cela est faux, mais il ment! » Et puis, après, je suis tentée de m'affliger d'être devenue plus difficile; car il faut presque toujours renoncer à un plaisir en perdant une illusion. Heureusement que ta tendresse et le bonheur qu'elle me cause sont de très douces vérités qui m'accompagneront toujours dans ma route, et que je pourrai toujours me consoler avec tout cela des découvertes que la triste expérience me prépare sur tous les autres biens de la vie.

CXLVII.

MADAME DE RÉMUSAT A M. DE RÉMUSAT, A ERFURT.

Paris, 12 octobre 1808.

J'ai passé hier, mon ami, une terrible journée. Il m'a fallu, enfin, ramener ce pauvre enfant dans son collège. Après avoir employé une partie de la nuit à le calmer, car son agitation l'empêchait de dormir, je me suis fait effort toute la matinée, pour soutenir son courage par ma gaieté. Enfin, à midi, nous avons quitté la maison; Albert jetait les hauts cris, il avait fort bien compris que son frère nous quittait. Mon pauvre Charles s'efforçait de retenir ses larmes; pour moi, j'étouffais. Notre voyage n'a pas été gai, comme tu peux bien le penser. Nous sommes arrivés à cette triste maison, j'y suis restée quelque temps, et, quand j'ai senti que mon courage était à sa fin, je me suis enfuie.

Tu comprendras ce que j'ai souffert en rentrant dans ma maison, où je ne devais plus rien retrouver. Il y a quelques jours, je me félicitais de ce que ton éloignement t'empêcherait d'être témoin de mes larmes; mais, hier, je l'avoue que je te souhaitais de tout mon cœur; j'aurais eu besoin de te serrer dans mes bras, de m'appuyer contre ta tendresse, dans l'isolement où je me trouvais. J'étais oppressée de mes souvenirs, je regrettais mon fils, je pleurais ma pauvre mère, qui aurait si bien entendu mes regrets. Toute ma douleur était renouvelée, et peut-être n'ai-je jamais plus souffert du sentiment de la perte que j'ai faite! A quels déchirements de cœur nos affections nous destinent! Qu'est-ce donc qu'il faut souhaiter dans cette vie quelquefois si triste, et toujours si mêlée? Que j'ai besoin de te revoir! et que je t'attends avec impatience! Ta douce et aimable présence me tiendra lieu de ce que je perds et de ce que je quitte; toi seul, il est bien vrai, peux me tout remplacer.

Au travers de tout le mal que me faisait ce collège, il a bien fallu m'occuper de tous les petits arrangements à prendre pour nos enfants. On les a mieux logés, toujours au midi, à un étage plus bas. Ils ont une jolie chambre, leur maître est de bonne humeur; enfin, tout est bien; les études recommencent, voilà qui est fini; tu l'as souhaité, mon ami, et je l'ai fait. Je n'ai pas douté que ce parti ne fût le plus raisonnable, puisque tu voulais le prendre; mais je ne puis pas dire que, pour cette fois, la raison ne m'ait beaucoup coûté.

Tandis que j'emploie ici mon temps à me tourmenter et me consoler tour à tour, par des sentiments qui sont tous en moi ou autour de moi, et que ma vie semble en quelque sorte s'être toute serrée dans mon cœur, la tienne se passe d'une bien autre manière; je souhaite fort que ce voyage finisse avant que tu sois trop fatigué. C'est un beau spectacle que celui dont tu es le témoin, et ce peuple de rois tous en mouvement par une seule personne, et par une seule et même volonté, est un beau sujet de réflexions profondes et d'observations curieuses. J'aime l'empereur Alexandre de son admiration pour le nôtre, et j'espère quelque chose de cette grande amitié ; mais je t'avoue que mes inquiétudes recommenceront, si, au retour, nous voyons partir l'empereur pour l'Espagne. L'imagination ne supporte pas les dangers qu'il y va courir. Ceux de la guerre sont peut-être les moindres. Je voudrais qu'il fût possible de lui barrer le chemin. Je suis bien sûre que, quelles que soient les opinions d'un petit nombre, toute la France se mettrait entre lui et l'Espagne. S'il n'est point à Paris cet hiver, nous pouvons nous préparer à le passer fort tristement. A propos d'hiver, j'ai pensé qu'à ton retour, il faudrait songer sérieusement à recevoir plus de monde, et à remplir les intentions de notre maître. Nos malheurs, ma tristesse, l'état de ma santé et l'absence que je viens de faire ne nous ont pas permis d'exécuter les ordres que nous avions reçus, mais, enfin, voici le moment d'y songer. Qu'en crois-tu? Dans le cas contraire, il faudrait se réduire à une vie fort simple, car les dépenses augmenteront beaucoup cet hiver, ou, du moins, le prix de chaque chose. Il est remarquable comme toutes les consommations de la vie deviennent plus chères de jour en jour, et je mets en fait qu'on ne ferait pas aujourd'hui avec cent mille livres de rente ce qu'on faisait autrefois avec la moitié. Il est vrai que les besoins de luxe se sont fort multipliés. Nous ne sommes plus au temps où on mettait dans un dîner une histoire de plus, pour un rôti de moins; dans les repas d'à présent, tout notre esprit est en entrées et en vin de Madère. Une bonne conversation qui doit avoir lieu au milieu de trente bougies, dans un salon somptueusement orné, est une chose fort chère, et, à ce prix, n'a pas de l'esprit qui veut[1].

Je me rappelle avoir vu ma mère recevoir ses amis dans une petite chambre éclairée d'une seule lampe. A neuf heures, on apportait une cafetière d'eau bouillante; elle faisait du thé, on en buvait en causant, et, de la sorte, on veillait et on

---

1. J'ai conservé ces détails d'intérieur et d'argent qui peuvent présenter quelque intérêt. On peut rapporter ce passage à ce qui est dit dans les *Mémoires*, t. I, p. 126, sur l'embarras où l'empereur mit mes grands-parents en leur retirant, à cause de leur deuil, les traitements et les promesses accordés quelques mois auparavant.

s'oubliait quelquefois bien avant dans la nuit. Il serait bien difficile d'attirer du monde aujourd'hui de cette manière; il est vrai qu'il est bien difficile aussi d'être aimable comme ma mère.

CXLVIII.

MADAME DE RÉMUSAT A M. DE RÉMUSAT, A FONTAINEBLEAU[1].

Paris, ce vendredi soir, novembre 1809.

Voilà M. Pasquier qui va demain à Fontainebleau, mon ami, et qui me demande mes commissions. Je comptais envoyer votre neveu; mais la réponse de M. Laborie, que je joins à mon paquet et que vous montrerez à M. de Talleyrand, a rendu cette course inutile. Voici une lettre de la princesse de Bénévent. J'avais envoyé chez elle. En

---

1. Une année tout entière s'est écoulée entre la lettre précédente et celle-ci. Au moment où s'ouvre cette correspondance, l'empereur était en Allemagne. Il avait quitté Paris le 24 avril 1809, et il avait livré la bataille d'Essling le 21 et le 22 mai, et la bataille de Wagram le 6 juillet. Il n'était revenu à Fontainebleau que le 16 octobre. Malgré ses victoires, la situation de

voici une de la duchesse de Courlande[1], chez laquelle j'avais aussi envoyé. J'espère que M. de Talleyrand sera content de moi. A présent, à nos affaires. J'ai écrit à l'impératrice ; je crois que ma lettre n'est pas mal, quoiqu'un peu longue. En la lui donnant, veuillez bien lui en faire des excuses de ma part, et puis remettez-la en quelque état que soit son ménage ; à moins d'une grosse querelle, elle trouvera toujours le moyen d'en faire usage.

J'ai vu Corvisart, il ne veut rien me faire :

l'Empire s'était très aggravée, et on le sentait même à la cour. Je trouve, à plusieurs reprises, dans des billets de ma grand'mère, trop courts pour être imprimés, cette phrase toute nouvelle : « L'avenir se noircit horriblement. » Mes grands-parents s'apercevaient d'autant plus de ce déclin que leur liaison croissante avec M. de Talleyrand leur ouvrait les yeux. Cette liaison leur donnait même une situation politique qui pour eux, à cette époque, avait plus d'inconvénients que d'avantages. De plus, en devenant surintendant des spectacles, mon grand-père avait été destiné à exercer dans la société de Paris une sorte de patronage des lettres. Quoiqu'il tînt cette situation de l'empereur lui-même, il devenait en même temps plus suspect à celui-ci, dont la défiance et les défauts augmentaient. Il résultait de tout cela une position particulière et difficile à expliquer, et tandis qu'il était considéré par bien des gens, et qu'il se considérait lui-même comme dans une demi-disgrâce, on parlait de lui pour le ministère de l'intérieur, qui avait été quelque temps vacant, et auquel M. de Montalivet avait été nommé le 2 octobre. Le divorce très prochain ajoutait encore à ces complications.

1. La duchesse de Courlande était une amie de M. de Talleyrand.

« C'est, dit-il, un rhumatisme qu'il faut soigner et tenir chaudement; voilà tout. » Je n'ai point de fièvre, je suis un peu faible; mais, comme je n'ai pas besoin de forces, je m'arrange assez de cet état et je jouis délicieusement de ma chambre, de mon lit et de mon repos. Hier, pour passer mon temps, j'ai envoyé chercher Charles. Après ses classes, on me l'a donné; il était frais et le plus joli du monde; nous nous sommes baisés et rebaisés, nous avons bien causé. On est content de lui, sa classe est très forte. Auvray[1] dit que les septième et huitième places sont très bonnes. Il aurait été beaucoup plus près, s'il n'avait pas cru que le verbe après le mot *la plupart* dût être toujours au singulier, et en parlant de plusieurs il écrivait : « La plupart *avait*..., etc. » Muzine le tarabuste toujours un peu, et il lui fait faire beaucoup de grec; il traduit des morceaux d'Isocrate, il en est tout fier. Il m'a conté tout cela, en gambadant avec son frère sur mon lit. Ensuite, il a été se parer de son habit neuf pour me le montrer; vous savez cet habit que je ne voulais pas qu'il mît, de peur qu'il ne lui allât mal. Mais, mon ami, que j'étais bête! Quelque chose

---

1. M. Auvray était professeur au lycée Napoléon. Il a été plus tard inspecteur de l'Université.

aller mal à Charles! Il est charmant avec cet habit; j'étais désolée de n'avoir à qui le dire, et j'ai juré que je vous l'écrirais. A huit heures, tout ce petit train m'a quittée; Bertrand est venu. Il est bien jaune et bien triste; nous avons parlé de nos maux, il causait *jaunisse*, moi *rhumatisme*. Il me trouvait bonne compagnie. J'ai vu madame de Rumford, mon cousin, et voilà tout. On dit ici que le roi de Saxe[1] n'arrivera que lundi. M. de Talleyrand sera à Meaux bien gaiement. On le nomme (ce n'est pas le roi de Saxe) pour présider le Corps législatif; d'autres parlent de l'archichancelier. On annonce le pape à Saint-Denis, on change tous les rois, on sait un peu les aventures galantes de Fontainebleau, on les arrange, on me questionne, et à tout cela je fais ma réponse favorite : « Je ne sais pas. »

J'ai vu Picard, il vous a écrit le triste état de l'Opéra, tout est malade; vous aurez pourtant *Cortez* et *Orphée*[2]. A propos : j'ai pensé dans ma sagesse que vous ne deviez pas donner *Athalie* à

1. M. de Talleyrand était envoyé à Meaux, au-devant du roi de Saxe, qui arriva à Paris le 13 novembre.

2. Il s'agit de *Fernand Cortez*, opéra de Spontini, et probablement d'une reprise de l'*Orphée* de Gluck.

la cour; il y a bien des applications religieuses, des *rompez tout pacte avec l'impiété,* tout cela vous gâterait votre besogne[1]. On vous saurait mauvais gré de s'être senti blessé, sans avoir le droit de se plaindre, et cela devant un roi religieux ! Voilà un petit avis que je vous soumets; vous savez que je pousse loin la prudence.

Mon ami, à la joie que j'ai éprouvée à me retrouver dans ma robe de chambre, au coin de mon feu, pour ne rien faire que me reposer, je me suis encore bien mieux persuadée que je suis tout à fait vieille, et, si j'étais assez sage pour prendre vraiment l'allure de mon âge véritable[2], je vous assure que je ferais fort bien : « Mais la tête? direz-vous, mais le cœur? » Ah ! j'aime bien encore un peu à remuer tout cela; mais on fait bien du chemin dans son fauteuil avec de certains sentiments et de certaines affections, et, quoique je n'aie pas bougé du coin du feu, je vous jure que je n'ai pas été du tout endormie. Je me suis amusée à repasser ma vie; je vous retrouvais partout, cela me mettait de bonne humeur; aussi ai-je osé tou-

---

1. Depuis le mois de juin, la rupture entre l'empereur et le pape en était venue aux dernières extrémités.
2. Elle avait alors vingt-neuf ans.

cher à l'avenir; vous étiez dans tous mes projets comme dans mes souvenirs, et pourtant j'ai eu de douces rêveries. Un grand repos de corps, un peu d'agitation, ou plutôt d'émotion dans le cœur, voilà ce qu'il me faudrait. Mais, pauvre moi! je suis lancée dans un autre tourbillon, et je ne puis ni m'arrêter ni supporter le mouvement qui m'emporte.

Adieu, cher et aimable, je vous souhaite une bonne nuit, et je vais me coucher, parce qu'il est déjà dix heures. Vous êtes bien aimable de m'avoir écrit ce matin; je ne m'y attendais pas, vous êtes si occupé! M. Pasquier me rapportera de vos nouvelles lundi, et de celles de notre ami[1]. Il faut qu'il me passe ce titre, il ne nuit en rien aux sentiments que je lui dois. Parlez-lui de moi. S'il était là avec son grand papier, je lui dirais tout ce que j'ai senti, à part moi, car il était aussi pour quelque chose dans mes rêveries solitaires; il rédigeait tout cela, et cela avait fort bonne mine. Son Gourville m'amuse toujours, quoiqu'il soit un peu embrouillé; je m'en vais relire le cardinal de Retz, pour rentrer un peu dans ce bon temps

1. M. de Talleyrand.

d'où je suis trop sortie. Me voilà remise en train de *mémoires*. Adieu encore ; je cause beaucoup, et vous aurez bien autre chose à faire, dimanche, que de lire mon bavardage.

CXLIX.

MADAME DE RÉMUSAT A M. DE RÉMUSAT, A TRIANON.

Paris, dimanche soir, décembre 1809.

Bonsoir, mon ami, voilà ma journée finie, et, avant de me coucher, je viens te dire un petit mot. Je t'ai regretté aujourd'hui ; nous avons passé un bon jour avec ton fils, et j'ai été bien contente de lui. Il faut que je te dise qu'hier, madame Pastoret m'avait dit que le censeur Dumas lui disait, le matin, que Charles était un des enfants du collège qui donnaient le plus d'espérances pour cette année. Cela m'avait fort bien disposée. Ce bon petit est venu là-dessus, et il a été fort gentil. Ce soir, j'ai vu un moment M. de Talleyrand, il m'a paru triste de n'être pas à Trianon. « Autrefois, m'a-t-il dit, quand l'empereur avait un chagrin, il me demandait. » J'ai compris l'amertume de cette réflexion, j'ai cherché à le détourner, à causer avec lui d'autre chose, mais il était réellement affligé [1].

J'ai bien peur que vous n'ayez là-bas bien du mauvais temps comme ici; il pleut à verse, et la campagne doit être fort triste. J'irai, demain, à la Malmaison. J'ai pleuré, ce matin, en lisant *le Moniteur;* tous ces discours sont bien faits, et font un bon effet. Je n'ai vu aujourd'hui et hier que des personnes touchées. On répète beaucoup que l'empereur pleurait. Cela nous plaît, à nous autres femmes; les larmes des hommes et surtout des rois ne manquent guère leur effet, et vous le savez bien, messieurs.

---

[1]. Le divorce approchait, et l'empereur, après une scène violente avec l'impératrice, était venu à Trianon. Cette scène avait été racontée dans *le Moniteur*. Tous deux, en présence de la famille impériale, avaient déclaré renoncer à leur mariage. Ce qui s'était passé à Fontainebleau avait préparé l'événement, mais la situation ne devint publique que par le sénatus-consulte du 16 décembre 1809, et par le départ de l'empereur pour Trianon, où il resta jusqu'au 25 décembre.

CL.

**MADAME DE RÉMUSAT A M. DE RÉMUSAT,
A TRIANON.**

La Malmaison, décembre 1809.

J'avais espéré un moment, mon ami, que tu accompagnerais l'empereur hier, et que je te verrais. Indépendamment du plaisir de te voir, je voulais causer avec toi. J'espère qu'il y aura ici quelque occasion pour Trianon aujourd'hui, et je vais tenir ma lettre prête. J'ai été reçue ici avec une vraie affection; on y est bien triste, comme tu peux le supposer. L'impératrice, qui n'a plus besoin d'efforts, est très abattue; elle pleure sans cesse, et fait réellement mal à voir. Ses enfants sont pleins de courage; le vice-roi est gai, il la soutient de son mieux; ils lui sont d'un grand secours.

Hier, j'ai eu une conversation avec la reine de Hollande que je te raconterai le plus succinctement que je pourrai. « L'impératrice, m'a-t-elle dit, a été vivement touchée de l'empressement que vous lui avez témoigné à partager son sort; moi, je ne m'en étonne pas; mais, ensuite, par amitié pour vous, je vous engage à réfléchir encore. Votre mari étant placé près de l'empereur, tous vos instincts ne doivent-ils pas être de ce côté? Votre position ne sera-t-elle pas souvent fausse et embarrassante? Pouvez-vous vous permettre de renoncer aux avantages attachés au service d'une impératrice régnante et jeune? Songez-y bien, je vous donne un conseil d'amie, et vous devez y réfléchir. » Je l'ai beaucoup remerciée; je lui ai répondu que je ne voyais, pour moi seule, nul inconvénient à prendre ce parti, qu'il me paraissait le seul convenable pour moi; que, si l'impératrice voyait des difficultés à garder près d'elle la femme d'un homme attaché à l'empereur, alors je me retirerais, mais que, sans cela, je préférais de beaucoup de rester avec elle; que je pensais bien qu'il y aurait peut-être quelques avantages pour les personnes attachées à la grande cour, mais que cette perte était fort compensée pour moi par l'idée de remplir un devoir, et de soigner l'impératrice, dans le cas où elle mettrait quelque prix à mes soins; qu'enfin je ne pensais pas que l'empereur pût être mécontent de ma conduite, etc., etc.

« Il n'y a, madame, lui ai-je dit encore, qu'une seule considération pour moi qui pourrait me porter, un moment, à regretter ma démarche ; je vais vous la dire bien franchement : Il est impossible qu'il n'y ait pas dans l'intérieur de cette petite cour-ci quelque indiscrétion de commise, quelque petit bavardage, je ne sais quel propos qui, redit à l'empereur, pourra amener un moment de mécontentement. L'impératrice, toute bonne qu'elle est, quelquefois est défiante ; je ne sais si la preuve de dévouement que je lui donne à présent me mettra complètement à l'abri d'un soupçon passager qui m'affligerait beaucoup. Je vous avoue que, s'il arrivait une fois qu'on soupçonnât mon mari et moi d'avoir commis, d'un côté ou de l'autre, une indiscrétion, je quitterais sur-le-champ l'impératrice. » La reine m'a répondu que j'avais raison, qu'elle espérait que sa mère serait prudente. Elle m'a embrassée, m'a dit qu'elle savait que l'impératrice désirait, au fond, me garder près d'elle. Il n'en faut guère plus, de l'humeur dont tu me connais, pour me décider. Vois cependant, mon ami, ce que tu penses. Je sais bien que ma position sera souvent embarrassante ; mais, enfin, avec de la prudence et du véritable attachement, ne peut-on pas tout arranger? Madame de la Rochefoucauld[1] me paraît vouloir quitter, elle en a même déjà dit, je crois, quelque chose à l'empereur. Mais la situation est différente; elle rendra les mêmes soins à l'impératrice, mais sans titre. Dans sa position, cela peut lui convenir, mais je trouve que je dois agir autrement, et vraiment, plus je m'interroge, plus je sens que ma place est ici. Combine tout cela, réfléchis et puis décide. Au reste, nous avons du temps, puisqu'on nous donne jusqu'au 1ᵉʳ janvier.

Il faudrait bien du bonheur pour que cette habitation fût gaie dans cette saison. Il fait un vent abominable, et toujours de la pluie. Cela n'a pas empêché qu'il n'y eût ici un monde énorme toute la journée; chaque visite renouvelle ses larmes. Cependant il n'y a pas de mal que toutes ses impressions se renouvellent ainsi coup sur coup; le repos viendra après. Je crois que je resterai ici jusqu'à samedi. Je voudrais bien que tu revinsses aussi à cette époque; car, enfin, il faudrait se revoir, et être un peu ensemble. Je n'ai pas besoin d'être privée de ta présence pour en

1. Madame de la Rochefoucauld, dame d'honneur, fut en effet remplacée par madame d'Arberg.

sentir le prix, et, en vérité, plus je vois autour de moi d'agitation et de troubles de toute espèce, plus je sens que tu m'es cher, et que j'aime le repos et le bonheur que je te dois.

Ce vendredi.

Je n'ai pu trouver ce matin une occasion d'envoyer ma lettre. J'espère qu'il y en aura ce soir. L'impératrice a passé une matinée déplorable. Elle reçoit des visites qui renouvellent sa douleur, et puis, chaque fois qu'il arrive quelque chose de l'empereur, elle est dans des états terribles. Il faudrait trouver le moyen d'engager l'empereur, soit par le grand-maréchal, soit par le prince de Neuchatel, à modérer les expressions de ses regrets et de son affliction, quand il lui écrit; car, lorsqu'il lui témoigne ainsi d'une manière trop vive sa tristesse, elle tombe dans un vrai désespoir, et alors réellement sa tête semble s'égarer. Je la soigne de mon mieux; elle me fait un mal affreux, elle est douce, souffrante, affectueuse, enfin tout ce qu'il faut pour déchirer le cœur. En l'attendrissant, l'empereur augmente cet état. Au milieu de tout cela, il ne lui échappe pas un mot de trop, pas une plainte aigre; elle est réellement douce comme un ange. Je l'ai fait promener ce matin; je voulais essayer de fatiguer son corps, pour reposer son esprit. Elle se laissait faire; je lui parlais, je la questionnais, je l'agitais en tous sens, elle se prêtait à tout, comprenait mon intention, et semblait m'en savoir gré, au milieu de ses larmes. Au bout d'une heure, je t'avoue que je m'étais fait un tel effort, que je me suis presque sentie défaillir, et je me suis trouvée, un moment, presque aussi faible qu'elle : « Il me semble quelquefois, me disait-elle, que je suis morte, et qu'il ne me reste qu'une sorte de faculté vague de sentir que je ne suis plus. »

Tâche, si tu peux, de faire arriver à l'empereur qu'il lui écrive de manière à l'encourager, et pas le soir, parce que cela lui donne des nuits affreuses et terribles. Elle ne sait comment supporter ses regrets; sans doute, elle supporterait encore moins sa froideur; mais il y a un milieu à tout cela. Je l'ai vue hier dans un tel état, après la dernière lettre de l'empereur, que j'ai été au moment d'écrire moi-même à Trianon.

Adieu, cher ami; je ne te dis pas grand'chose de ma santé, tu sais comme elle est faible; tout ceci l'ébranle un peu; après cette semaine, j'aurai besoin d'un peu de repos près de toi. Pour éprouver quelque chose de doux, il faut toujours que je revienne à mon ami.

CLI.

MADAME DE RÉMUSAT A M. DE RÉMUSAT, A TRIANON.

Paris, lundi matin, décembre 1809.

Je te remercie mille fois, mon ami, de ta lettre, qui est venue me réveiller ce matin. Je suis bien aise de ce que tu me dis; je ne pense pas que quelques jours de retard dérangent beaucoup tes affaires, et je suppose que le grand-maréchal, sachant que ta présence est nécessaire ici, t'aidera à obtenir, après, le congé dont tu aurais besoin. Il est impossible que, dans la solitude de Trianon, tu ne trouves pas un instant pour pouvoir entrer avec l'empereur dans quelques détails qui doivent servir à te rendre sa confiance, et tu ne dois rien négliger pour tenter une justification nécessaire aux autres parties d'administration dont tu es chargé. Mon aimable mari doit toujours gagner quelque chose à être entendu ; je me livre donc à l'espoir, si on veut t'écouter.

Je t'engage aussi à causer un peu, si cependant tu le crois convenable, avec le grand-maréchal, de ta position vis-à-vis de M. de Montesquiou. Dis-lui (et tu diras vrai) que tu te refuses à croire aux soupçons qu'en général on veut te donner dans le monde, de sa bonne foi vis-à-vis de toi, mais que tu as bien observé, cependant, que la tournure d'esprit, un peu rétrécie et un peu inquiète, du grand-chambellan, le porte à prendre des précautions qui tournent au désavantage de toute chose, par le peu d'entente qu'elles mettent entre vous deux. Je donnerais bien des choses pour que M. de Montesquiou eût une âme à l'égal de la tienne, et alors tout s'arrangerait, et mon ami mènerait une plus douce vie. Je le répète, mon cher ami, si l'empereur veut t'écouter, tu retrouveras des heures paisibles ; mais, si le temps des faveurs est passé pour nous, sois cependant sans inquiétude pour moi ; je saurai prendre une autre vie que la nôtre, avec toute la résignation que tu peux souhaiter. L'âge de la raison est arrivé pour moi; tous les jours, je sens fortifier en mon esprit des goûts plus raisonnables, et je te jure, dans la sincérité d'un cœur tout à toi, que, partout où je te verrais paisible, je vivrais heureuse. Il a été un temps où je n'eusse pas cru que je pusse être contente loin de Paris; mais j'ai le sentiment secret de voir encore des jours sereins pour moi dans ma retraite, si nous devenions les victimes des petites intrigues qu'on peut former contre nous. Le ciel nous en préserve cependant! En attendant, avec du courage et de la prudence, tu sauras éviter et supporter les chagrins qui peut-être nous sont encore préparés.

J'ai passé, hier, une journée assez douce, quoique le fond de mon cœur fût triste d'être séparée de toi. Je n'ai vu personne, nous avons causé une partie de la soirée; Charles a été aimable; il m'a fait rire et pleurer ; il voulait soutenir à madame de Grasse, qu'on ne pouvait être heureux qu'avec un peu de personnalité dans le caractère. Nous avons fait entendre qu'il y avait dans la vie des relations qui donnaient du bonheur, mais précisément parce qu'on leur sacrifiait quelque chose de son repos. Madame de Grasse lui disait que, par exemple, elle l'aimait assez pour préférer d'être malade à le voir lui, souffrant. Il lui a avoué qu'il serait affligé de la voir souffrante, mais qu'il aimerait mieux tout bonnement que ce fût elle que lui, et, en parlant ainsi franchement, il avait les yeux, cependant, pleins de larmes. Alors, j'ai pris la parole. « Il y a toujours, mon enfant, lui ai-je dit, dans les affections, un peu de cette personnalité que tu crois inséparable, avec assez de raison, de la nature humaine; car, lorsque j'aime mieux ton bonheur que le mien, c'est que je souffrirais beaucoup plus de ta peine que de la mienne; et, s'il fallait que je me décidasse entre le malheur pour toi de te voir perdre ton père ou moi, je n'hésiterais pas, par la raison que ton père t'est beaucoup plus nécessaire que moi. » A cela, que penses-tu qu'il m'ait répondu? « Eh bien, si vous, maman, ou moi, étions dans la rivière, je crois que je souhaiterais que papa vous sauvât plutôt que moi, parce que vous êtes bien autrement utile que son fils ; mais je vous avoue qu'excepté lui et vous, j'aimerais mieux que tout autre pérît que moi. » En disant cela, il s'est mis à fondre en larmes, puis il s'est levé avec cette manière que tu connais, en se fâchant de son attendrissement, et, prenant le bras de Constance, il lui a proposé d'aller se promener ensemble pour quitter une conversation qui, disait-il, *le sciait*. J'ai aimé son naturel et ses larmes. En rentrant, nous avons fait une loterie avec des cartes pour l'amuser. Je me suis divertie à mettre quelques petits bijoux sur les lots. Charles nous a déclaré qu'il était heureux et qu'il gagnerait tout, et ce qui est plaisant, c'est que cela n'a pas manqué, et que, quatre fois de suite, il a eu le gros lot. Il a donné, après son jeu, de fort bonne grâce, une partie de ce qu'il avait gagné à Constance.

Je t'embrasse bien tendrement, mon bien-aimé, et, quand je pense à toi et à notre enfant, malgré les traverses de notre vie, je me dis encore, avec un sentiment de fierté et de reconnaissance, la plus heureuse entre toutes les femmes.

CLII.

MADAME DE RÉMUSAT A M. DE RÉMUSAT,
A COMPIÈGNE[1].

Paris, avril 1810.

Je te remercie de tes nouvelles d'hier. Je commençais à grogner de ton silence. Je te plains du fond du cœur de la vie que tu mènes, mais je ne m'étonne pas que l'on ait dormi, ou feint de dormir, à *Britannicus*. La belle idée qui t'avait passé par la tête, et la belle raison pour un homme d'esprit que de dire : « On me l'avait demandé[2] ! » Amuse-toi en sûreté de conscience avec les innocentes du théâtre Feydeau, et prends courage. Si tu étais dévot, tu aurais bien matière à exercer ta patience dans la semaine sainte.

---

1. L'année 1810, celle du mariage de l'empereur (2 avril), fut une année de paix relative, car on n'était en guerre qu'avec l'Espagne et l'Angleterre. Après le mariage, l'empereur alla, avec sa nouvelle épouse, passer la fin du carême à Compiègne.

2. L'empereur indiquait lui-même les ouvrages qu'il voulait voir représenter à la cour. Il demanda *Britannicus*. On ne songea pas

J'ai eu hier des nouvelles de notre garçon; il se porte bien. Il viendra dimanche, pour se préparer à sa première communion. Si on la lui fait faire à Pâques, et que vous ne reveniez pas de Compiègne dans la semaine de Pâques, et que je me porte bien, je demanderai à aller à Navarre[1] passer quelques jours. On veut ici que l'impératrice ne revienne plus; si tu trouvais quelque occasion sûre de m'écrire s'il est question d'elle quelquefois, tu me ferais un vrai plaisir.

T'ai-je dit que Lemercier[2] était nommé? Nos anciens de l'Institut sont furieux. Hier, je me suis

à certaines scènes qui, après le divorce, pouvaient donner lieu à des applications. Talma se troubla, en prononçant les vers suivants :

> Non que pour Octavie un reste de tendresse
> M'attache à son hymen et plaigne sa jeunesse...
> ....
> D'aucun gage, Narcisse, ils n'honorent ma couche.
> L'empire vainement demande un héritier.

L'auditoire sentit le même embarras, et la soirée fut glaciale. L'empereur fit semblant de dormir.

1. Le château de Navarre, en Normandie, avait été donné à l'impératrice Joséphine.
2. Lemercier venait d'être élu membre de la classe de l'institut qui représentait l'Académie Française. Malgré son républicanisme, il avait fait une ode sur le mariage de l'empereur, pour rendre son élection possible. Esménard était un homme de lettres assez distingué, qui faisait bien les vers.

amusée à me moquer de Suard et de l'abbé; moi, j'en suis fort contente, à cause de l'argent. J'ai relu son ode qu'il m'avait dite. Ma foi! tout bien considéré, je la trouve fort mauvaise, à quelques belles idées près, et je reviens à Esménard, ou plutôt à rien, car tout cela est très faible.

M. de Fontanes a dîné hier chez moi, avec M. et madame de Ganay, Bertrand, Lebreton et Norvins. Le grand-maître a été fort à l'aise et de très belle humeur; il est vrai que nous le gâtions à qui mieux mieux. Mon Dieu, qu'il est bouffi en toute chose! J'ai bien fait ma gentille, et, dans le fond du cœur, il me déplaisait par sa vanité. Il est vraiment tout à fait amoureux de madame de G***, qui ne trouve pas cela très mauvais de son côté; nous autres femmes, cela ne nous déplaît guère, n'est-ce pas? Ne sommes-nous pas, la plupart du temps, de drôles de corps? Nous faisons les coquettes, nous voyons venir les choses, nous faisons ce qu'il faut pour qu'elles germent, nous nous en divertissons, et puis, quand l'éclat arrive, et que la déclaration se fait, nous voilà en colère, montées sur notre dignité, et très difficiles à apaiser; nonobstant ce, monsieur, vous pourrez me faire votre déclaration quand vous voudrez.

Je t'envoie une lettre de M. de Lezay-Marnesia. On m'a apporté, hier, deux grandes boîtes qu'on voulait que j'envoyasse, sur-le-champ, à Saint-Cloud. Je ne savais comment m'y prendre; j'ai ouvert la lettre de M. de Lezay, et j'ai vu que nous avions le temps de respirer. Dis-moi ce que tu veux que je fasse des boîtes, et si tu réponds à M. de Lezay, ou si tu veux que je lui écrive[1].

Bonjour, cher et aimable ami, je ne me porte pas mal; à la tête et au cou près, le reste est en assez bon état. Joséphin n'est pas mal non plus. Je crois qu'il se décide à aller en Provence avec M. de Villeneuve[2] qui part le 5 mai. Il est d'assez douce humeur, et la maison est fort tranquille. Lebreton vient me voir tous les jours; c'est un bon et excellent ami, dont le caractère vaut mieux cent fois que l'esprit. Je dis cela afin que tu ne dises pas que c'est l'esprit qui m'enjôle; il t'est sincèrement attaché, ainsi qu'à moi. Hier, on a montré quelques-uns de tes livres; ç'a été une occa-

1. M. de Lezay-Marnesia, préfet, avait imaginé de faire fabriquer un costume de fantaisie pour le futur roi de Rome qui ne devait naître qu'un an plus tard, et c'est cet habit qu'il envoyait dans ces caisses. Ce n'était pas pressé, en effet.
2. M. de Villeneuve-Bargemont, référendaire à la cour des comptes, a été préfet et directeur général sous la Restauration.

sion de parler de toi, et j'étais fort contente de la manière dont notre ami disait à Fontanes sur ton compte, et tu sais si je suis difficile.

CLIII.

MADAME DE RÉMUSAT A M. DE RÉMUSAT,
A COMPIÈGNE.

Ce mardi, avril 1810.

Je disais, hier, comme si je ne disais rien : « Moi, je connais un homme qui serait encore celui que j'estime le plus, même quand il ne serait pas ce que j'aime le mieux; un homme parfaitement exempt de préjugés, dont l'esprit est sans préventions, qui sait compatir aux faiblesses humaines, et qui, pourtant, n'en est guère susceptible; qui sait excuser la conduite des autres, et qui ne juge pas les hommes seulement par telle ou telle action de leur vie. Cet homme-là a le caractère tout naturellement philosophique; il est égal sans être froid, sage sans être sévère; il a toutes les qualités de la vie intérieure. S'il était à marier, je dirais à toutes : « C'est celui-là qu'il faut épouser. » Si je connaissais sa femme, je lui dirais : « Aimez-le mieux que tous, car le bonheur est pour vous dans cet amour. » Enfin, si elle avait la folie de n'être pas de mon avis : « Confiez-vous à lui, lui dirais-je encore. Il est encore le seul ami qui puisse vous conduire et vous sauver d'un égarement complet. » Et là-dessus, madame de Grasse d'applaudir, et de me demander le nom de cet aimable individu; j'ai promis de le lui présenter quelque jour. Voudras-tu bien me le permettre, mon ami?

J'ai vu hier M. de Talleyrand, revenant de Compiègne après avoir passé deux nuits, tout aussi frais que s'il sortait de son lit[1]. Il m'a donné de tes nouvelles, il espérait qu'il me rapporterait une lettre de toi, mais je vois que tu n'as guère le temps. Je suis contrariée de la durée de ce voyage. Encore trois semaines sans te voir, cher ami; c'est une longue et ennuyeuse privation. Tu ne peux assez te figurer à quel point elle me déplaît. Il y avait longtemps que nous ne nous étions séparés, et cette douce habitude de te voir avait repris tout son empire sur moi; ta société me de-

---

1. M. de Talleyrand avait alors cinquante-six ans.

vient tous les jours plus nécessaire. Il me semble que mon esprit s'entend mieux avec le tien, que nos opinions sont plus souvent pareilles, et que nous connaissons maintenant tout le charme de la vie intime. Dans la jeunesse, la différence de goûts et d'avis, qui se fait sentir plus fortement, ne nuit pas trop à l'amour, et même le sert, en offrant les occasions d'un sacrifice; mais, lorsque les années arrivent, on préfère des jouissances plus paisibles et plus sûres, et c'est par l'accord et l'union qu'on sait alors être heureux.

Tu conviendras bien que, cette fois, je t'écris pour le plaisir de t'écrire, et, en effet, je n'ai rien à te mander de Paris, ni même de mon petit train de société; mais je suis paresseusement dans mon lit, le temps est froid, je n'éprouve aucune tentation de sortir, et je me trouve fort bien avec mon écritoire sur mes genoux, te racontant tout ce qui me passe par la tête, ou plutôt par le cœur.

Madame de Vintimille est mieux; cette crise est à peu près finie, mais il reste toujours pour elle un avenir inquiétant. Au reste, pour qui ne l'est-il pas? Je me sens souvent disposée à sourire, lorsque j'entends parler de telle disposition du corps qui donne de l'inquiétude pour la suite de la vie; moi-même, je me raille, assez tristement à la vérité, sur mes propres craintes. Nous craignons que tel mal ne nous mène à la mort; nous nous entourons de précautions; nous cherchons de tous côtés une garantie contre notre inquiétude, et, pauvres insensés que nous sommes! cette mort que nous voulons repousser, la pente naturelle des choses ne nous y conduit-elle pas plus sûrement que tout? La vie, à elle seule, n'est-elle pas la première cause de la mort? Eh! mon Dieu, la raison serait peut-être de ne rien prévoir, et de ne rien éviter.

CLIV.

MADAME DE RÉMUSAT A M. DE RÉMUSAT,
A COMPIÈGNE.

Paris, mercredi saint, 18 avril 1810.

Voici, mon ami, une petite chose qui te fera plaisir : c'est que Charles est le premier de sa classe. Je t'envoie les deux lettres que j'ai reçues hier, tu verras qu'il a signé Charles Ier, et que

M. de Vailly[1] est content de lui. J'ai écrit à Fontanes pour obtenir qu'il sorte cette semaine, parce que je veux lui faire un peu suivre les offices, et le curé. Je l'aurai donc demain matin, ce bon petit; il priera Dieu avec moi[2], il se promènera, il travaillera; enfin, nous tâcherons de bien passer notre temps, et nous écrirons un peu à Compiègne. Si tu as quelques moments, écris-lui un mot à ton tour, pour le remercier de cette première place, et puis dis-moi donc quelque chose,

1. M. de Vailly était proviseur du lycée Napoléon.
2. Ma grand'mère parle assez souvent dans ces lettres de sa tendance à une dévotion un peu vague, et pourtant plus accentuée que celle de la plupart des contemporains. Il est peut-être à propos d'imprimer ici ce que pensait mon père des croyances de ses parents : « Ma mère, » a-t-il écrit, « n'avait pas été entourée
» dès son enfance de personnes d'une vive piété. Elle avait
» été élevée dans les croyances générales du christianisme ra-
» mené à une pratique simple et facile, soigneusement dégagé
» de tous les accessoires qu'on cherchait à en élaguer de plus en
» plus depuis le XVIIe siècle, et préservé de toute difficulté par
» une recommandation générale de ne pas s'en occuper. Ce
» qu'elle éprouvait donc surtout, plutôt que la ferveur de la foi,
» c'était l'aversion pour l'incrédulité, décriée d'ailleurs par la Ré-
» volution, et une préférence pour la religion qui allait à la fois
» à son cœur et à son imagination. Elle était de ces personnes
» pour qui le livre du *Génie du Christianisme* était venu fort à
» propos, et elle avait pris vivement à cet ouvrage. Mais elle
» était peu faite pour la dévotion proprement dite, et c'était, au
» temps de sa jeunesse, une chose inconnue dans le monde où
» elle vivait. La religion conçue avec modération, pratiquée sui-

à moi. Je m'ennuie d'être si longtemps sans un souvenir de toi; je commence à n'avoir plus de patience, et à penser que, dans un salon de service, sur quelque coin de table, il y a toujours une feuille de papier et un peu d'encre, pour écrire à son amie qu'on l'aime et qu'on se porte bien.

Pour moi, j'ai souffert hier tout le jour; nous étions chez moi une collection de malades : madame de Vintimille, convalescente; M. Pasquier,

» vant le sens commun, ne ressemblait nullement à cette doctrine
» d'esprit de parti, toute hérissée de superstitions puériles, de
» paradoxes historiques et de calculs politiques, qu'on appelle
» aujourd'hui de ce nom. En avançant un peu plus en âge, et
» même sous l'influence de la conversation de mon père, qui
» n'avait pas la foi, mais qui avait été élevé à l'Oratoire dans un
» esprit de religion solide, ma mère, dont l'esprit se plongeait de
» plus en plus dans le commerce des écrivains du XVIIe siècle,
» s'initia un peu davantage à la connaissance de la doctrine chré-
» tienne, et sentit en outre quelques mouvements de piété dont
» elle donne la description exacte dans ses lettres. Sa pratique
» s'était bornée longtemps à aller à la messe, le dimanche, et même
» avec une assez grande inexactitude motivée par sa santé. C'est
» dans l'automne de 1811 que, ayant un peu fatigué sa poitrine à
» jouer Elmire dans le *Tartuffe*, au Marais, chez madame de La-
» briche, dont la fille, madame Molé, aimait avec passion cette
» sorte d'amusement, elle commença à souffrir un peu de cet or-
» gane, jusque-là épargné par ses autres maux, et elle eut même,
» au mois d'octobre, une péripneumonie qui, sans être très grave,
» prit toutes les formes d'une maladie en règle. Elle eut alors les
» pensées que la maladie inspire naturellement aux personnes

qui a un catarrhe; madame Chéron, prise d'un mal de gorge; Lebreton avec une courbature, et moi malingre; plus, Bertrand, qui a toujours quelques petits maux au service de ses amis. Nous nous sommes tous étalés, et dans cet air d'hôpital, nous avons causé jusqu'à dix heures que ces poules mouillées se sont couchées.

J'ai assez bien dormi, mais je suis encore souffrante et je vais bien profiter de ce saint temps pour me reposer tout à fait. Je me flatte toujours,

---

» chrétiennes, et, après une certaine rechute, après seize ans d'inter-
» ruption, elle se confessa, et communia le mardi de Pâques 1812.
» C'est ainsi, comme elle l'a raconté dans quelques pages, qu'elle
» revint à plus de régularité pratique. L'exactitude stricte, non
» plus que la sévérité d'orthodoxie, ne pouvait lui aller. Par ses
» lumières propres, par sa sérieuse sincérité, par ses affections
» les plus chères, elle ne pouvait parvenir à regarder comme un
» devoir d'une universalité rigoureuse de croire et d'observer de
» certaines choses particulières qui ne résultent pas nécessaire-
» ment de la nature, mais accidentellement de l'histoire de
» l'humanité. C'est dans cette mesure qu'elle fut chrétienne,
» avec des sentiments vrais, et, plus tard même, avec cette indé-
» pendance que donne à la piété, lorsqu'il s'y joint, le libéralisme
» philosophique. Par un effet contraire, dont les exemples sont in-
» nombrables, la Révolution avait contribué à la ranger du côté
» de la religion; la Restauration servit à l'écarter du parti de
» l'Église. Au fond, elle différait moins qu'elle ne croyait de l'état
» d'esprit du *Vicaire Savoyard*, si l'on y ajoute le goût des écri-
» vains religieux du XVIIe siècle, par conséquent du jansénisme,
» et une préférence marquée pour la religion positive sur le pan-
» théisme. »

un petit peu, que tu pourras t'échapper un instant. Dis-m'en donc quelque chose; ou toi ou une lettre, il me faut l'un des deux, je t'en avertis; ou bien tu seras responsable de toutes les distractions que je vais porter à l'office.

Je t'envoie quelques papiers d'Opéra, que j'ai trouvés par hasard sur la table de l'antichambre. Pour moi, mon ami, je suis tout entière aux plus sérieuses méditations. J'ai lu hier un admirable sermon de Massillon sur la mort, qui m'a tour à tour troublée et consolée; on devrait vous le lire là-bas plutôt que cette *passion* de l'abbé de Rauzan [1] qui, dit-on, est très médiocre. Il est bon de parler de la mort aux heureux de la terre, et ces mots de poussière, de tombeau, de néant de la vie, auraient fort bonne grâce prononcés dans le palais des rois.

Le ministre de la police a dit hier, en revenant, que l'ode de Lemercier avait fort réussi à Compiègne. En as-tu entendu dire quelque chose? Dans ce cas, mande-le-moi, je t'en prie, parce que cela fera plaisir à qui tu sais. Constance n'est pas très bien portante; ce printemps est désastreux

---

1. L'abbé de Rauzan, aumônier de l'empereur, se fit plus tard connaître sous la Restauration par son ardeur pour les missions prêchées en France.

pour les santés faibles. Conserve la tienne; elle est ma consolation, et mon premier bien. Après viennent les joues fraîches de Charles; mais, je le dis du fond du cœur, c'est *après*. Je ne suis pas encore arrivée à ce point de maternité où on préfère ses enfants à tout. Quand j'étais jeune, on me disait : « Cela viendra. » Je ne le suis plus guère, et je sens que cela ne vient pas davantage; la faute à qui, à votre avis?

CLV.

MADAME DE RÉMUSAT A M. DE RÉMUSAT,
A COMPIÈGNE.

Paris, avril 1810.

Je vais donc t'attendre la semaine prochaine, et, par conséquent, rester à Paris. Je suis dans une grande indécision pour Navarre, non pas à cause de ma santé, car je commence à m'accoutumer à ne la pas compter pour grand'chose; mais, précisément, je n'ai point de *dormeuse* ici, et je ne sais dans quelle voiture aller. J'ai écrit, hier, à l'impératrice pour m'informer de ses nouvelles. J'agirai d'après sa réponse, et puis, si tu viens ici, nous causerons ensemble.

J'espère que je t'ai envoyé une jolie lettre de Charles ! Elle m'est arrivée hier soir ; je me suis donné le plaisir de la lire. Pendant ce temps M. de Talleyrand est arrivé, je la lui ai montrée ; elle l'a fort amusé, parce qu'elle est vraiment naïve.

On fait ici des histoires sur la cour et sur la vie que vous menez là-bas. En général, toutes ces inventions sont peu bienveillantes ; elles tendent toutes à démontrer la hauteur des manières de l'impératrice et la sècheresse de son caractère, et puis on rappelle *l'autre* après, et tout cela rendra sa situation difficile. On veut qu'elle ne soit plus que duchesse de Navarre, qu'elle soit reléguée dans le duché de Berg, que la Malmaison lui soit rachetée, que notre nouvelle souveraine ait témoigné un grand éloignement pour la voir si près d'elle, et, à l'appui de cette assertion, on cite des mots inventés visiblement, parce qu'il n'est pas possible qu'ils aient été répétés. J'attends ton retour pour savoir la vérité.

CLVI.

MADAME DE RÉMUSAT A M. DE RÉMUSAT,
A COMPIÈGNE.

Paris, avril 1810.

On dit que les *Français* vont à Compiègne, mon ami; ainsi donc, plus de voyage de Saint-Quentin, et plus de retour. Me voilà fort désappointée, car je m'amusais à t'espérer cette semaine, et je vois qu'il faut encore revenir de cette espérance. Je m'ennuie pourtant assez passablement de cette absence et de tout ce côté de mon appartement fermé.

Après avoir mené une vie retirée toute la semaine, je me suis décidée, hier, à aller entendre le début de madame Corria. C'est une grosse femme, tout à fait mal bâtie, avec une jolie tête. Elle a une belle voix, de la fermeté et assez de mouvement; mais elle me paraît chanter un peu lourdement, et je crois que la nature de son talent doit mieux convenir à l'opéra *seria* qu'aux

Bouffons. Je l'aime moins que madame Barilli. Elle a eu du succès, et elle a débuté dans un opéra charmant, qui attirera beaucoup. Madame de Vaudémont, à qui j'avais donné une place dans ma loge, dit que sa voix a perdu de son étendue depuis qu'elle est venue ici; mais je trouve qu'elle a un bel accent, et je parierais que les journaux vont, en la louant, se servir de cette expression, *une manière large*, que je déteste tout à fait.

Je suppose que, dans ce moment, tu te lèves; il est sept heures, et tu commences ton ennuyeuse journée. Tu verras aujourd'hui notre ami [1], qui est bien aimable pour moi dans ton absence, et que je vois presque tous les jours. Il m'a trouvée, vendredi, dans l'enchantement d'un sermon de Massillon, qui est tout à fait à la portée de notre pauvre faiblesse humaine. Il tire de nos propres défauts des conséquences pour nos vertus à venir. Plus vous avez été vain et ambitieux, plus vous servirez noblement et hautement le Seigneur; plus vous avez aimé la nature, plus vous vous attacherez à Dieu; un cœur tendre et sensible est un pas vers la Divinité. J'ai dit à M. de Talleyrand

---

1. M. de Talleyrand.

que j'étais bien aise de voir que l'amitié qu'il inspirait était un des échelons qui pouvaient amener à l'amour de Dieu, et je l'ai forcé à me lire beaucoup de passages de ce sermon, qu'il était plaisant de lui entendre réciter. Après sa visite, j'ai eu celle de Savary[1], qui m'a beaucoup questionnée sur notre petite cour de Navarre, et, ensuite, sur l'avenir de mon fils, qui lui paraissait être en état de prendre le mousquet. Pendant que je recevais ces visites, on était à Longchamps, qui était, dit-on, très brillant et dont je ne me suis pas doutée. La paresse me prend dès qu'il fait beau, et les pieds me démangent quand il pleut. Voilà ce qui s'appelle être organisée pour la saison!

Le *butor* veut toujours que je le nomme; il a été hier à l'enterrement de ce pauvre Chaudet, qui est mort au retour de Compiègne, de chagrin d'avoir été appelé pour faire le buste de l'impératrice en commun avec un autre[2]. Il était malade,

---

1. Savary, duc de Rovigo, n'était pas encore ministre de la police. Il ne fut nommé que le 2 juin 1810.
2. Je ne sais quel est ce *butor*. — Chaudet, sculpteur et peintre, avait une grande réputation. Il est l'auteur de la statue de l'empereur qui surmontait la colonne Vendôme avant 1814, de la statue de Dugommier à Versailles, et surtout d'œuvres gracieuses telles que *Œdipe enfant, l'Amour séduisant l'âme, Paul et Virginie*, etc. Il était né en 1763.

le sang lui a porté à la poitrine, et il est mort. A propos d'artistes, ils te souhaitent tous. Hier, Cherubini, que j'ai vu à l'Odéon, voulait que tu revinsses, pour l'aider à faire un concert de sa messe. On assure que cette messe est superbe; je l'ai prié de la faire dire chez moi, et il me l'a promis. Si elle est réellement si remarquable, peut-être pourrait-on la faire exécuter dans quelque cérémonie. Cependant, il n'en a pas paru tenté, et il me semble très revenu de faire de la musique pour les grandes dignités de la terre. Il fait un opéra-comique[1], et ne me paraît pas encore penser à son grand opéra.

CLVII.

MADAME DE RÉMUSAT A M. DE RÉMUSAT, A COMPIÈGNE.

Paris, 25 avril 1810.

Je t'écris, mon ami, sans savoir si cette lettre partira, si l'empereur est à Saint-Quentin, si tu

---

1. Cet opéra-comique de Cherubini est sans doute le *Crescendo* qui ne réussit pas à *Feydeau*.

l'accompagnes, si tu reviens, si tu restes. Cette incertitude est très ennuyeuse, et me gâte ce matin tout le plaisir de l'écriture. Mon Dieu, que j'aimerais à voir rentrer cette voiture, et qu'il y a donc de plaisir à vivre avec toi, et à te revoir! Le reste m'amuse, ou me plaît plus ou moins; mais ce qui me convient réellement, c'est toi, c'est ton affection, c'est ton aimable esprit, c'est ce caractère unique dont je ne retrouve le modèle nulle part. Laisse-moi te répéter ces douces vérités; je les pense, je les sens, j'ai du plaisir à te les dire.

Il fait un beau temps, et ma santé s'en arrange assez. Je me promène, je sors assez, sans en éprouver beaucoup de fatigue. Quand tu reviendras, je garderai plus volontiers la maison, ou, si je me sens en force, nous pourons faire quelques-unes de ces petites courses matinales que tu sais.

Les départs commencent. Madame d'Houdetot est à Sannois. Le temps court, et je m'attriste un peu quand je pense qu'il faudra que je m'en aille à mon tour. Mais où? mais comment? Toute cette incertitude m'ennuie, et je m'arrange de mon mieux pour ne pas regarder plus loin que la fin de la journée. Je me trouverais passablement de celle-ci, si elle te ramenait ce soir; je m'en flatte un peu, et puis je me sais mauvais gré de me flatter. Que nous sommes de faibles créatures; bien peu faites pour le bien, agitées si facilement, jamais en proportion des choses, et moi, mon ami, plus faible et plus imparfaite que toutes! Ah! c'est en toute humilité que je le dis. Ce que je vaux, je te le dois; c'est toi qui m'as garantie, soutenue, guidée; sans ta raison, ta tendresse, le bonheur que je te dois, j'eusse peut-être valu bien peu de chose, et c'est en toi seul, mon ami, que je puis mettre tout mon orgueil.

Amédée[1] est revenu tout ravi de l'Italie, ils font à eux deux des élégies sur la France. L'amour du pays n'est pas le sentiment à la mode. Que te dirai-je encore? Rien de nouveau ici, pas grand'chose des spectacles. La semaine sainte m'en a un peu séparée. Je sais qu'on s'étouffait aux *Français*, pour voir Talma dans *Manlius*. Madame Corria ne prend pas beaucoup; on la met au-dessous des deux autres, et on a raison; mais elle a pourtant du talent. La graisse étouffe sa voix, c'est une masse énorme qui roule sur le théâtre. Le roman de M. de Forbin[2] fait des querelles dans la société;

---

1. Amédée Pastoret.
2. M. Auguste de Forbin, peintre amateur, qui a été directeur

on lui redit les opinions, il s'en irrite tout à fait, et voudrait, dit-il, que, lorsqu'un homme de bonne compagnie prend la peine de faire un livre, cette bonne compagnie, par esprit de corps, le défendît. Lemercier a été voir l'abbé Morellet. « Monsieur, lui a-t-il dit en entrant, ceci n'est point une visite de reconnaissance. — Oh! pour ça, je vous en dispense, a répondu l'abbé; car, si j'avais été écouté vous n'auriez jamais été de l'Académie. — Et pourquoi, monsieur? — Ah! parce qu'il faut parler *français* avant tout. — Mais quels sont ceux de mes ouvrages qui vous ont donné cette opinion? — Tous ceux auxquels j'ai malheureusement touché, votre ode entre autres; elle renferme quarante fautes de *français*. — Monsieur, c'est cependant le jour qu'elle a paru, qu'on m'a nommé l'un des quarante; cela n'est-il pas piquant? — Oh! je sais que vous avez de l'esprit, et beaucoup; mais encore deux ou trois choix pareils, et la langue est perdue. »

C'est Lemercier qui m'a conté cela, avec bonne grâce, et une sorte de naïveté qui n'était pourtant pas humble en tout.

du Musée pendant la Restauration, avait fait un roman appelé *Charles Barimore*. Il est mort en 1841, à soixante-deux ans.

CLVIII.

MADAME DE RÉMUSAT A M. DE RÉMUSAT, A PARIS.

Avallon, vendredi 21 juin 1810[1].

Oh! la belle et agréable chose que de courir la poste, et les aimables distractions que d'attendre les postillons, d'enrayer, de grimper, de casser les traits, et enfin d'arriver dans l'auberge d'Avallon, après avoir passé une journée entière dans un tel nuage de poussière, qu'on pourrait dessiner un jardin anglais sur toute ma personne!

Je voudrais bien savoir, mon ami, ce que dirait ici madame Pastoret, avec tout son esprit, et quelles belles émotions elle aurait retirées de la route que je viens de faire? Une chaleur, un vent étouffant, une poussière telle que je n'en avais point vu, enfin tant de malaise et d'ennui, que je n'ai pres-

1. L'empereur et l'impératrice Marie-Louise étaient revenus à Saint-Cloud le 31 mai, après un voyage à Saint-Quentin, Anvers, Bruxelles, Gand, Ostende, Lille, le Havre et Rouen. Ma grand' mère partit, peu de jours après, pour rejoindre l'impératrice Joséphine aux eaux d'Aix en Savoie.

que pas eu le temps de penser à qui que ce fût.
Ajoutez à tout cela la douce réflexion que tout ce
plaisir m'éloigne de toi, et tu as une idée de ma
journée! J'avais cependant été saisie ce matin d'un
petit attendrissement patriotique[1], et je m'étais
émue en me trouvant en Bourgogne; mais, ce soir,
la poussière natale m'a un peu refroidie, et j'ai vu
avec calme Auxerre et tous les bords de l'Yonne.
Pour Augustine, elle est dans un ravissement continuel. Quoique fort loin du Val-de-Suzon, elle
retrouve ici la langue de son pays, les coiffures de
son temps, les maisons semblables, et elle s'attendrit perpétuellement.

Je ne suis point trop fatiguée jusqu'ici. Demain,
je serai à Autun de bonne heure, et je t'écrirai
dimanche, ainsi qu'à ma sœur, à qui tu donneras
de mes nouvelles. Parle de moi à madame de Grasse;
après toi et Charles, elle est ce que je regrette le
plus, je le sens, il faut qu'elle le croie. Je dis à près
que tous les moments de la journée : « Si madame de
Grasse était là, voilà ce que nous ferions, et ce
qu'elle dirait. » Et je me sens près de pleurer! Pauvre
femme! elle a passé sa soirée seule aujourd'hui.

---

1. La famille de M. de Vergennes était de Bourgogne

Je t'ai suivi, tu es à Saint-Cloud maintenant, avec les *États de Blois*. Cela fait un drôle d'effet, quand on est à Avallon, les *États de Blois!* Je me crois d'un autre monde, et, vrai, je ne sais plus où j'en suis.

Je me suis fait, cependant, ici un petit plaisir; on fait argent de tout quand on est loin. Je me suis rappelé que, lors de ton voyage d'Italie, les premières nouvelles que j'ai reçues de toi étaient datées d'Avallon; tu t'arrêtas ici, peut-être dans cette chambre! J'y ai pensé tout de suite, et cela m'a fait un peu de bien. Adieu, cher ami; il est dix heures, je vais me coucher; car, grâce aux postes des environs de Paris, hier, je ne suis arrivée à Sens qu'à onze heures et demie, et je ne me suis couchée qu'à une heure. J'étais levée à six, et, si ce n'était à toi que j'écrivisse, je m'endormirais sur ma lettre. Adieu, cher et aimable; je t'écrirai dimanche de Visigneux, que je désire et redoute de voir. Sais-tu qu'il y a vingt-deux ans que j'y étais? Hélas! tout ce que j'y voyais alors a disparu, et, même alors, j'arrivais dans la vie, et à présent... Mon ami, pardon, voilà une réflexion triste; il faut que je me couche, ce que je ferai après t'avoir embrassé comme je le puis.

CLIX.

MADAME DE RÉMUSAT A M. DE RÉMUSAT, A PARIS.

Autun, dimanche 24 uin 1810.

Puisque j'ai un petit moment de repos, il faut bien que j'en profite, mon ami, pour te donner de mes nouvelles. Je suis arrivée, hier, à cinq heures ici, assez fatiguée des cahots et des descentes de ce que mon cousin appelle *le plus beau chemin du monde*. A la dernière poste, j'ai trouvé un homme à lui qui m'attendait, et qui m'a fait aller à Autun où ces bons parents[1] m'ont reçue comme tu l'imagines. Je me suis couchée, baignée, et, aujourd'hui, je suis dans un plein repos, comblée de soins et d'attentions; demain, je reprendrai ma route et ma poussière, et j'espère que le reste du voyage se passera bien. Je ne suis pas dans l'admiration d'Autun, mais je me garde bien de le dire. La maison de mon cousin, au reste, est jolie, mais la

1. M. et madame de Ganay. Madame de Ganay était mademoiselle de Virieu.

maîtresse de la maison mille fois trop aimable pour s'y plaire. La pauvre femme s'ennuie, son mari aussi ; ils ont de la peine à oublier Paris.

Que veux-tu que je te dise encore, mon enfant ? Je suis triste ; mon pauvre cœur est tout comprimé ; je m'efforce, je m'encourage, je suis même bien plus sévère pour moi qu'il y a quatre ans. Je m'interdis ce que je me permettais alors ; je trouve que la vie devient plus grave, et qu'il faut se raidir contre les contradictions, pour se préparer aux vrais malheurs qu'elle déroule avec elle ; mais, malgré mes efforts, je souffre encore beaucoup, et cependant, je ne suis qu'à mon début d'ennui et de séparation.

J'ai été interrompue par un bonhomme qui s'appelle Brochot, qui t'aime à la folie, et qui s'est mis à pleurer, et moi aussi, en parlant de toi ; tous ces Bourguignons me reçoivent à bras ouverts, et je suis tout émue à chacun d'eux que je revois. L'un me parle de mon père, de ma pauvre mère, l'autre de toi. Mon ami, je regrette *Vergennes*, en les écoutant. Que nous y aurions été bien reçus !

CLX.

MADAME DE RÉMUSAT A M. DE RÉMUSAT, A PARIS.

Aix en Savoie, vendredi 29 juin 1810.

Me voici arrivée, mon cher ami, et il était temps! car je suis très fatiguée. La journée d'hier a été la plus pénible, et, comme je sais qu'on aime assez à être au fait des événements de route de ses *amis*, et que je n'ai qu'à conter, écoute-moi donc. Tu sauras que le séjour de Lyon ne m'avait point reposée; j'ai couru la ville plus par respect humain que par curiosité. J'y étais déjà un peu souffrante, et puis j'avais un si mauvais lit, que j'ai passé la nuit première sur un fauteuil. La seconde, après m'être tournée et retournée de tous côtés, je me suis levée tout à coup à trois heures, et j'ai été haranguer Augustine, qui dormait de tout son cœur. Le résultat de mon discours a été de mettre toute la maison en mouvement, de demander des chevaux et de partir. Nous voilà en route; mais, à sept ou huit lieues, voilà une chaleur étouffante, un temps couvert, le mal de tête qui nous prend, et une espèce de mouvement de nerfs fort douloureux. Nous cheminons toujours; je n'ai de ma vie été si mal à l'aise et si accablée; enfin, l'orage a éclaté! Lorsque nous approchions des montagnes, il s'est élevé une tempête, et il tombait une grêle qui a dévasté en un moment toutes les moissons autour de nous. Heureusement que nous avons pu gagner le Pont-de-Beauvoisin; j'ai attendu à l'auberge que l'orage se dissipât; il était quatre heures, je ne voulais pas rester, je n'osais pas partir, et on me disait qu'il fallait encore six heures pour gagner Chambéry. Enfin, aussitôt que le tonnerre s'est un peu apaisé, nous avons repris notre route; mais la pluie tombait toujours, et donnait à cette route des Échelles un aspect assez triste. Ce chemin, qui sera beau quand il sera arrangé, est maintenant encombré de pierres pour les parapets, de charrettes et d'ouvriers qui le rendent fort incommode. Nos chevaux étaient bons, le postillon fort prudent, mais Augustine dans un tel effroi, qu'elle m'a inquiétée véritablement. Une fois que nous avons été sur les montagnes, et suspendus sur les précipices, sa peur a été telle, qu'elle s'est mise à jeter les hauts cris.

J'ai fait mes efforts pour la calmer, mais elle avait réellement perdu la tête. Je la grondais, je la consolais, mais rien n'y faisait. Pour moi, je n'avais aucune inquiétude, mais je souffrais beaucoup des cahots continuels. Je ne sais si tu te rappelles cette dernière montagne, après les Échelles, qu'on a taillée pour la route entre les rochers, et par laquelle on ne peut passer qu'avec des bœufs. Comme la pluie cessait un peu, je l'ai montée à pied, n'ayant pas d'autre moyen, pour trouver un peu de soulagement, que le changement de fatigue. Ce chemin est vraiment curieux ; mais il faut beaucoup de santé pour aller chercher des remèdes de cette manière. Enfin, je suis arrivée à onze heures du soir à Chambéry, abîmée de fatigue. J'y ai mieux dormi qu'à Lyon, et, ce matin, à huit heures, j'ai fait mon entrée à Aix. Je souffre moins qu'hier, je suis dans mon lit, mais le plus singulier lit du monde : une paillasse de blé de Turquie, et je ne sais quel matelas. Madame de Grasse, qui n'aime pas à me voir sur la plume, serait contente de ceci. Le pays que j'ai traversé m'a paru fort joli ; ce village est vilain. L'impératrice habite une petite maison où elle loge avec madame d'Audenarde, et, moi, on m'a mise dans une autre, avec MM. de Turpin et Pourtalès [1]; on ne m'attendait que dimanche. J'ai trouvé une grande chambre qui m'était destinée, mais sans le moindre meuble. Augustine s'agite pour avoir une chaise, une table, etc. Et moi, je t'écris, et je tâche de m'amuser de toutes ces contrariétés.

L'impératrice est venue me voir; elle se porte bien, elle a l'air content, elle se promène beaucoup. J'espère bien ne pas la suivre de sitôt, car j'ai réellement besoin de repos. Il n'y a personne ici, qu'elle et nous; elle a paru fort contente de me voir, et, selon sa coutume, elle a été toute bonne.

Voilà où j'en suis, cher ami, je t'écrirai bien souvent, je prévois que ce sera mon seul plaisir. Je vais tâcher de tirer parti de ces eaux, et de réparer la fatigue de ma route; j'ai quelque espérance d'avoir des lettres aujourd'hui, le courrier arrive tous les jours, soyez tous bien exacts et soignez un peu ma solitude. Je t'embrasse tendrement.

1. Madame d'Audenarde est la mère du général d'Audenarde. Elle était dame du palais. — M. de Turpin-Crissé, de la maison de l'impératrice, est connu par un agréable talent de peintre de paysages. — M. Fritz Pourtalès, de la maison de l'impératrice, était de Neuchatel, Son frère aîné est mort à Paris, il y a quelque vingt ans. laissant un beau cabinet de tableaux et d'antiquités.

CLXI.

MADAME DE RÉMUSAT A M. DE RÉMUSAT, A PARIS.

Aix en Savoie, 2 juillet 1810.

Que diable faites-vous donc là-bas que vous n'écrivez pas, surtout cette maudite femme sur laquelle je comptais, et qui me manque comme les autres? Que croyez-vous donc qu'on fasse ici de si beau, et de quoi voulez-vous que je m'occupe? Vous mériteriez bien que je me misse aussi dans le silence, et je vois bien que vous comptez sur l'oisiveté de ma vie. Ne vous y trompez pas pourtant : je n'ai pas autant de temps à moi que vous pourriez bien l'imaginer. Je me baigne à huit heures; je me recouche jusqu'à dix. A onze, je vais déjeuner au palais; après, on lit, et on travaille tout le reste de la matinée. Tu sais que l'impératrice aime à être entourée; elle ne rentre chez elle qu'à quatre ou même quelquefois cinq heures. Alors, je me retire; je lis un peu ou j'écris; à six, on dîne; après le dîner, on se promène. J'ai obtenu, à cause de mes *infirmités*, la permission de ne pas suivre toujours. Je tâcherai d'aller le plus que je pourrai, car encore ne faut-il pas se faire trop *paquet*. A neuf heures, nous jouons; nous chantons un peu, après; et, à onze heures, nous nous couchons. Voilà, comme tu le vois, une petite vie toute rangée. L'impératrice compte, dans quinze jours, faire une tournée dans les glaciers; elle reviendra après, reprendre une seconde saison, et puis elle fera un voyage en Suisse. La fin d'août me ramènera vers toi. Il faut prendre patience et courage jusque-là ; je le ferais assez, si j'avais des lettres; mais ce silence complet me dérange. Je ne sais comment vous l'entendez là-bas, à vous trois, ma sœur, madame de Grasse et toi, mais vous n'êtes guère habiles, pour les absents.

Depuis mon arrivée dans cette vallée, il fait une chaleur extrême, et un temps orageux qui fait mal aux nerfs. J'ai retrouvé ici cette oppression qui me prend toujours dans les montagnes, et dont il faut que je m'arrange. Quand elle est trop forte, je viens dans ma chambre pleurer un peu, et je retourne, après, reprendre cet air délibéré que tu me connais.

Que tu te plairais dans ce pays, mon ami! et

que je t'y aimerais avec ce garçon dont je vois là
la petite mine qui me fait plaisir et mal à regarder.
Ce cher enfant a de ton sang dans les veines, et il
n'écrit pas plus que son père. Ah! que j'ai affaire
à de mauvais cœurs !

CLXII.

MADAME DE RÉMUSAT A M. DE RÉMUSAT, A PARIS.

Aix en Savoie, vendredi 6 juillet 1810.

Mon ami, voilà encore un jour de passé, et je ne
vois point de ton écriture; je me répète que ta
semaine de Saint-Cloud n'a pas dû te laisser
grande liberté, et pourtant je souffre, et je m'inquiète comme si cette raison ne devait pas me rassurer. Hier, en allant nous promener à Chambéry,
l'impératrice a rencontré son courrier; il portait
une lettre du vice-roi, qui lui contait le désastre du
bal de l'ambassade d'Autriche. Il y a, dit le vice-
roi, une vingtaine de personnes blessées. J'ai
frémi, j'ai écouté en tremblant le récit qu'il en
fait. J'attendais ton nom, j'étais au supplice.

Quand l'impératrice a eu fini de lire, je me suis mise à fondre en larmes; je ne sais pourquoi aucune parole n'a pu me rassurer; la migraine m'a gagnée; dans cet état, j'ai fait dix lieues en voiture; il n'en fallait pas tant pour me rendre fort malade. Je suis revenue à huit heures du soir avec un mal de tête affreux, ma nuit a été agitée, et, ce matin, je suis toute brisée. Un peu de repos, et surtout quelques mots de toi, seront tout ce qui pourra me remettre; je n'ai pas la force d'écrire bien longtemps, et je ne puis écrire à personne autre. Ne t'inquiète pas cependant; tout ce que j'éprouve est complètement nerveux; mais, par grâce, un mot qui me rassure et vienne consoler mon cœur; jusqu'à ce qu'il m'arrive, je n'écrirai à personne; tout me fait mal dans l'inquiétude où je suis, et les remèdes loin de toi sont une souffrance.

Voici une lettre de madame de Grasse; elle me dit que vendredi[1] tu étais à Paris, ou jeudi plutôt; elle me dit encore que tu n'étais pas gai. Elle n'ajoute rien de plus, et, si tu as quelque chagrin, ne

1. Dans une grande fête donnée par le prince de Schwartzenberg le 2 juillet, pour le mariage de l'empereur, un incendie s'était déclaré, et un grand nombre de personnes, entre autres la princesse, avaient péri.

pourrais-tu pas me l'écrire? J'ai le cœur serré de toute manière, il faudrait de loin des détails; un mot tout seul a cent manières de blesser, et je suis dans une disposition à recevoir tous les coups. Aie pitié de ta pauvre amie! Tu es tout pour elle; le reste disparaît. Quand elle se tourmente pour toi, les amis, les enfants même, tout s'efface, et jusqu'à ce que j'aie pressé sur mon cœur cette écriture chérie, je sens que je ne vais penser qu'à toi. Mais, bon Dieu! de quelle manière.

CLXIII.

MADAME DE RÉMUSAT A M. DE RÉMUSAT, A PARIS.

Aix en Savoie, lundi 9 juillet 1810.

Enfin, mon aimable ami, voici une lettre de toi! Mille grâces te soient rendues! Je suis heureuse; je me porte bien, ta chère écriture m'a remise tout à fait; elle me fortifie contre l'absence; elle me donne du courage, du bonheur; j'étais inquiète, agitée de mille dragons, je comptais tristement les jours; cet horrible incendie me tourmentait encore. Remercie ma sœur, ma lettre était cachetée quand j'ai reçu la sienne. J'ai pleuré de joie en la voyant ; je me doutais qu'elle était à cette fête ; chaque instant de l'absence était un supplice dans cette cruelle incertitude. Ah ! mon Dieu ! Après de pareils événements, ce n'est plus rien d'être séparés. Vivez tous, soignez-vous, et ne nous plaignons plus. Je demande pardon à Dieu d'avoir si mal supporté la privation de ta douce présence. Depuis que j'ai tremblé pour tes jours, je trouve que j'étais bien coupable de tant d'impatience, et j'espère que, dorénavant, je ne t'offenserai plus par mon peu de courage. Cette agitation m'avait presque rendue malade, mais je me sens beaucoup mieux. Le médecin me soigne ; l'impératrice est parfaite pour moi ; me voilà bien, très bien ; ta lettre est sur mon cœur, je la lis, je la baise dans la joie qu'elle me cause ; enfin, je suis contente, et je te dois ce bien-être comme tous les autres *bien-être* de ma vie.

A présent, si tu veux savoir ce que nous faisons ici, je te dirai que c'est toujours à peu près la même chose. Hors quelques visites de Chambéry, nous vivons entre nous. Un peu de lecture le matin, la promenade après, le dîner à huit heures, à cause de la chaleur, le jeu ensuite, et quelque

peu de musique. Charles de Flahault est arrivé, puis
M. et madame de Chateaubriand. Il y a aussi une
madame de Sales, qui descend de saint François[1].
Elle paraît assez aimable, mais tu conçois que la
présence de l'impératrice met toujours un peu de
cérémonie dans les visites. Celle-ci se porte à merveille, elle est calme et douce : « Quelquefois, me
dit-elle, le repos tient lieu de bonheur. » Elle se
conduit avec une mesure vraiment remarquable ;
si elle disait un seul mot, on lui ferait une cour
assidue. Les autorités des villes environnantes
voulaient la complimenter, mais elle a tout refusé,
et sans effort, comme sans apparence de contrainte.
On lui témoigne partout de l'empressement et du
respect. Elle parle de l'empereur comme il faut, et
quand il le faut ; enfin, il est impossible d'avoir
plus de mesure et de tact. Malgré cette résignation, quelquefois, quand un peu de tristesse la
saisit, elle me fait un signe, et vient s'épancher avec moi. Je m'efforce de la distraire et de
l'encourager, et elle accepte de bonne grâce toutes
les consolations que la raison peut offrir. Il paraît
que Charles de Flahault a laissé à Plombières la
reine toujours plus malade que nous ne le croyions

1. Les parents, non les descendants directs de saint François,

ici[1]. L'impératrice ne s'en inquiète pas; elle la croit mieux, c'est une corde que je n'ose toucher. On attend le vice-roi ici. Le bruit s'est répandu que l'impératrice était grosse[2]; je puis dire avec vérité que j'ai été témoin d'une joie sincère à cette nouvelle, et, en effet, cet événement serait la récompense d'un grand sacrifice.

CLXIV.

MADAME DE RÉMUSAT A M. DE RÉMUSAT, A PARIS.

Aix en Savoie, 11 juillet 1810.

Nous sommes en solitude, aujourd'hui. L'impératrice est allée à Genève voir sa belle-fille, qui s'y est arrêtée, trop fatiguée pour venir jusqu'ici; elle ne reviendra que demain. Elle a emmené MM. Pourtalès et de Flahault, et madame d'Au-

---

étaient nombreux en Savoie. Le mari de celle-ci était sans doute le comte de Sales, né en 1778 et mort en 1850, qui a été ambassadeur en France sous la Restauration.

1. La reine Hortense.
2. L'impératrice Marie-Louise. Ce bruit de grossesse paraît un peu prématuré. Pourtant le roi de Rome étant né le 20 mars 1811, on ne peut qu'admirer la rapidité avec laquelle les bonnes nouvelles se répandent.

denarde. Le vice-roi, que nous avons vu hier, nous a donné de bien tristes détails sur ce malheureux bal. Quel bonheur qu'Alix s'en soit tirée, et que tu n'y sois point allé ! Quel danger nous courions tous ! Le ciel soit béni ! Mais, mon Dieu, tenez-vous tranquilles tous, et laissez là les plaisirs.

Je ne sais où vous en êtes là-bas, mais nous avons ici une chaleur mortelle et des orages assez violents. Ils me font bien un peu mal aux nerfs, mais je supporte tout cela très bien ; et tu peux dire à madame de Grasse, que je suis fort sage. Je prends doucement la petite vie rangée que je mène, je travaille beaucoup plus que je ne fais autre chose, parce que nous restons beaucoup auprès de l'impératrice ; nous lisons tout haut d'assez mauvais romans ; mais, quand ils m'ennuient, je n'écoute pas, et, tout en faisant aller mon aiguille, je laisse courir mon imagination où elle veut, et elle veut ordinairement me transporter dans ton cabinet ; je la laisse faire, et je m'en trouve bien.

Notre société est douce ; Charles de Flahault y met assez de mouvement ; il est plus de ressource et d'une meilleure conversation que je ne l'aurais cru ; d'ailleurs, il est gai, il chante bien, et nous en sommes contentes. Le pays est réellement beau ; il faudrait plus de jambes que je n'en ai pour le parcourir, mais ce que j'en connais me plaît, et, d'ailleurs, on dit que j'en verrai une très belle partie en allant à Genève.

Vous êtes bien aimable, monsieur le comte, de me parler des ressources de mon esprit, mais cet esprit, puisque esprit il y a, est, je vous l'avoue, le plus singulier du monde. Il ne me sert jamais à rien, lorsque je suis agitée ou seulement triste, et je ne sais rien faire loin de ceux que j'aime. Cela n'est pas trop commode, mais je l'ai déjà éprouvé souvent; c'est une affaire faite. Je travaille, je cause, je rêve, j'écris bien des petites lettres, je lis un peu. J'ai lu, par exemple, les lettres d'Héloïse; le latin m'a paru parfois difficile, mais j'avais une traduction qui m'aidait. Je lis maintenant le Tasse, avec un plaisir extrême. Je suis frappée de mille beautés qui m'avaient échappé, et je voudrais pouvoir en causer un petit quart d'heure avec notre ami Bertrand. Demandez-lui, de ma part, où il en est de Bourdaloue et de Bossuet.

Madame Chéron me mande qu'on croit que ce sera Saint-Ange[1] qui sera de l'Institut. Madame de

1. Saint-Ange, traducteur d'Ovide, a remplacé en effet Domergue à l'Académie. Il était malade, et il est mort peu de temps après.

Grasse me parle aussi d'une *commission* pour les prix, et me paraît un peu inquiète pour Spontini. Est-il vrai ? A propos de lui, qu'est-ce donc qui est arrivé à madame Festa[1], et comment avez-vous eu le cœur de lui faire recommencer la *Molinara?* Où étais-je pour crier ? En vérité, tu es généreux de me regretter, car j'aurais fait un beau train. Le *Journal de Paris* dit assez de mal de cette pauvre femme.

Voici trois petites romances que je me suis amusée à faire dans les montagnes de Savoie, pour me dédommager ; je les aime assez. Fais-moi le plaisir de les donner à Spontini, et de le prier, de ma part, dans un moment perdu, d'y faire un peu de musique, pour les mettre ensuite dans un gros livre à moi, qu'il sait bien, et que je lui ai laissé. Malgré sa bonne volonté pour moi, dis-lui cependant que je n'exige pas qu'il les fasse toutes trois, si elles ne lui conviennent pas, et que je le remercie de celle que j'ai emportée avec moi. Celle-là était une romance de départ et de séparation, dont les paroles et la musique sont si tristes, que j'ai pleuré

---

dans cette même année 1810 : « L'ombre de l'académicien que je remplace attend la mienne, » a-t-il dit dans son discours de réception.

1. Cantatrice italienne. La *Molinara* est, comme on sait, un opéra de Paesiello.

à chaudes larmes en la chantant ici ; aussi l'ai-je bien serrée pour ne plus la revoir qu'à côté de toi. D'ailleurs, elle est toute dédiée à votre excellence.[1]

CLXV.

MADAME DE RÉMUSAT A M. DE RÉMUSAT, A PARIS.

Aix en Savoie, juillet 1810.

Je crois que je t'ai un peu grondé hier, mon ami ; mais, en conscience, conviens que tu le méritais un peu. Les hommes se ressemblent tous, plus ou moins ; il y a certains traits généraux qui se retrouvent. Quand, soit par leur faute, soit un peu par hasard, ils ont quelques légers torts, ils prennent vite le parti du reproche ; seulement, les uns le font avec brusquerie et humeur, les autres avec des formes et une certaine finesse que je ne

1. Ma grand'mère a fait plusieurs romances que Spontini mettait en musique. Elle était bonne musicienne, et chantait avec goût et peu de voix. Elle prenait des leçons de Crescentini, de Blangieri, et Garat venait chanter avec elle.

passe pas davantage. Dans ta petite lettre d'hier tu me prêches sur cette facilité, dont je conviens, à laisser un peu vaguer mon imagination. J'accepte le sermon, quoique, en vérité, mon ami, si jamais elle a été excusable d'un mouvement de tristesse, c'est cette fois où j'étais toute fraîchement émue de tant de séparations nouvelles, seule, malade, et cruellement inquiète. Je conviens pourtant qu'une autre aurait moins cédé à tant de pénibles impressions; mais tu conviendras à ton tour que la phrase qui termine ton sermon est singulière. Tu sais fort bien quelles étaient les causes de cette disposition que je laissais voir à madame de Grasse, et tu dis pourtant : *Il me semble que..., si je ne savais pas...* Tout autant de petites formes, pour que ma femme, dorénavant, se contienne mieux; pour qu'elle craigne de m'inquiéter une autre fois, et qu'elle sache éviter de se livrer à une disposition qui peut inspirer, même à moi, de singulières pensées. — Mais, pour que cela fît effet, cher ami, il faudrait que je te connaisse un peu moins, que je puisse supposer qu'il te fût jamais possible de penser qu'il existe en moi, je ne dis pas un sentiment, mais seulement une impression qui te déplût. Or, comme il faudrait bien des paroles avant que j'en vinsse là, si le reste de ton sermon n'avait été raisonnable, il courait risque de manquer son effet, avec cette belle fleur de rhétorique qui le terminait. Elle m'a pourtant affligée d'abord, ce n'est pas sûrement ce que tu voulais; après, elle m'a un peu piquée; mais voilà qui est fait, et je t'embrasse de tout mon cœur. Quant à madame de Grasse, je vais la gronder de la bonne façon, et pourquoi s'avise-t-elle de montrer si exactement mes lettres? Il y a des petites faiblesses féminines qu'il faut cacher aux *merveilles* mêmes, parce que ces *merveilles* ont aussi quelques petits moments moins parfaits, et que, toutes bonnes qu'elles sont, je n'aime pas du tout la mine avec laquelle elles écoutent les complaintes d'une pauvre solitaire.

En vérité, mes amis, vous ne me devez que des compliments, cette année. J'étais bien autrement folle à Cauterets! Vous ne vous en douteriez peut-être pas, mais je suis cependant très contente de moi. Je n'ennuie personne de mes petits tracas, de mes *secrets chagrins*. Je suis gaie, animée; tout le monde vient à moi comme mettant en train; je chante quand on le veut, je me promène même en souffrant; je lis tout haut tout ce qu'on m'ordonne de lire, je travaille depuis midi jusqu'à cinq heures, je n'ai pas un moment pour m'écouter moi-même. Quand il m'arrive un triste et doux souvenir, je le repousse avec une brusquerie qui doit fort t'étonner. Je ne m'amuse point à m'échauffer de mes propres écritures, car je n'ai que le temps de faire vite deux ou trois petites lettres; enfin, je suis sage et sotte, autant que vous pouvez le désirer.

Il est vrai, s'il faut tout dire, qu'il est impossible d'être longtemps auprès de l'impératrice sans avoir le besoin de lui rendre, par des soins, la douceur qu'elle met dans la vie habituelle, et si je me renfermais dans ma chambre pour m'occuper souvent, ou, si je m'abandonnais à ma mélancolie naturelle, je serais vraiment trop personnelle. Elle aime à être entourée, elle s'amuse des contes que je lui fais; c'est moi, entendez-vous? qui la fais rire. Elle me témoigne le plaisir qu'elle a à me voir, de mille manières; enfin, elle est réellement charmante, et d'une douceur angélique, tellement que je suis bien sûre de ne la quitter qu'avec un serrement de cœur, lorsque je serai cependant si contente de retourner vers toi.

Ce retour arrivera probablement d'ici à un

mois. Les projets de l'impératrice sont de quitter Aix du 15 au 20 d'août. Elle loue dans ce moment une petite maison sur les bords du lac de Genève, où elle établira son quartier-général, pour visiter la Suisse. Elle désire que je l'accompagne à Genève, et que je ne la quitte que lors de son départ pour les montagnes. Comme elle n'aura pas un grand temps pour ce qu'elle veut faire, je ne pense pas qu'elle demeure longtemps sur les bords du lac, et que je tarde alors beaucoup à vous aller voir. Je trouverai, je pense bien, des forces à ce moment du retour. Vous, monsieur le comte, qui avez si bien le secret de deviner les motifs cachés des dispositions où l'on se trouve, pensez-vous avoir assez de finesse, cette fois, pour comprendre la raison qui me rendra alors assez forte pour tout supporter? Je vous laisse à ce travail, et je vous embrasse, sur ce, bien tendrement.

CLXVI.

MADAME DE RÉMUSAT A M. DE RÉMUSAT, A PARIS.

Aix en Savoie, 18 juillet 1810.

Tu me gronderas, tu me battras, tu me tueras si tu veux, mais il me sera impossible, mon ami, de n'être pas émue vivement, et par ton silence et ensuite par tes lettres. Que veux-tu que je fasse ? Laisse-moi pleurer loin de toi, c'est mon lot, c'es mon métier; mais crois que je suis assez forte pour toutes ces émotions quelles qu'elles soient. Celles d'aujourd'hui sont douces : j'ai des lettres; mais elles sont si tendres, si bonnes, que, n'en déplaise à ta raison, je ne puis les recevoir d'un œil sec. Ton inquiétude pour moi a été extrême, tu as bien eu quelque raison, car j'ai beaucoup souffert, mais tout cela est passé. Ne parlons plus de cet horrible événement, ni de mon malaise; parlons de toi, de ta tendresse, de mon bonheur d'être aimée de cette manière, et d'aimer comme je le fais. Mon bien bon, que la vie est douce en somme, quand elle est embellie par des sentiments si doux! Que celle qu'on mène près de toi est charmante! Et que d'excuses pour une pauvre femme ainsi gâtée, et livrée, après, à elle-même! Je reçois les plus tendres sermons : madame de Grasse, Lebreton [1], toi, vous vous entendez tous pour me prêcher; mais, cependant, le moyen d'être tranquille avec une pareille terreur? Les malheurs arrivent si promptement, la perte d'un individu est un point, un rien dans une si triste catastrophe, et cette perte est pourtant, pour un cœur comme le mien, la fin, la mort de toutes choses. Conserve-toi, soigne-toi; ta vie est plus ma vie que la mienne propre, et, quelque idée que tu aies de ma tendresse, tu ne sais pas quelle influence encore tu exerces sur moi. Je la sens, je la touche presque, je suis en quelque sorte éteinte ou animée par toi. Cette impression me paraît vraiment comme matérielle, tant elle est en moi. Je

---

1. M. Lebreton, membre de l'Institut et secrétaire de la classe des beaux-arts, était un prêtre marié, homme d'esprit et d'un commerce agréable. Il était établi dans la maison de mes grands-parents sur un pied d'intimité, et on le traitait comme un ami. Il disparut assez subitement, et il est mort au Brésil, où il s'était retiré après la Restauration. Sa fille a épousé le docteur Jules Cloquet.

ne puis trouver d'expression pour la rendre, et j'aurais besoin de te la peindre de cent manières.

Vous nous parlerez longtemps de ce malheureux événement, sans que nous trouvions que vous en parlez trop; je suis bien sûre que nous en sommes encore ici plus fortement émus, frappés, que vous autres, entraînés par le tourbillon. L'impératrice en a été fortement émue, bien des liens allaient l'attacher à la princesse de Leyen, qui, d'ailleurs, était une excellente personne. Le danger de l'empereur lui a fait beaucoup de mal; elle pleurait, et ses larmes me faisaient peine : « Quelle singulière situation! me disait-elle. Un lien encore si fort, et des intérêts devenus si différents! » Son fils lui a fait une bonne distraction; elle attend sa fille, qui vient passer ici la saison. On la dit encore faible et souffrante. L'impératrice est bien aise que je sois ici; tu sais que la reine a de l'amitié pour moi, et je la soignerai de tout mon cœur. Je suis sûre même que cette occupation me fera du bien; je ne puis me consoler d'être loin de toi, qu'en me voyant un peu utile, et cette aimable et intéressante personne m'est réellement chère. Lebreton m'écrit une lettre toute triste; il me paraît bien malheureux de la mort de la princesse. Il a pensé aussi aller à cette lugubre fête. Mon Dieu, laissez là tout le plaisir, vivotez doucement, et attendez-moi; nous reprendrons notre petit train de vie, et Dieu sait comme j'en jouirai !

Madame Chéron m'écrit que nos enfants travaillent avec Auvray[1]; s'ils pouvaient lui rester l'année prochaine, nous ferions une bonne affaire. Je ne compte pas sur grand'chose pour les prix, il me semble que le petit s'est un peu ralenti; je n'aurai pas le courage de le gronder de si loin. Tu prêches si bien, que je te laisse mes pouvoirs. Je pense qu'en approchant de l'époque de sa première communion, tu lui feras quelque exhortation paternelle. Je serai bien fâchée de ne pas assister à cette cérémonie; je me rappelle comme ma pauvre mère pleurait lorsque je fis la mienne; ce tendre souvenir m'aurait accompagnée en conduisant mon fils. A propos, et tu vas voir que c'est bien à propos, j'ai trouvé le moyen, au milieu du tracas

---

1. M. Auvray était alors professeur de cinquième au lycée Napoléon, et donnait des répétitions. Il a été plus tard proviseur, et inspecteur d'Académie. Je l'ai connu quand j'allais au concours général. Il nous surveillait pendant les compositions, et il m'a souvent parlé de l'enfance de mon père.

de vie que je mène, de mettre une lecture sérieuse qui m'intéresse tout à fait. M. Pourtalès m'a prêté une vie de Zwingle faite par un Suisse[1], qui me paraît un assez bon livre; je n'y vois qu'un inconvénient, c'est qu'il me donne un peu de penchant pour le protestantisme. Madame de Grasse frémira, mais, en vérité, ces gens-là, du moins à cette époque, me paraissent assez raisonnables. Si je continue, je t'aiderai fort bien dans tes disputes avec elle, et je la battrai à coups de conciles.

CLXVII.

MADAME DE RÉMUSAT A M. DE RÉMUSAT, A PARIS

Aix en Savoie, vendredi 20 juillet 1810.

Plus je vais, plus je te souhaite dans ce pays, que tu aimerais sûrement beaucoup, et où tu te promènerais, Dieu sait comme! avec ton enfant. Il est vraiment charmant. Les montagnes sont moins

---

[1] Cette vie de Zwingle, l'auteur de la réformation en Suisse, doit être l'ouvrage de Hess, publié en effet en 1810.

élevées et moins sévères que les Pyrénées, et la vallée, plus ouverte, est d'une fraîcheur merveilleuse. Hier, j'ai fait une jolie petite course à ma portée, qui nous a conduits à une cascade très remarquable : trois chutes d'eau à côté, et en même temps l'une sur l'autre, des masses de rochers qui font de jolies cascades, et, au fond, un petit torrent qui fuit au travers des plus beaux arbres. On n'est pas surpris ici comme à Cauterets, mais on est plus content. L'horizon n'est point si resserré, et je trouve, pour mon compte, que j'y respire mieux. La ville d'Aix est fort vilaine, et je suis tristement logée dans une espèce de cul-de-sac, vis-à-vis d'un grand mur qui rend ma chambre assez noire. Si je revenais ici, je tâcherais de m'établir du côté de la campagne, ne pouvant beaucoup marcher; mais, cette année, cet inconvénient est peu de chose, parce que je suis beaucoup chez l'impératrice, qui est logée un peu hors du village. Quand il fait beau, je m'y transporte de pied; quand il pleut, on me vient chercher dans une belle chaise à glaces et toute dorée, qui avait appartenu autrefois au roi de Sardaigne; et, dans cet équipage, quand je suis en toilette, je fais l'amusement des petits enfants du pays, qui me suivent, comme on suit l'archichancelier au Palais-Royal. Tu imagines bien que, lorsque l'impératrice sort, elle est encore bien mieux suivie que moi. C'est un peu là l'inconvénient de nos promenades. Nous ne pouvons faire un pas sans attirer les buveurs et les habitants ; il est vrai que c'est un événement assez important pour des gens assez pauvres et des goutteux, de nous posséder ici. La jolie calèche, les beaux chevaux, les livrées, nos parures, tout cela fait un grand effet, et, au milieu de tout cela, la figure douce et toujours bienveillante de ma patronne. On vient de Chambéry, de Genève, de Turin, de Grenoble, pour la voir seulement ; on lui témoigne un extrême intérêt. Ce qui me fait plaisir, c'est qu'on n'a pas l'air de supposer qu'elle soit devenue étrangère à l'empereur, car on lui remet beaucoup de pétitions pour lui, et on a l'air de croire encore qu'elle est un intermédiaire entre le malheur et lui. Elle accueille tout avec une bonté remarquable, et elle fait beaucoup de bien autour d'elle, sans aucune apparence d'ostentation. A Genève, elle a échappé de son mieux à un empressement vraiment embarrassant, et je suis toujours frappée de l'habileté avec laquelle elle rend toute simple une situation qui d'abord paraît embarrassante ; c'est qu'elle n'a aucune vanité, qu'elle ne cherche point du tout l'effet. Elle parle de l'empereur comme d'un frère ; de l'impératrice nouvelle, comme de celle qui doit donner des enfants à la France, et, si les bruits de grossesse qui se répandent sont vrais, je suis sûre qu'elle en sera contente.

CLXVIII.

MADAME DE RÉMUSAT A M. DE RÉMUSAT, A PARIS.

Aix en Savoie, 21 juillet 1810.

Dis-moi donc un peu ce que devient *mon curé ?* Le vois-tu ? Est-il content ? Reste-t-il ? Le retrouverai-je ? Je suis un peu fâchée contre lui ; je n'en entends point parler ; il ne pense plus à moi. Je lui ai écrit, il y a déjà longtemps ; je ne compte guère sur une réponse, et certainement je ne lui dirai plus rien[1].

Il fait ici un temps horrible depuis quatre jours, une pluie, une grêle, un vrai froid. Il neigeait

1. Ce *curé* n'est pas moins que M. de Talleyrand.

avant-hier sur les montagnes, et nous faisions du feu. Pendant ce mauvais temps, j'ai fini ma vie de Zwingle. Les anabaptistes m'ont un peu refroidie sur le protestantisme. J'ai vu qu'il avait aussi ses inconvénients; mais je suis contente du livre. Je lis à présent les Mémoires du prince Eugène. C'est une singulière prétention, et bien mal soutenue, que celle du prince de Ligne. A la seconde page, on s'aperçoit bien vite que c'est une invention. Cela est écrit avec le style de la conversation d'un salon d'il y a trente ans [1].

Tu vois que je lis un peu. Quand je rentre chez moi, je prends sur-le-champ un livre; je ne veux point penser ni rêver. Les frères prêcheurs me l'ont défendu; je lis dans le bain, et un petit moment, de sept à huit heures, avant dîner, quand je puis être seule. Il y a des moments où je soupire après ce plaisir d'être seule, sans pouvoir trouver un moyen de m'en aller ou de m'enfermer. La manière dont je suis logée est assez incommode pour cela. Il faut sortir de la maison et faire un petit bout de rue pour arriver à ma chambre; j'ai

1. Le prince de Ligne venait de publier la *Vie du prince Eugène, écrite par lui-même*. Il s'agit, bien entendu, du prince Eugène de Savoie, et non du prince Eugène de Beauharnais.

raison de dire *ma chambre*, car elle est exactement sur la rue, l'escalier en dehors comme un escalier de comédie, aussi dans la rue, et un simple loquet pour fermer tout cela. Je n'y suis pas plus tôt réfugiée, que voilà mes compagnons qui viennent m'y trouver : l'un se met au piano et veut me faire chanter, l'autre feuillette mes livres ou dérange mes papiers; je cours après toutes ces pauvres feuilles, je gronde, je demande qu'on s'en aille; mais il faut l'avoir dit vingt fois, avant de l'obtenir une, et alors le temps est passé, et il faut retourner là-bas. Enfin, je ne sais comment nous faisons, mais nous gaspillons tellement le temps sans pouvoir parvenir à l'occuper, que, n'ayant pu trouver un moment pour t'écrire, il y a quelques jours, et ne sentant nulle envie de dormir, je me suis relevée à trois heures, et je t'ai écrit. A présent, il en est cinq, et c'est ordinairement avant mon lever que je fais toutes mes petites lettres; je ne touche plus une plume de la journée; aussi tous les cahiers, tous les petits livres chôment. Mais, comme je profite des sermons, je te réponds que personne ne s'aperçoit quand je suis contrariée, et qu'hier un de ces messieurs me disait : « Que serions-nous devenus sans vous? Vous avez un fond de gaieté réellement inépuisable. » Je te prie de répéter cela à madame de Grasse.

Ah! mon Dieu! et moi qui allais oublier le meilleur. Ah! ah! mon révérend père, vous vous inquiétez donc aussi? On est trois jours sans vous écrire, et vous dites que, si cela dure un seul jour encore, votre tête partira! Madame de Grasse parle déjà de monter en voiture, et tout cela se terminait, j'en suis bien sûre, par dire un peu de mal de moi. *Elle* a une si mauvaise tête, *elle* aura pleuré, *elle* aura eu des attaques de nerfs, *elle* se sera mise dans un état horrible, sans vouloir rien entendre, sans prendre à aucune raison; le diable emporte les imaginations de femme! Non, mesdames, vous vous amusez à vous exalter sur tout, vous passez votre temps à vous monter la tête, le mot *raison* vous paraît une insulte; et, là-dessus, madame de Grasse disait son mot. « Ah! je vous conseille de parler, vous êtes encore une bonne tête! » N'est-ce pas comme cela, et cependant le prédicateur, tout en prêchant, se tourmentait à part lui, et m'écrivait une lettre qui n'irait pas mal en pendant avec celle qu'on m'a reprochée. Tiens, mon ami, en fait d'affection et de toutes les faiblesses qui s'ensuivent, nous n'avons pas à nous reprendre sur grand'-

chose, et, n'en déplaise à ta dignité masculine, je dirai comme Nicole : *Queussi queumi, et queumi queussi* [1].

CLXIX.

MADAME DE RÉMUSAT A M. DE RÉMUSAT, A PARIS.

Aix en Savoie, ce 25 juillet 1810.

L'impératrice veut s'établir à Genève, une dizaine de jours, et faire son voyage de Suisse. A cette époque, je prendrai mon vol. On me conseille fort de revenir par Lausanne, Neuchatel et Besançon; on m'assure que cela n'est pas beaucoup plus long, et que j'évite de mauvais chemins; je verrais de cette manière les bords du lac de Genève, ce qui me tente assez; j'y retrouverais quelques souvenirs de mon enfance, et peut-être me déciderai-je. Je verrai à Genève, et, à cette époque, je te dirai le parti que j'aurai pris. Si

1. Ce n'est point Nicole, c'est Covielle, qui, dans le *Bourgeois gentilhomme*, emploie cette expression, (Act. III, scène 10).

notre amie[1] venait, je ferais cette tournée avec elle. Si elle ne vient pas, qu'elle écrive toujours, je tâcherai de lui obtenir une réponse qui pourra peut-être lui servir de garantie. Sa position me tourmente beaucoup; je voudrais être auprès d'elle, parce que, si tu es pris par quelque accès de dignité conjugale, je suis sûre que tu te désoles, en lui donnant tort. Ces maudits maris se croient toujours obligés de se tenir, et l'honneur du corps!... Tiens, mon ami, en général, ce corps n'est point aimable. Reste à part, et ne leur fais point la grâce de te joindre à eux. Il y a trop de différence, et je déclare que, la vertu dût-elle s'en fâcher, je n'en aurais jamais aimé un autre comme je t'aime.

Hier, l'impératrice m'a demandé qui j'aimais mieux de toi ou de Charles : « Mon mari, madame, » ai-je répondu, du ton dont tu sais que je réponds. Madame d'Audenarde a levé la tête : « Oh! mon Dieu! a-t-elle dit, peut-on répondre d'un air si déterminé! — Madame, je réponds comme je le sens. — M. de Rémusat est donc bien aimable? — Aimable! oh! madame..... » Et puis, je ne savais par où commencer, et un

1. Madame de Grasse.

moment après, je ne sais comment finir. « Si cela est ainsi, que vous êtes heureuse! » Oui, ai-je pensé dire; mais aussi qu'il y a de souffrances à être loin l'un de l'autre! Je me suis retenue; cependant, les larmes me gagnaient les yeux, et j'ai fait je ne sais quelle mauvaise plaisanterie, pour me tirer de là. Je te promets que, sur cet article, ta raison serait contente de la mienne. Personne ne se doute que je souffre de cette séparation de toi et de mes enfants. A mesure que je vois approcher l'époque des vacances, mon cœur se serre d'autant plus, mais il ne mettra personne dans mon secret. Il est ridicule d'ennuyer les autres de soi-même; et puis, cette pauvre impératrice est assez triste par elle-même. Les affaires de Hollande la tourmentent, et l'avenir de sa fille, la situation de ses petits-enfants[1]! Elle est fort agitée; je la calme de mon mieux. Je l'engage fort à se fier à l'empereur, et, d'ailleurs, à ne pas aller plus vite que le temps. A des époques aussi fécondes en événements singuliers, l'excès de la pré-

1. Louis Bonaparte venait de rompre avec sa femme et avec l'empereur, et la Hollande avait été, le 9 juillet 1810, réunie à l'Empire.

voyance est presque un inconvénient. Il faut se soumettre et attendre, et je le dis à l'impératrice comme je le pense : « L'empereur ne fera pas retomber sur ses petits-neveux les torts de leur père. C'est une position pénible que celle qui vous place hors du mouvement de la cour, en vous obligeant encore à en ressentir les agitations. » Il faut vraiment une grande douceur et une extrême raison pour se conserver intact au milieu de tout cela. Elle est fort touchée des soins que je lui rends, elle est bien aise de me voir auprès d'elle; elle m'appelle et me cherche sans cesse ; je l'écoute, je la console, et puis je la distrais en lui parlant d'autres choses, car on finit par s'inquiéter trop, et perdre ses moyens de juger, en s'appesantissant trop sur le même sujet; et puis la raison est ici à attendre, ne pas beaucoup prévoir, et se fier à une autorité supérieure et à coup sûr bienveillante.

CLXX.

MADAME DE RÉMUSAT A M. DE RÉMUSAT, A PARIS.

Aix en Savoie, 27 juillet 1810.

Je ne comprends rien à ce que t'a dit M. de Talleyrand. Il prétend qu'il m'a écrit; mais, comme je reçois toutes mes lettres, je ne suppose pas que les siennes fussent les seules qui n'arrivassent point, et j'en conclus qu'il s'est enveloppé dans sa paresse. Je te prie de le lui dire, et que je la lui pardonne.

Nous avons été, hier, faire une longue course, qui n'a pas été trop fatigante, parce qu'elle était en partie sur l'eau, à deux lieues d'Aix, de l'autre côté d'un lac qu'on appelle le Bourget, et qui est assez étendu. On y trouve les ruines d'une ancienne abbaye qui appartenait à des moines de l'ordre de Cîteaux. La situation de cette abbaye est fort pittoresque; elle s'avance sur une pointe, au milieu du lac qui est entouré de tous côtés par des montagnes arides et à pic. On ne découvre aucune végétation; mais, tout autour, il règne un si profond silence, il y a une si grande solitude dans cet aspect, que je conçois assez que des gens qui voulaient rompre avec le monde eussent choisi cette retraite. Cette abbaye s'appelle Haute-Combe; deux papes en sont sortis; elle remonte à une date fort ancienne, et les restes de l'église sont fort beaux. A un quart de lieue de ce monument, on va visiter un fontaine intermittente, qui donne de l'eau avec abondance plusieurs heures dans la journée, à des époques variées, sans qu'on puisse concevoir la cause de cette singularité. Nous sommes restés une heure et demie auprès du rocher; mais l'eau n'a point paru, et la naïade a été sourde à nos sollicitations[1]. En revenant ici, nous avons trouvé un chambellan de la reine qui nous a annoncé son arrivée pour demain; cette nouvelle fait grand plaisir à l'impératrice.

1. Dans ce récit de la course de l'impératrice à l'abbaye de Haute-Combe, est omise, à dessein, la tempête essuyée sur le lac, et qui fit grand bruit alors. Ma grand'mère ne voulut pas d'abord parler de ce danger qui fut très réel; puis, sachant que d'autres avaient écrit, elle se ravisa et écrivit un récit détaillé de cette journée. Cette lettre a été perdue, mais on retrouve la trace de ses émotions dans les lettres suivantes.

CLXXI.

MADAME DE RÉMUSAT A M. DE RÉMUSAT, A PARIS.

Aix en Savoie, 29 juillet 1810.

« Voilà de l'écriture de ma femme, donc elle n'est pas noyée, donc elle a ses bras et sa tête, donc elle se porte bien, etc., etc. » Veuillez bien, mon cher ami, faire ce petit raisonnement, et ne pas vous inquiéter le moins du monde. La colonie est remise, j'ai été un peu des traînards, mais maintenant tout est bien. Nous l'avons, par ma foi, échappé belle! Mais, mon Dieu! sans se trouver au milieu d'un incendie ou d'un lac agité, ne pourrait-on pas souvent dire la même chose? Un jour de plus n'est-il pas, après tout, une espèce de conquête, et cette maudite *Camarde,* comme disait ce pauvre M. Chanorier, ne tourne-t-elle pas toujours autour de nous? « Ma femme, tout cela est bel et bon, mais je vous prie cependant de vous ménager, de ne point affronter les orages, et de me revenir en bon état. » Mon ami, ainsi ferai-je, car, enfin, malgré mes belles réflexions philosophiques, je sens que je tiens à la vie. Si vous n'en savez pas la raison, je vous prie, seigneur, de vous appliquer à la deviner.

Ah! que madame de Grasse va faire de beaux *hélas!* « Mais pourquoi courir ainsi? Que ne se tient-elle tranquille? Que ne l'ai-je accompagnée? » Cette pauvre amie! J'ai pensé aussi à elle dans cette angoisse, et encore à quelques autres de mes amis, mais j'aurais voulu vous chasser tous de mon souvenir. C'est un singulier composé que celui d'une tête de femme; car je ne veux pas croire qu'un cerveau masculin fût susceptible de tant d'incohérence. Je t'amuserai quelque jour par le récit de tout ce qui a traversé ma tête, au milieu du danger. Je ne parle pas du cœur, tu ne t'en étais que trop emparé, et je te repoussais vainement, toi, mes enfants, ma sœur! Mais mille choses venaient croiser tout cela, et ce qu'il y a de piquant, c'est que toutes n'étaient pas tristes. Des souvenirs sont étonnés de se trouver là, des inquiétudes de l'avenir, des confessions interrompues par l'espérance qui renaissait tout à coup, un peu la crainte de la douleur, et puis je ne sais quel embarras de la manière dont on tomberait, et dont on serait repêché, et alors un souvenir de Paul et Virginie. Ce qui est plaisant, c'est que nous avons eu toutes trois la même idée, et que nous nous sommes avoué, depuis, que nulle d'entre nous n'aurait eu le courage de sa modeste résistance. Enfin, Charles de Flahault chantait, et, par une sorte d'imitation machinale, je chantais aussi intérieurement, et je recommandais mon âme à Dieu sur tout cet accompagnement. Ah! que nous sommes de pauvres machines!

Mon ami, il est charmant d'arriver à terre après de semblables émotions. On se ressaisit avec délices de la vie et de tout ce qui vous la rend chère. Pour moi, le plus tôt que j'ai pu, je suis venue me renfermer dans ma chambre, pour me livrer au plaisir de penser à tout ce que j'aime. Je regardais ton portrait, je lisais tes lettres, je pleurais, mais de si douces larmes! Un pareil instant paye tout.

Cet ouragan est le plus violent que l'on ait vu s'élever ici depuis quinze ans. Il a déraciné des arbres, et, un quart d'heure plus tard, il tourbillonnait avec une telle violence, qu'on assure que nous étions perdus. Mais, grâce au ciel, nous voilà sauvés! Je te jure bien d'aller te rejoindre par la terre ferme.

Ce lundi.

J'ai passé une fort bonne nuit. Ne parlons plus de santé ni d'ouragan. Celui-là est passé; il faut songer à ceux que l'avenir amènera et que la vie déroule avec elle; ou plutôt cessons de nous occuper d'orages, et disons un mot du calme, c'est-à-dire de la fin de l'absence. J'ai bien raison de dire le *calme*, car il n'y a pour moi de véritable repos qu'auprès de toi. Séparée, j'éprouve toujours une secrète agitation que ta présence fait disparaître; heureuse ou tourmentée, souffrante ou en bonne santé, j'ai toujours besoin de te voir. Aussi, ne me rappelé-je pas un seul instant, une seule occasion de ma vie, où je n'aie éprouvé un mouvement de joie en te voyant revenir près de moi. Dans un moment de dissertation, on pourrait demander peut-être quel est le plus aimé de celui dont la présence agite, ou de celui qui apporte un doux repos avec lui? Mais je te réponds que la discussion serait bien oiseuse : le plus aimé c'est, et ce sera toujours, toi. Adieu, cher ami, je m'attriste, en pensant que, mercredi, tu éprouveras une triste impression de mes récits. Si madame d'Audenarde n'avait pas écrit à son fils, et si l'impératrice n'avait pas désiré que tu fusses en état de répondre à l'empereur, en cas que cela arrive à son oreille, j'aurais gardé pour le retour tout ce détail. N'en parlons plus, n'y pensons plus. Je le répète encore. Je me porte bien, et si tu veux que je te dise une bonne petite nouvelle, c'est que nous allons entrer dans ce cher mois d'août qui ne se finira pas sans que je me retrouve auprès de toi.

CLXXII.

MADAME DE RÉMUSAT A M. DE RÉMUSAT, A PARIS.

Aix en Savoie, 30 juillet 1810.

Eh! pourquoi ne reviendrais-je pas causer avec toi? Je t'ai écrit ce matin? La belle raison! Je n'en connais pas pour me priver d'un plaisir qui m'est offert ce soir. L'impératrice s'est promenée longtemps, elle est fatiguée, elle nous a donné congé, et nous voilà retirés. Il est neuf heures, il fait une pluie horrible, je suis seule, je reviens à toi. Dieu sait ce que tu fais! Pour moi je suis dans ma chambre. Mais, à propos de ma chambre, il faut que je te la conte un peu. Elle est grande, plus grande que celle que j'ai à Paris, deux grands lits y paraissent à peine; quand j'y suis arrivée, il n'y avait pas un meuble; je me suis agitée pour la remplir, il fallait couper tout ce vide; à force de harangues, j'ai trouvé deux commodes, une grande table énorme; c'est un monde que cette table : tes lettres, mon écritoire, mes livres, tout est dessus. Je trouve que la vie que je mène ici ressemble à cette chambre. Je mets de grands meubles, j'invente des moyens de la remplir, et il y a toujours des vides. De mes fenêtres... Mais ne t'attends pas à une belle description, j'ai fermé les volets, j'ai allumé un peu de feu, je suis dans un grand fauteuil, une sorte d'escabeau sous mes pieds, je t'écris, me voilà bien, *très bien*. Mon ami, d'où vient que mon cœur se serre en écrivant? Je te laisse à en deviner les raisons; mes lettres sont pleines d'énigmes, il faut que je compte bien sur ton esprit. Est-ce ton esprit que je voulais dire ? Qu'en dis-tu ?

J'ai passé une heure sans rien faire dans cette grande solitude; cette heure a été douce. Grâce à qui ? Encore une énigme. J'ai rêvé dans ce fauteuil; je suis revenue sur ce danger que j'ai couru, je me suis encore placée sur ce lac. En vérité, je suis presque bien aise d'avoir vu la mort de si près; je me ressaisis de la vie, de toi, avec un plaisir tout nouveau ; je pense à toi, je te nomme, tout le reste est bien derrière, mais il a sa place aussi. Pauvres humains que nous sommes, il faut tout acheter !

Que j'ai rêvé de choses depuis une heure ! C'est comme une vie tout entière, et toi, cependant toujours toi, je te trouve partout. Je m'examine aussi, je me trouve de bonnes choses, mais un peu par sauts et par bonds. Cela n'est pas égal, droit comme ta manière; je suis active, animée, et après, tout à coup, éteinte, abattue. La raison voltige autour de tout cela, mais n'est pas toujours assez forte pour bien ordonner les choses. Il me semble que ceux qui ne font que passer me regardent, et disent : « C'est bien. » Ceux qui s'arrêtent un moment disent : « Ah ! ah ! mais non, cela n'est pas si bien, voilà une faute, voilà un tort, une imprudence; où diantre va-t-elle? Que veut-elle faire? Elle se trompe peut-être. » Et puis on passe, on juge, on blâme. Enfin, viennent ceux qui regardent davantage ; ils regardent mieux, ils attendent, ils vont jusqu'au bout, et je pense qu'ils approuvent. Alors, c'est alors que l'on m'aime, parce qu'alors on me devine, et que je n'ai pas un sentiment, une pensée que je doive cacher, je ne dis pas aux indifférents, mais aux amis, aux véritables amis. Je vais encore te demander : « Qu'en dis-tu? Y a-t-il trop de vanité dans cette opinion? » Tu es de ceux qui regardent pour juger. « Mais, me diras-tu, il faut prendre garde même à ceux qui jugent en passant. » Pour quoi faire, mon ami? On se prive de si bonnes choses! Quand j'étais plus jeune, j'aurais voulu plaire à tout le monde; les années courent maintenant, voilà qui est fait. J'ai des amis, tu me connais, tu me comprends, et ce que je veux, c'est toi seul. J'aurais volontiers crié par les toits : « Mais attendez donc que je n'aie pas tort! » Ils ont continué leur route. A la bonne heure! Ils m'ont crue intrigante, ambitieuse? A la bonne heure encore! Tu me connais, tu m'aimes, cela me suffit. Je les défierais de trouver une opinion que j'aimasse mieux que la tienne.

Mais j'admire à quel sujet je me suis laissée entraîner. Oh! le beau pouvoir de l'oisiveté, de la solitude, et aussi d'une tempête! Car il y a de tout cela dans ma lettre. Tu en concluras que je suis en vie, et que je me porte bien, car je doute que, dans l'autre monde, on me donne le temps d'écrire tant de niaiseries. Je t'écris, je bavarde, je t'aime, donc je vis. Il me prend, cependant, envie de retourner la phrase : Je vis, donc je t'aime! Cela n'est-il pas mieux? Qu'en pense Votre Solidité?

Tu auras donc Charles, dimanche? J'en suis charmée; je voudrais être auprès de vous et cependant je ne voudrais pas que les vacances commençassent plus tard; je vous aime tous deux ensemble; tu auras bien des affaires, mais tu auras bien des moyens de te retrouver. Ce bon petit m'a écrit une fort jolie lettre, qui finit par un couplet charmant; demande-lui ce couplet. Je pense, vanité maternelle à part, qu'il est fort bien ; je voudrais l'avoir fait, mais je ne suis pas digne. Oh! le petit coquin! qu'il a d'esprit et que je l'aime! Comme il va être content de se trouver sous le même toit, dans la même chambre! Que vous allez dire de belles choses, de belles paroles! Je rêve qu'une belle nuit, je tomberai au milieu de vous deux, ce sera un beau train : « Ah! mon Dieu! c'est maman. — Eh oui! c'est ma femme, la voilà! » Et Dieu sait le reste.

Pauvre que tu es! Tu vas donc nous donner toutes ces pièces dont on a parlé[1]? Est-ce que cela ne dérangera pas l'ordonnance de tes théâtres? *Sémiramis*[2] va troubler *les Bayadères*. Quant à la *Vestale*, je ne crois pas que rien l'effraye. Je n'en dirais pas autant de la tête de son auteur[3]; elle me paraît un peu désordonnée, par ma foi. Fi du Talma! il s'achète trop cher, et les têtes de ces messieurs sont difficiles à ranger. Quant aux *Templiers*, où en es-tu? Donnera-t-on les anciens ou ceux qui sont retouchés? Le cas me paraîtrait assez embarrassant. Ce serait bien pis, s'il fallait décider entre *Andromaque* ou *Cinna*. Le ciel a pitié de nous, et nous sommes à

---

1. On était occupé des prix décennaux, et il était question de jouer tous les ouvrages désignés pour le prix.
2. Opéra de Catel.
3. Spontini.

l'abri d'une pareille difficulté. Pourquoi ne pas dire un mot du *Génie du Christianisme*, et puis *Montano et Stéphanie?* Me voilà comme le *Journal de l'empire*. Mon ami, je le disais hier à madame de Grasse, tout cela est comme la queue du chien d'Alcibiade, et c'est bien fait. Feu les Athéniens nous ressemblaient beaucoup.

Revenons, mais à quoi? car je ne m'écarte guère, quoiqu'au premier abord tout cela paraisse un peu décousu. Sais-tu ce que je lis maintenant? Les *Mémoires de Commines;* mais dans un si vieux langage, que je ne l'entends pas toujours. Il me semble cependant que je me raccommode avec Louis XI. Il ne me manque plus que de devenir protestante. J'aurai fait un beau voyage; ce sera bien le cas de dire : « Qu'allais-tu faire dans cette galère? »

La reine est ici, pâle, maigre, fort abattue, toujours prête à pleurer sans savoir trop pourquoi. « Madame, lui ai-je dit, ayez du courage et soignez votre santé; votre malheur n'est point du malheur, votre cœur ne souffre pas; l'empereur a reçu vos enfants parfaitement. Il les soigne, il les veille; ils sont en France, vous les reverrez cet hiver; vous voilà près de votre

» mère; il faut songer à tout cela, il faut dormir,
» manger, et laisser à Dieu et à l'empereur le
» reste. » Elle a souri de ma petite harangue,
et je pense qu'elle trouve que j'ai raison. Eh!
mon Dieu, n'ayons que les maux que nous avons.
« Dieu nous garde de nos amis! » dit le proverbe
portugais. J'ajouterai : « Dieu nous garde de nous-
mêmes! » J'ai bien mes raisons pour dire cela; il y a
des moments où je voudrais me fuir, à condition
pourtant que c'est toi qui me trouverais.

Bonsoir, mon ami, je vais me coucher, et
finir une de ces journées passées loin de toi,
dont je ne me soucie guère. Encore quelques-
unes, et je serai près de ce que j'aime le mieux
au monde. Il me faudrait un autre mot pour te
dire ce que tu m'inspires; car j'aime bien mes
enfants, ma sœur, mes amis, et, cependant, je
sens tout autre chose quand il s'agit de te dire
un mot. C'est une espèce de mouvement, de
trouble, d'agitation qui est presque ridicule,
après tant d'années; et cependant, pourquoi? Tant
de bonheur, une vie, une vie tout entière! Toi ou
rien, voilà où j'en suis, voilà tous mes souvenirs.

CLXXIII.

MADAME DE RÉMUSAT A M. DE RÉMUSAT, A PARIS.

Aix en Savoie, vendredi 10 août 1810.

Voilà qui est fait. Je partirai d'aujourd'hui en huit : il n'est plus question de Genève et de Suisse. J'irai par le plus court, le Jura, Dijon, Troyes et Paris. Je serai cinq ou six jours en route, fais ton compte, et attends-moi; ne m'écris pas à Dijon, j'y arriverai tard, et la poste serait fermée. Je suis charmée de l'arrangement de Trianon [1], parce que tu pourras me donner quelques moments; je craignais que tu n'y fusses établi. Tout est pour le mieux, le ciel bénira cette fin de voyage. Ma joie est trop naturelle pour qu'elle ne soit point approuvée là-haut, et je sens que je mérite le bonheur qui m'attend. Fais ce que tu voudras pour ma cousine, je t'approuve en tout. Tu es excellent, ta bonté me charme, sans jamais me

1. L'empereur s'était établi à Trianon.

surprendre. Tu as je ne sais quel secret qui fait que je m'attends toujours à ce qu'il y a de mieux de toi, et pourtant je jouis comme si j'étais surprise. Bon et aimable ami de mon cœur, conserve-toi, tu es vraiment la vie de ma vie.

M. et madame de Tascher sont arrivés ici hier; la pauvre petite femme, triste et parlant souvent de sa mère. Tu ne doutes pas que je ne l'entende. Le jeune mari a été pris de la goutte en route, mais tellement pris, que ses deux pieds ne peuvent poser à terre, et qu'il souffre horriblement. Le bonheur a bien du mal à s'établir complètement quelque part. L'impératrice est grasse, et mieux que je ne l'ai jamais vue; elle me voit partir avec un chagrin fort aimable, et moi-même je sens que j'aurai le cœur serré en l'embrassant, car elle est bien bonne pour moi. Sa fille est toujours fort languissante, mais elle ne crache plus le sang, et le repos d'esprit et le mouvement d'un voyage en Suisse qu'elle projette lui feront beaucoup de bien. Elles partiront d'ici le 25, et elles ne reviendront qu'au mois d'octobre. De cette manière, tu vois que je passerai le mois de septembre dans un plein repos. Dieu sait à quelle douce paresse je l'emploierai! Le train d'ici ne laisse pas que d'être un petit mouvement continuel ; on va, on vient on se remue, on est toujours ensemble, on s'habille, on joue, enfin, peu ou prou on s'agite toujours, et cette chère paresse dont tu sais que je fais tant de cas se plaint du peu d'égards que j'ai pour elle. Je suis étonnée d'avoir encore trouvé le temps d'écrire autant que je l'ai fait, car mes heures sont toutes rompues.

La société d'ici a été aimable pour moi : Madame d'Audenarde est une bonne compagne ; la petite de Mackau, douce et gracieuse ; les deux jeunes gens, attentifs et soigneux ; Charles de Flahault, gai et causant ; enfin c'est un bon petit monde, qui me plaît et qui est assez content de moi ; il ne tiendrait qu'à moi de dire qu'on me regrette. Tu sais comme je suis *gaie* on prétend qu'on ne rira plus quand je serai partie. Qu'en dis-tu ? Ce sera à votre tour, là-bas, de me soigner et de me gâter ; je me laisserai faire, et ce sera moi qu'on entourera.

Le cœur me bat bien fort, quand je songe que je serai, d'aujourd'hui en quinze sûrement, près de toi. C'est là ma chanson habituelle ; il faut que tu m'écoutes dire cela sur tous les tons, car je ne puis sortir de cette pensée. Je n'ose quelquefois la prononcer tout haut, de peur d'attirer quelque accident sur moi ; je crains toujours le bonheur qui fait du bruit ; le mien est au fond de mon cœur : c'est comme ces respirations étouffées qu'on ne peut prendre entièrement ; on est oppressé par tout ce qui émeut fortement. Le remède à tout cela, c'est de t'embrasser mille fois. Je compte en user bientôt, si tu ne t'y opposes point.

C'est demain la veille de ma fête ; la reine a la bonté de donner à déjeuner chez elle à cette occasion. Tu penseras à moi, j'en suis sûre, et Charles boira à ma santé. Je n'espère pas les prix, et je n'y veux pas compter, et je sens tant de plaisir à revoir ce bon petit, que je ne m'occupe guère de cette couronne. Tu es content de lui, il est heureux, tout est bien.

CLXXIV.

MADAME DE RÉMUSAT A M. DE RÉMUSAT, A PARIS.

Aix en Savoie, 12 août 1810.

Tu es en vérité bien bon de tant aimer mes lettres, et je pense, cher ami, que tu me gâtes un peu quand tu m'en dis tant de bien. Hors le tendre sentiment que tu m'inspires, et sur lequel je reviens sans cesse, je les trouve, moi, si vides de toutes choses, que je pense qu'elles ne t'arrivent que comme le refrain d'un même air qu'apparemment tu aimes à entendre chanter. Voilà madame Chéron qui m'écrit aussi des douceurs sur ce qu'elle appelle *mon naturel,* et le plaisir que lui donne ma correspondance. Vous êtes tous trop polis ; mais, par ma foi ! je t'avoue que je suis lasse d'écrire, et je crois que ma conversation, quand je serai heureuse près de toi, vaudra beaucoup mieux que ces éternelles litanies sur l'absence. Voilà qui est fait : Aujourd'hui fini, je ne toucherai plus à ma plume, si ce n'est un instant, mercredi, pour t'annoncer que mes paquets sont faits. Je partirai toujours jeudi ; je crois que je ne reviendrai plus par Troyes, parce qu'on dit que cette route de Bourgogne est mauvaise, mais par Montbard et Joigny. Je te remercie de me permettre cette course en Suisse ; il faudrait faire cinquante lieues de plus, et le chemin le plus court, quand il faut t'aller retrouver, est le meilleur pour moi. Je serai cinq, six ou sept jours en route, selon mes forces. A dater du 21, tu peux m'attendre tous les jours. Je n'en fixe aucun pour ne point t'inquiéter. Mais songe que je veux te trouver, toi, Charles, mon lit et ma baignoire préparés.

C'était hier ma fête ; y as-tu pensé avec notre enfant ? Ici, on a eu la bonté d'en faire un jour à part. La reine a voulu me donner un très joli déjeuner chez elle. Nous sommes montées à sa maison, qui est hors de la ville, dans une position charmante ; nous avons trouvé une table fort bien servie dans son jardin. Elle avait fait faire des couplets et préparer une petite scène de proverbe fort aimable ; on a bu à ma santé et à la sienne de bien bon cœur. L'impératrice m'a donné un joli petit collier; la mère et la fille ont été charmantes pour moi, et je me trouvais toute honteuse et tout émue de leurs aimables soins. Je les aurais bien mieux remerciées encore, si je n'avais eu le cœur serré de mille souvenirs ; mais leur bonté s'est fait jour au milieu des sentiments que cette époque ranimait encore.

Toutes les lettres que j'ai reçues aujourd'hui sont tristes. Norvins m'écrit des lamentations sur mon silence; je vais lui répondre; il me paraît assez mécontent de ses affaires. Madame Chéron est toute dolente; ma bonne madame de Grasse gémit toute seule. Mon premier acte d'autorité sera de la rappeler près de moi. Madame de Vintimille est tout altérée des larmes qui l'entourent. Mon Dieu, que les accidents nous serrent de près, et que la vie est mêlée d'une étrange manière! Il faut toujours un peu trembler en la dévidant, et ne guère remuer quand on est bien. Mais le moyen d'éviter les chances qui nous menacent? On trouve sur son chemin des incendies, des fenêtres pour tuer les enfants, des lacs, des séparations, des inquiétudes qui vous froissent, des craintes qui vous oppressent, et encore mille autres chagrins.

presque sans fondement, qui ne laissent pas souvent que de faire un mal réel. La Providence sème la route de tout cela, pour qu'on n'oublie pas trop la fin où nous courons, et qu'on ne s'endorme pas dans une sécurité qui fait qu'on la néglige ; et vraiment, à voir la peine qu'on a à prendre à tous ces avertissements, on n'ose plus trouver qu'elle ait tort de les multiplier.

On m'a, pendant toute la semaine, fort bien tenue au fait des prix décennaux. A présent, voici le procès du notaire qui est le sujet des lettres que je reçois. Ce qu'il y a de bon, c'est que je ne sais pas du tout ce que c'est que le procès du notaire. M. Bertrand doit être un peu ennuyé de ces éternelles répétitions. A propos de lui, hier, en me promenant, j'ai trouvé sur le bord d'une assez vilaine mare une pauvre fille qui lavait d'assez sales torchons : « Voilà Nausicaa, ai-je dit à M. de Flahault. Où est notre ami Bertrand pour s'irriter de cette comparaison, qui, je parie, est cependant juste ? — Qu'est-ce donc que ce M. Bertrand, a demandé l'impératrice, dont vous parlez si souvent entre vous deux ? » Fais-lui remarquer cette phrase, par parenthèse, parce qu'elle est vraie. « Madame, ai-je répondu, c'est un de mes amis, qui, s'il s'était trouvé à la place d'Ulysse, en présence de la fille d'Alcinoüs, sans s'amuser comme lui à considérer ses charmes, aurait commencé, toute affaire cessante, par lui demander tout d'abord son jupon. — Comment, a-t-elle repris, il est donc bien entreprenant votre ami? — Oh! mon Dieu, non, madame; c'est seulement dans la crainte de s'enrhumer; il s'en serait fait un bon manteau. » Cette mauvaise plaisanterie nous a remis à parler un peu de notre ami, et, sur ce que nous disions, elle s'est rappelé qu'elle l'avait vu à la Malmaison, et elle a ajouté : « Vous êtes une heureuse personne; tous ceux que vous avez à aimer sont aimables. »

Il me semble que les théâtres ne laissent pas que de te donner quelque peine, mon ami. Tu l'entends en *plaisirs* comme en *bonheurs;* tu sais fort bien mener à fin les uns et les autres. Je voudrais que tu fusses aussi savant en fait de fortune; mais on ne peut pas tout avoir, et, quoi qu'il arrive, mon lot sera toujours le meilleur. Hier matin, je n'ai pas pu m'empêcher de prononcer le nom de Charles, dans les réjouissances de sainte Claire. On me disait : « Mais il a donc beaucoup d'esprit? — Oui, madame. — Mais est-il si beau? — Oui, madame. » Je n'y mettais aucune modestie. Fallait-il donc signaler ma fête par des mensonges? « Et avec tout cela, me demandait-on, vous aimez mieux son père que lui? — Ah! mon Dieu, oui, madame. » Et là-dessus : « Quel mari donc est le vôtre? » Mon bien cher, à cette question, je n'ai rien répondu; il y a des chapitres que je n'aime point à étrangler, et, comme je ne serais pas sûre de conserver les yeux secs, quand on vient ainsi découvrir mes secrètes pensées au fond de mon cœur, je me contente de sourire, d'un sourire que tu comprends, et je romps la conversation. Dis-moi, crois-tu que ce soit un signe qu'elle me fatigue? Mais non, ne me dis rien; je serais très fâchée que tu répondisses à ceci autrement qu'en m'embrassant, et je t'avertis que je ne veux plus de tes lettres.

CLXXV.

MADAME DE RÉMUSAT A M. DE RÉMUSAT,
A RAMBOUILLET.

Aix en Savoie, 13 août 1810.

Je ne sais pas trop faire de paquet pour Paris, mon cher ami, sans revenir à toi. Je n'ai pas voulu commencer par t'écrire, parce qu'alors je sais bien ce qui m'arrive : je ne finis plus, et le temps me manque. J'ai donc écrit d'abord ces trois petites lettres que je t'envoie, et puis je te reviens pour ma récompense. Mes amis ne se plaindront pas ; encore quelques jours, et j'aurai rempli toutes mes promesses. Je n'ai pas ici autant de temps qu'on pourrait le croire ; nous ne déjeunons qu'à midi, mais le tripotage des eaux, les bains, la toilette, prennent une grande partie de la matinée ; ensuite nous demeurons au château jusqu'à cinq ou même six heures. On y cause, on y travaille, on lit de mauvais romans qu'on n'écoute guère et qu'on ne finit pas ; les journaux et les lettres arrivent sur ces entrefaites, ces messieurs dorment un peu, et, à six heures, on va faire sa toilette pour sortir en calèche jusqu'à huit. Tu te représentes facilement l'effet que doivent faire dans une misérable ville comme celle-ci la calèche, les chevaux, l'élégant équipage de l'impératrice, et, en surplus, nos parures toujours assez soignées. Les buveurs d'eau, les habitants, sortent tous pour nous voir passer, et l'autre jour, l'impératrice me disait : « Nous voilà comme Cambacérès ! » parce qu'en effet nous étions bien suivis d'une quarantaine de petits polissons. A huit heures, on dîne. Après le dîner le Casino, et la musique; cela nous mène à onze heures, et qui sait une de nos journées les sait toutes. Tu vois donc bien que je n'ai guère à moi qu'une heure avant celle où je commence à boire, quand je me réveille à six heures, le temps où je suis dans l'eau pendant lequel je lis, et les deux heures de la promenade quand je ne me porte pas assez bien pour la faire.

Nous avons passé deux jours solitairement. Elle était partie avant-hier pour Genève, elle en arrive dans le moment. Elle a couru toute la nuit; il est six heures, on me fait dire qu'elle va se baigner et se coucher. Elle a été toute bonne pour moi en se séparant pour cette courte absence; elle regrettait de ne pouvoir m'emmener. En tout, il est impossible d'être plus aimable; elle me témoigne d'une manière charmante le plaisir qu'elle a à me voir près d'elle, et je suis bien aise, malgré le chagrin d'être séparée de toi, d'avoir eu le courage et la force de lui donner cette preuve de dévouement. Si elle eût été dans une situation plus heureuse, j'aurais balancé et plus consulté ma santé; mais son isolement ne permettait pas d'hésiter, et, jusqu'à présent, je ne me repens point; car je me trouve assez bien de ce voyage et du régime que je suis ici. Tu imagines bien que je fais de mon mieux pour égayer cette petite vie intérieure; je garde pour moi mes regrets, mes chagrins, quelques inquiétudes secrètes que j'éprouve; je sais qu'il faut éviter d'ennuyer de soi-même, et je parviens si bien à être tout autre dans le salon que dans ma chambre, qu'hier M. de Turpin me témoigna la plus grande surprise, en m'entendant soupirer, de ce qu'une personne aussi gaie que moi connaissait le besoin de soupirer. Je lui ai répondu que je n'étais pas si gaie qu'il le croyait; il m'a soutenu le contraire; j'ai continué la discussion en riant, et cependant je pourrais dire que j'avais alors des larmes au fond du cœur; car, en parlant de gaieté et de vraie gaieté, j'étais ramenée à un souvenir douloureux dont j'ai gardé toute l'impression au dedans de moi.

CLXXVI.

MADAME DE RÉMUSAT A M. DE RÉMUSAT,
A FONTAINEBLEAU.

Paris, 13 octobre 1810.

Mon ami, je te prie de ne pas mettre en doute que tu désires de me voir près de toi, et de t'arranger pour m'y appeler le plus tôt que tu pourras. Puisqu'on a pensé à moi, je trouve qu'il ne serait pas convenable de ne pas montrer de l'empressement. D'ailleurs, une fois notre enfant parti, je serais seule et triste dans ce grand Paris, toute seule; là-bas, je te serai bonne à quelque chose, et je veux que tu me veuilles. Demande donc à madame la duchesse de Montebello ma présentation [1] pour dimanche prochain, à condition

1. La cour était à Fontainebleau, et il était question de présenter à l'impératrice Marie-Louise les *dames* de l'impératrice Joséphine, après le voyage d'Aix.

qu'on me gardera après ; car je ne suis pas de santé à aller, revenir, pour retourner encore. Si on pouvait simplifier la chose, et me nommer seulement, alors je n'irais que le dimanche même, ou le lundi. Sans cela, je partirai toujours *samedi*, si je n'ai point de contre-ordre, si j'avais une chambre, et que le grand-maréchal ait donné sa sanction à tout cela. Je t'écrirai plus longuement ce soir. Réponds-moi promptement ; car, enfin, si on ne voulait plus de moi, il faudrait que je fusse avertie. Alix n'a point de nouvelles de son mari, elle se tracasse et ne sait quel parti prendre ; je la crois plus près de prendre la route de Semur que celle de Fontainebleau. Adieu, cher ami, je me vantais en disant que je souhaite de rester ici tranquille sans toi ; je m'ennuie déjà de cette séparation. J'en ai déjà tant souffert cette année, que je t'assure que je désire sincèrement ne plus être ce mois d'octobre loin de mon ami.

CLXXVII.

MADAME DE RÉMUSAT A M. DE RÉMUSAT,
A FONTAINEBLEAU.

Paris, ce mardi, octobre 1810.

Je n'ai point fait partir la lettre que j'ai écrite hier, parce que Alix devait s'en aller ce matin et s'en chargeait. Aujourd'hui, elle change d'avis parce qu'elle croit que son mari arrivera dans la journée. Je me servirai du courrier, qui est plus sûr qu'elle, pour te dire, mon cher ami, que, si je ne te joins pas plus tôt, ce sera ta faute. Mes petits préparatifs sont prêts, je puis partir samedi, si on veut bien me présenter dimanche; s'il suffisait de me nommer, en passant, à l'impératrice, ce que j'aimerais mieux, je ne partirais que lundi prochain; mais je trouve qu'il y a peu d'empressement à attendre encore quinze jours. D'ailleurs, à mesure que la saison s'avance, ma santé est bien plus mauvaise. Je suis beaucoup plus sûre de mon mois d'octobre que de celui de novembre, et j'aime mieux être à la cour quand je suis en état d'en supporter le mouvement. Je pense que je pourrai m'y faire une bonne petite vie ; au milieu des devoirs à remplir et des plaisirs qui s'y préparent, on peut toujours trouver quelques heures de repos, que j'emploierai à causer avec toi, ou à m'occuper seule. Je porterai, comme dit la Constantine[1], mes livres, mon écritoire et mon ouvrage, et, si je me porte bien, le temps ira pour moi beaucoup mieux qu'à Paris, où je serais longtemps sans toi. Je m'y ennuie à mourir ; je me couche à huit heures et demie. Je jouis mal des derniers jours de Charles, et toi seul peux me consoler de la privation de mon fils.

Il se porte fort bien, il travaille sérieusement ; il a pris, depuis deux jours, un goût pour jouer au *sabot*, que j'entretiens fort, parce qu'il me paraît un vrai plaisir de collège. Je ne le mène point au spectacle, pour que le contraste soit moins vif entre la vie de cette semaine et celle qui l'attend ; et pour ne pas lui faire de peine, je n'y vais pas non plus ; je le laisse un peu s'ennuyer ; enfin, je me conduis bien, je cause classe et lycée, et je le dispose de mon mieux. Il m'a fait faire dimanche

1. Madame Constantin de Vergennes.

une course maudite. Lui, ma sœur et M. Lebreton se sont persuadé qu'il y avait encore une fête à Saint-Cloud; nous y avons été; nous sommes descendus à une mauvaise auberge de Sèvres, la pluie a commencé. Alix, Charles et Lebreton se sont promenés solitairement dans le parc, et je suis restée toute seule au coin du feu à m'ennuyer et à souffrir. Ce bon Érard[1], qui a su que j'étais là, est venu me supplier de dîner chez lui; j'ai refusé; nous avons fait le plus mauvais repas du monde. Après, nous avons été remercier Érard, que mon refus affligeait; je suis revenue à huit heures, et, une demi-heure après, nous dormions, Charles et moi, profondément.

Hier matin, aussitôt que j'ai reçu ta lettre, j'ai envoyé chercher Spontini, et, sans lui laisser le temps de parler, je l'ai grondé un peu fort; car j'étais réellement en colère. Le pauvre diable est si peu accoutumé à me voir sérieusement en colère et fâchée, qu'il était prêt à pleurer. Je lui disais que, lorsqu'on était assez heureux pour avoir un supérieur qui eût de l'intérêt et presque de l'amitié pour vous, c'était bien le moins de suivre ses avis.

---

1. Érard, fabricant de pianos, avait une maison de campagne à Sèvres. Sa fille allait épouser Spontini.

Il m'a, enfin, priée de l'entendre, il m'a protesté qu'il n'avait pas eu la moindre intention de faire ce voyage, qu'il t'avait écrit quatre pages qui prouvaient le contraire, qu'il était bien décidé à ne mettre les pieds hors des barrières que sur un ordre de toi ; et, là-dessus, sa bonne tête a supposé un complot pour le perdre dans ton esprit, puisqu'on le calomniait là-bas. Il a fallu s'occuper de lui remettre l'esprit ; je lui ai promis de t'écrire. Je te réponds, en effet, qu'il n'a pas la moindre envie de quitter Paris. Si tu as occasion de lui donner quelque ordre, dis-lui que tu le crois, parce que sa cervelle est aux champs.

Le voilà qui m'écrit, dans le moment, une lettre que je t'adresse. Érard était venu hier me donner cette pétition, je devais la porter, mais il me semble qu'il n'y a pas de temps à perdre. Cause un peu avec M. Maret, et vois si on ne pourrait pas empêcher à temps cette vente[1].

Deschamps sort de chez moi. L'impératrice lui a dit de me voir, de me remercier ; elle a compris

---

1. Spontini avait eu l'un des prix décennaux, qu'il méritait assurément. Mais mon grand'père, qui l'aimait, comme on l'a vu, lui avait donné la direction de l'*Opera-Buffa*, dont il se tira fort mal, et qui valut beaucoup d'ennuis à son chef.

que tous mes conseils venaient d'un attachement sincère; elle allait venir quand ma lettre est arrivée[1]. C'est ma lettre qui a arrêté le retour; elle a chargé Deschamps de savoir de moi si elle devait décidément rester; il croit que la reine de Hollande aura reçu aussi sa commission. Le plan de sa mère est de rester à Genève, d'aller à Milan, de revenir à Aix, et de ne reparaître à Navarre qu'au mois de septembre. Tout ce qui est là-bas est tourmenté, on m'écrit pour me demander conseil; je n'en puis donner. Parle au grand-maréchal. Je ne suppose pas, cependant, que j'aie quelque chose à faire, puisque la reine est ici.

1. L'impératrice passa l'hiver à Genève, ce qui lui fut conseillé par ma grand'mère sur l'ordre de l'empereur.

CLXXVIII.

MADAME DE RÉMUSAT A M. DE RÉMUSAT,
A FONTAINEBLEAU.

Paris, octobre 1810.

Il faut que je te dise toutes les bonnes choses que j'ai faites depuis hier, mon ami. J'ai arrangé les affaires de nos enfants dans la perfection. Hier, je pensais avec douleur qu'il fallait remettre aujourd'hui Charles au collège, avec ce Muzine [1], qui est revenu en assez bonne santé, mais plus colère et plus bizarre que jamais. Nos enfants s'inquiétaient fort aussi : « Mais, dis-je à Charles, qui pourrait-on mettre près de vous à sa place ? » Charles tourne dans sa tête. « Les professeurs sont tous externes, me dit-il, et trop bien payés pour s'assujettir à ce que nous voulons. Il y a un maître de quartier qui s'appelle Leclerc, qui nous conviendrait bien. » Sur cette parole, j'en-

---

1. Mon père avait conservé un mauvais souvenir de la brutalité de ce Muzine, qui était devenu malade et un peu fou ; mais il lui savait gré de ses leçons excellentes de syntaxe latine. Il croyait lui devoir une bonne part de ses succès universitaires.

voie chercher Amédée Pastoret; il vient, me conseille fort ce Leclerc[1], qui est nommé professeur en second de je ne sais quelle classe. Il a vingt-trois ans, il a été camarade de collège d'Amédée; il a eu deux prix d'honneur et vingt-cinq prix dans une année; il sait le grec parfaitement, ne sort jamais du collège; il aime les vers à la folie; il a traduit Eschyle; il sait de plus l'anglais et l'italien. Je me transporte au collège avec Amédée, je fais venir Leclerc dans ma voiture; il est petit, fort timide; je lui fais une peur horrible. Il me dit que M. de Wailly lui avait proposé le matin de se charger du petit Thibaudeau, mais qu'il connaît nos enfants, et qu'il consentira à tout ce que je voudrai. Je demande M. de Wailly, il n'y était point; nous nous concertons avec madame Chéron; elle avait une peur effroyable de Muzine; elle pensait qu'il ne voudrait pas déloger; elle m'accablait de ces paroles que tu sais; je la prie de ne

---

1. Ce *petit* Leclerc est M. Joseph-Victor Leclerc, mort en 1865, membre de l'Académie des Inscriptions, doyen de la Faculté des lettres de Paris, auteur de travaux célèbres sur l'histoire littéraire de la France. Il a été longtemps professeur et répétiteur de mon père, et il est toujours resté l'un des meilleurs amis de son élève, qui avait été, presque dès le collège, son collaborateur pour la traduction de Cicéron.

se mêler de rien ; nous nous couchons. Ce matin, à sept heures et demie, j'étais au collège, j'aborde franchement M. de Wailly sur Muzine ; il convient de beaucoup de choses, et entend fort bien que je n'en veux plus. Je lui demande un remplaçant. Le premier qu'il m'offre, c'est ce petit Leclerc ! Il me répond de ses mœurs, de son exactitude, de sa science : je le charge de tout arranger, de me l'amener à dîner, jeudi prochain. En sortant, Amédée, qui était avec moi, écrit à Leclerc d'avoir l'air de tout apprendre de M. de Wailly, et voilà notre affaire faite ; nos enfants sont enchantés, et moi, je l'avoue, fort contente de les avoir débarrassés de Muzine. Tu vois que j'ai bien mené cette affaire. Si tu viens jeudi, tu verras ton enfant et notre petit homme, et nous nous en irons vendredi. Maintenant, j'attends M. Portalis, et je vais me débattre avec lui. Je suis en bonne veine, j'espère que tout cela ira bien. Ce matin, on m'a conté mille folies de ce Muzine, qui prouvent que j'ai bien fait. J'espère que tu seras de mon avis. Puisqu'on me répond des mœurs de ce jeune homme, je ne trouve pas que ce soit un inconvénient pour Charles, parce qu'ils s'entendront mieux ; il aime à causer, ils causeront ; d'ailleurs, mon fils m'a dit qu'il l'avait vu quelquefois au quartier, et qu'il savait être sévère avec les élèves. Je suis charmée d'avoir cette épine hors du pied, car j'étais fort tourmentée. Ce pauvre enfant s'attriste par gradation, en approchant du moment de la reclusion ; en le quittant, j'aurai besoin d'être auprès de toi, car il me manquera beaucoup. Nous avons causé ensemble, depuis que nous sommes seuls, et nous nous convenons fort. Hier, il a été fort aimable pour M. Lebreton. Je lui demandais quel était, de toute ma société, l'homme qu'il aimait le plus, le mieux. Il m'a répondu que c'était Lebreton, parce qu'il était celui qui avait le plus de bontés pour lui. Lebreton l'a embrassé, les larmes aux yeux. Il est aimable ; j'en suis à peu près folle.

CLXXIX.

MADAME DE RÉMUSAT A M. DE RÉMUSAT, A PARIS.

Navarre, janvier 1811 [1].

J'espère aujourd'hui, mon ami, une petite lettre de toi. Alix m'a écrit un mot qui m'a déjà

1. L'année 1811 fut l'une des plus paisibles de l'Empire, et, au mois de mars, la naissance du roi de Rome diminua bien des ap-

fait un peu de bien, mais j'ai besoin d'être entièrement rassurée par toi, ou ton secrétaire, madame de Grasse. Tandis que j'en suis aux transes de jeudi, tu te trouves peut-être tourmenté de mille autres soucis; voilà l'absence et tous ses agréments !

Je me porte toujours assez bien, hors une petite douleur de rhumatisme, qui m'est une bonne raison de garder le coin du feu. Cette habitation n'est vraiment tenable que pour un propriétaire royal; c'est à force de précautions fort chères qu'on y échappe aux inconvénients de la saison. Mais, en été, elle doit être charmante, et, moi qui ne suis guère curieuse, je me sens pourtant l'envie de la revoir dans la belle saison. Au reste, l'impératrice est ici fort bien entourée; la société est douce et bonne comme elle, et la ville d'Évreux n'est pas sans ressources : la meilleure est

préhensions. Les gens éclairés, cependant, et M. de Talleyrand surtout, persistaient à tout craindre du caractère de l'empereur, et, sans être absolument désespérés, n'avaient ni sécurité, ni confiance. C'est le temps où le duc Decrès disait au maréchal Marmont : « Tenez pour certain que nous sommes perdus, et que l'empereur est fou. » Durant cette année, la séparation de M. et de madame de Rémusat fut très courte, et il ne reste que quelques lettres de celle-ci écrites du château de Navarre (Eure), où elle avait rejoint l'impératrice Joséphine, sans qu'il me soit possible de fixer exactement la date.

l'Évêque¹. C'est un homme de quatre-vingts ans, aimable, gai, fort instruit, et qui cause de tout. Nous nous entendons fort bien, lui et moi, et quand, le soir, les parties sont arrangées et qu'il ne joue pas, nous faisons une bonne petite conversation qui finit bien la soirée. Je ne la prolonge pas très loin. Tu sais comme j'aime à me coucher de bonne heure, et l'impératrice, qui aime à veiller en jouant, n'a nul besoin de moi, et me laisse toute liberté. Nous avons ici la duchesse d'Arenberg, mesdames d'Arberg, de Vielcastel, d'Audenarde, Ducrest, trois ou quatre jeunes filles, MM. de Turpin, de Monaco, de Vielcastel, Pourtalès, et Deschamps qu'on admet dans le salon, et qui y fait fort bien. On dessine et l'on travaille, le matin, pendant la lecture; on se visite, après, jusqu'au dîner, ou bien on vient t'écrire dans sa chambre, comme je le fais. A six heures, on se sépare, car il faut toujours un peu de toilette; le soir, on joue et on fait de la musique. Tu vois que le temps doit assez bien passer de cette manière; je m'en arrangerais comme les autres, sans les soucis que j'ai mis avec moi dans mon sac de nuit, dont

---

1. M. Bourlier, évêque d'Évreux, était très lié avec M. de Talleyrand, et logeait chez lui, quand il venait à Paris.

j'espère que peu à peu tes lettres me tireront. Je trouve bien encore un peu de temps à donner à ma lecture favorite, et je vois dans les jardins des fontaines construites par Lenôtre, et dans la maison de vieux portraits qui s'accordent merveilleusement avec les livres que j'ai apportés. Je crois te l'avoir déjà dit, mon ami, je me sens toute raccommodée avec l'idée d'un hiver passé à la campagne. Ta présence n'y nuirait pas, car je suis sûre d'avance que cette tranquillité te plairait beaucoup, et je trouve même que, dans la mauvaise saison, l'aspect de la campagne est moins triste que celui des rues de Paris. Il y a toujours ici un peu de vert par-ci par-là, et le moindre rayon de soleil donne aux champs une apparence de printemps.

J'ai eu ici quelques petites causeries fort raisonnables avec l'impératrice. Elle me paraît dans la meilleure disposition du monde; elle veut du repos et de l'aisance pour pouvoir continuer à mettre ses goûts à la place de ses souvenirs; elle ne souhaite point d'habiter Paris, mais elle tient fortement à la Malmaison dans la saison la plus rigoureuse, et il y aurait en effet du danger à renouveler tous les hivers l'essai qu'elle a fait, assez heureusement, celui-ci. Son plan est de quitter ce lieu au printemps, d'y revenir l'été, de s'en retourner l'automne, et peut-être de passer l'hiver prochain en Italie. Elle dit qu'elle n'aurait point accepté cette habitation si elle l'eût connue d'avance; elle est effrayée des dépenses presque indispensables où elle sera entraînée. En effet, le château est en ruine et fort incommode, et, quelque danger qu'il y ait pour elle à se jeter dans les projets de bâtir, elle est si mal, que la raison ne peut essayer de la détourner. Elle est vraiment bonne dans la joie qu'elle a de me voir auprès d'elle, et, quand je la retrouve si affectueuse et si caressante, je m'applaudis toujours des légers sacrifices de vanité que j'ai faits à la reconnaissance que je crois lui devoir. Nous causons souvent, entre nous, de l'empereur; elle aime à parler de lui, à se persuader qu'elle lui tient encore, et tout cela avec un tact et une modération qu'on ne saurait trop admirer. Mon ami, le cœur d'une femme renferme mille bonnes choses, et il est plusieurs points sur lesquels nous valons toujours mieux que vous.

CLXXX.

MADAME DE RÉMUSAT A M. DE RÉMUSAT, A PARIS.

Navarre, ce vendredi, février 1811.

J'avais juré que, si je ne recevais pas de lettre aujourd'hui, je ne t'écrirais plus; mais c'est un vrai serment d'ivrogne ou d'amoureux que j'ai fait là. La poste est venue, point de paquet pour moi, et me voilà encore à ma table, et le pis, c'est que tu ne dois pas m'en savoir gré; car vraiment c'est mon plaisir qui m'y ramène.

Je suis toute de bonne humeur ce matin; il fait le plus beau temps du monde; j'irai à Paris pour retrouver l'hiver. Nous avons une journée de printemps, le plus beau soleil, des prairies toutes vertes. Je t'écris, non au coin de mon feu, mais auprès de ma fenêtre ouverte, et ma chambre est parfumée de jacinthes et de lilas. Enfin, je me porte bien, et si je te tenais dans ma chambre, cette journée serait pour moi une de celles où, sans avoir une raison de plus pour nous tranquilliser, nous nous trouvons plus disposés à nous fier à la vie, à la sentir doucement, sans s'affliger de la veille, ni se tourmenter du lendemain. Ces douces situations de l'esprit me sont assez rares, et ne se trouvent guère à la ville, où il arrive toujours quelque petit incident qui vient tout bouleverser, ou seulement un importun qui vous dérange. Je te le disais, ce matin, je suis vieillie, j'ai besoin du soleil, il me réchauffe, il me fait du bien, et, s'il brille toujours dans la Provence comme je le sens aujourd'hui, je crois que je me raccommoderais avec elle.

Je lis dans les journaux de grands éloges de *Pirro*[1]; on nous écrit de là-bas que madame Festa et Crivelli ramènent la bonne méthode du chant. Quand tu verras Spontini fais-lui mon compliment; il me semble qu'il doit être content, et que le voilà dans une bonne veine.

Je me suis promenée ce matin en calèche; ce pays est fort joli et très gai. J'y veux revenir dans la belle saison et t'y ramener; car, pour bien en jouir il faut y être avec toi; je ne pense pas que

1. La date de la première représentation de ce *Pirro* ou *Pyrrhus*, opéra italien de Paesiello, que Spontini venait de rajeunir en y ajoutant des récitatifs, peut servir à fixer à peu près la date de cette lettre. M. Régnier, qui a bien voulu me donner tant d'utiles renseignements pour les notes de cette publication, m'assure que cette reprise eut lieu le 30 janvier 1811. Spontini conduisait l'orchestre, et ce fut un des premiers succès de son administration.

ta présence me gâte mon beau soleil. En qualité de vieille, je m'amuse de mes souvenirs. Il me semble que, dans mon beau temps, il faisait plus souvent des journées pareilles à celle-ci, et je retrouve dans l'air des impressions de celui que je respirais à Saint-Gratien. Mon ami, que nous y étions heureux et que j'y ai glissé cependant sur de doux moments ! Le temps de la jeunesse est un temps de vrai gaspillage ; on y presse trop le présent, tant on se croit certain de l'avenir. Combien les années et *un peu de vie de cour* vous corrigent vite de cette douce imprudence, et que je suis devenue tristement habile dans l'art de craindre et de ménager les heures et, en vérité, quelquefois, les minutes !

Le temps passe ici d'une singulière manière ; on est toujours ensemble, on ne fait pas grand'-chose, on ne cause guère, et pourtant on ne s'ennuie pas. Tu connais mon goût pour l'uniformité ; elle m'explique la rapidité des jours ; les mêmes heures ramènent aux mêmes occupations, et on ne sait plus si on est à hier ou à demain. Ah ! si on voulait, la vie ne serait ni si pesante, ni si difficile qu'on la fait ; c'est un peu notre faute. Le bonheur, le repos, sont là tout à côté, on tourne autour, on les voit, et le plus souvent on les fuit. Tout ce que je te dis là n'est pas bien neuf; mais il faut que tu l'entendes, parce que je le sens si fortement, que j'ai besoin de le crier tout haut. D'ailleurs, je sais à qui je parle.

Veux-tu savoir où me prendre? Il me semble que je suis en train de te le conter. Je m'éveille à huit heures; j'écris mille petites lettres, et puis, ensuite, beaucoup de petites pages; je me lève à dix heures; à onze, nous déjeunons; après, on va, on vient, je chante, je joue aux échecs, je travaille un peu, on se promène s'il fait beau; à deux heures, on lit. Si c'est quelque mauvais roman, je n'écoute point, et je pense à qui me plaît; entendez-vous, seigneur? A quatre heures, on nous rend notre liberté; alors, je m'étends paresseusement dans un bon fauteuil et je lis mon *cardinal*, qui m'amuse. A six heures, la toilette; on dîne, on joue, on chante, et la paresseuse est dans son lit à dix heures et demie. On pourrait faire plus mauvais train, n'est-ce pas? Nous sommes ici sept femmes qui vivent dans la meilleure intelligence; il n'y en a qu'une seule vraiment jolie, on lui permet de le savoir et d'en être contente; quelques-unes sont aimables, on leur accorde de plaire à leur manière. Pour moi, on veut bien que je sois oisive, quelquefois distraite, et même un peu triste, si cela me convient; enfin, liberté tout entière. Les hommes sont polis et assez soigneux; ils pourraient ne pas l'être qu'on ne s'en plaindrait pas; ils rendent assez, parce qu'on n'exige point, et la maîtresse du lieu donne l'exemple de cette douceur et de cette facilité. Quand je nous regarde, j'ai envie de croire que l'espèce humaine est composée de bonnes gens; mais, quand je lève les yeux plus loin, et que je songe à toi et à quelques autres, je pense... En vérité, je pense tant de choses que je ne dis plus rien.

Voilà qu'on m'appelle; j'avais fait une petite fugue hors du salon pour venir causer avec toi; je vais rentrer. Adieu, mon ami; en me traînant hors de ma chambre, on te prive du plaisir d'entendre encore bien des pauvretés. J'étais dans un bon train. Adieu donc; mais, voilà qui est décidé, je n'écris plus; c'est une vraie duperie de ne rêver jamais que des absents.

CLXXXI.

MADAME DE RÉMUSAT A M. DE RÉMUSAT, A PARIS.

Navarre, février 1811.

Il doit t'arriver, mon ami, une multitude de petites lettres de moi, car je ne perds guère les occasions d'en écrire. Madame Gazzani[1] part demain, et me promet que celle-ci sera chez toi, le soir même. La poste ira beaucoup plus lentement. Je t'écrivais, ce matin, de prendre chez madame de la Rochefoucauld le paquet que tu y avais envoyé; elle est malade, et n'arrivera peut-être qu'après mon départ, et les lettres seraient perdues. J'en ai reçu une, ce matin, de madame Chéron, qui est dans le ravissement de *Pirro*. Les journaux ne cessent d'en parler, toutes les correspondances ici en sont pleines; enfin, c'est un brillant succès dont je vou-

1. Madame Gazzani, femme d'un receveur général en Italie, d'une beauté rare, avait été lectrice à la cour. Elle s'attacha à l'impératrice Joséphine, et resta près d'elle après le divorce.

drais bien qu'il retombât quelque chose sur toi. Mais faire bien et n'être pas apprécié, voilà, à peu près, ton habitude. Je n'ose pas dire que le contraire est ce qui fait réussir; mais, en vérité, je commence à le penser.

Je retourne donc à Paris jeudi, mon ami. En vérité, je crois que je serais fâchée de m'en aller d'ici, n'était toi. Ma santé est bonne, tu le vois; le repos serait un grand remède; quand je dis *le repos*, c'est aussi celui de l'esprit. Il est trop facile de m'agiter et de me faire du mal, et tout ce qui te tourmente m'arrive trop directement, sans compter ce qui m'est personnel. On cherche le mouvement et les émotions dans la vie; hélas! j'ai bien peur que ce ne soit le *négatif* qui en fasse le bonheur. Tu me trouveras dans une disposition plus mélancolique que l'autre jour; mais, ici, je n'ai rien à faire que de me laisser aller à l'influence de l'atmosphère. Je suis devenue un véritable ami du soleil. Il n'a point brillé de la journée, le ciel a été un peu nébuleux, mes lilas sont fanés, et je me sens assez grave. Je me dispose à reprendre la préoccupation de Paris, et les aimables agitations de ces journées où je passe mon temps à forger dans ma tête tous les motifs de tracas que la rentrée de *certains lieux*[1] va me rapporter. Je voulais écrire à madame de Grasse, mais je n'en ai pas le temps, parce qu'il est tard et qu'il faut s'habiller. Dis-lui que j'ai bien arrangé les affaires de l'équipement de Gustave[2]; je ne sais si je ne te l'ai pas déjà dit.

CLXXXII.

MADAME DE RÉMUSAT A M. DE RÉMUSAT, A PARIS.

Aix-la-Chapelle, 21 juin 1812[3].

Ceci devient par trop mélancolique, mon ami, et le *noir* commence à nous gagner. Il pleut à verse, il fait un froid de chien, il faut faire du feu avec un vilain charbon de terre qui nous enfume,

---

1. La cour devenait de plus en plus intolérable, l'empereur étant de plus en plus morne, inégal et désobligeant.
2. Gustave de Grasse venait de quitter l'École militaire, et entrait dans les dragons.
3. Ma grand'mère était partie pour Aix-la-Chapelle avec sa sœur, madame de Nansouty, et son fils cadet, Albert, au commencement de juin 1812. Elle avait, comme la plupart des personnes de son temps, même les médecins, des idées très fausses sur la médecine, et il paraît probable, en lisant attentivement ses lettres, que les eaux qu'elle allait prendre tous les ans, au prix de

et du soleil pas un mot! Ce mauvais temps m'a rendu des douleurs de rhumatisme, et je souffre un peu de la poitrine. Je vois qu'il faudra que je prenne les eaux avec bien plus de précaution que les autres années. Elles sont demeurées actives, et moi, je suis devenue plus faible. Albert ne partage pas l'ennui de sa mère et de sa tante. Il ne veut pas entendre à retourner à Paris. Je ne sais comment ce pauvre enfant se plaît tant ici, car il y est fort seul. Je l'amuse de mon mieux; mais, quand je suis lasse ou souffrante, je le renvoie, et alors il n'a plus rien à faire. Si jamais le beau temps lui permet de se promener, il trouvera Aix-la-Chapelle un lieu de délices. Alix se porte bien, les bains guérissent son rhume, elle a raison de se fier à sa force, et de se moquer de mes précautions.

Nous sommes en petite guerre avec le préfet; quand la maréchale Ney et madame de Lavalette sont arrivées, il a été les voir, et il a jugé à propos de ne pas même se faire écrire pour nous. Nous

tant de fatigues, de regrets et de souffrances morales et physiques, lui ont été mauvaises. Sa correspondance est pleine de détails et de plaintes à ce sujet, qu'il n'eût pas été séant de publier. C'est ce qui explique comment ses lettres sont ici plus rares et plus courtes que dans les premières années.

attendions sa carte pour aller chez sa femme; mais nous ne voulons point faire toutes les avances; il vient, ce matin, de nous inviter à passer la soirée chez lui, demain. Alix opine pour n'y pas aller; je ferai ce qu'elle voudra, et je la laisse maîtresse de régler le cérémonial. Je me soucie peu, tu le sais, des nouvelles connaissances, et celle-là, comme toutes les autres, ne ferait rien à ton absence[1].

C'est aujourd'hui dimanche, et Charles est avec toi. J'espère que ce déluge n'est point universel, et qu'il aura pu monter à cheval; j'ai prié Dieu pour qu'il ne se cassât pas le cou. Dis-lui, quand tu le verras, que mon second plaisir est de penser à lui; toi et lui, vous devinerez le premier, si vous pouvez.

En vérité, mon ami, quand je t'ai parlé de la pluie, je ne sais plus guère que te dire; nos journées sont un peu décousues; Alix va et vient, Albert veut que je sois de ses jeux, et le pauvre enfant prend l'air si triste quand je le renvoie, que je me dévoue volontiers à son plaisir, bien sûre de parvenir à lui en procurer, et fort dans le doute

---

1. Le préfet du département de la Roër n'était plus M. de Lameth : c'était M. le baron de Ladoucette, né en 1770 et mort en 1848. Il a été député en 1834.

sur mes propres amusements. Cette petite douleur dans la poitrine qui m'est arrivée depuis deux jours m'empêche d'écrire longtemps et de travailler ; je n'ai que la ressource de lire, et j'avale le bavardage de *Mademoiselle* [1], qui m'amuse encore, parce qu'elle me nomme tous mes amis ; mais la pauvre fille les défigure terriblement ! Elle ne savait guère ce qu'elle racontait. Je suis bien plus au fait qu'elle de tout ce qu'elle prétend qu'elle a vu. Je me sens quelquefois tentée de lui dire : « Mademoiselle, avec tout le respect que je dois à votre Altesse Royale, vous vous trompez tout à fait. Ces gens-là ne pensaient pas un mot de ce que vous leur faites penser, et je puis vous répondre qu'ils ne faisaient pas le moindre cas de vous. » Enfin, pour ne pas en perdre l'habitude, je m'amuse à disputer avec elle ; mais la chère princesse est fort têtue, et je crois que je ne pourrai réussir à la convaincre.

J'ai vu, hier, le maire de la ville ; d'après ce qu'il dit, on regrette fort mon ami Lameth ; et moi, pour ma part, je suis désappointée de ne le pas retrouver

1. Il s'agit de mademoiselle de Montpensier, ou *la grande Mademoiselle*, morte en 1693, et dont les Mémoires ont été publiés pour la première fois en 1729. Ma grand'mère avait pris un grand enthousiasme pour Louis XIV et son temps.

ici. L'Assemblée constituante était un fonds merveilleux, et que nous n'avions pas épuisé. On aime toujours à parler du temps où on a été quelque chose, même quelque chose de mal, et la vanité et la conscience font qu'on n'a jamais fini de se vanter et de se justifier. Faute de cette ressource, nous épuisons le voyage d'Italie de M. Frizell[1]. Quelquefois, quand il parle de ce beau ciel et de ces grands monuments, je me surprends avec une sorte de désir d'en aller jouir quelque jour, et puis je pense à toi et à Charles, et je rêve des plans que je n'exécuterai jamais. Alix est plus conséquente, et soutient que les monuments de la rue de Lille lui suffisent. Au bout du compte, ce qui me suffira toujours, ce qui doit remplir ma vie entière, c'est le plaisir de la passer avec toi, et, si je m'étais bien portée, n'en déplaise aux événements et à tous les mécomptes du dehors, j'eusse été trop heureuse dans ce bas monde. Tout est donc bien, puisque tu me pardonnes ma mauvaise santé, et que tu veux bien m'aimer, maussade que je suis.

1. M. Frizell était un des rares Anglais restés en France pendant la guerre. Il était lié avec M. de Chateaubriand et avait écrit une brochure sur la constitution anglaise.

CLXXXIII.

MADAME DE RÉMUSAT A M. DE RÉMUSAT, A PARIS.

Aix-la-Chapelle, mardi 23 juin 1812.

J'ai tant de plaisir à recevoir une lettre de toi, mon ami, que, sitôt qu'elle arrive, il faut, toute affaire cessante, que je t'en remercie. Je suis vraiment édifiée de cette ardeur de visites dont tu te trouves saisi, et j'ai un petit plaisir, un peu personnel, à penser que, puisque tu te décides facilement à rentrer dans le monde, c'est moi qui suis la principale cause de ta paresse, et le motif de la vie sédentaire que tu préfères. Va, mon ami, quoique la route que nous suivons ne soit pas précisément celle de la fortune, cependant je pense toujours que nous aurons choisi la meilleure part, et que nous pourrons nous dire, à la fin de toute chose, que nous avons connu le bonheur. Du moins, pour moi, il est bien sûr que rien n'aurait remplacé celui que je te dois. Regarde un peu ce que je serais devenue sans toi, avec mes goûts, ma disposition de caractère, et ma mauvaise santé, si en opposition avec l'activité de toutes les personnes de ce temps-ci! Quel autre homme eût supporté comme toi l'ennui d'une femme malade, retirée par obligation, et manquant de cette manière à presque tous les devoirs, si ce n'est de son état, au moins de sa situation! Je sais bien quelles paroles tendres tu répondrais sur tout cela, mais je n'en sais pas moins, et ce qui me manque, et ce que je te dois; et, si tu ne veux pas de ma reconnaissance, je la reporterai vers Dieu, qui m'avait destinée de toute éternité au bonheur de t'aimer et de te devoir tout. Tu penses bien que je n'écris pas ceci sans répandre quelques larmes, mais elles sont si douces, que mille des distractions que je puis trouver ici ne vaudront pas le bien qu'elles me font.

Nous n'avons guère encore de ces distractions, qu'à la vérité je ne cherche pas beaucoup. La reine[1] est souffrante des eaux, et triste du mauvais temps; elle regrette la Savoie, et trouve qu'avec la pluie Saint-Leu lui vaudrait mieux que les rues de cette ville. Nous nous mettons, comme tu le penses bien,

---

1. La reine Hortense était à Aix-la-Chapelle.

assez à l'unisson de ce ton, et nous finissons nos soirées chez elle par des élégies sur l'absence. Le reste du jour, nous demeurons au logis, et, ce matin, qu'il a plu au soleil de se montrer, nous nous sommes promenées jusqu'au moment où l'orage nous a forcées de rentrer.

Eh bien, mon ami, ne va point à Lafitte[1], puisque tes affaires ne te le permettent pas. J'ai de l'humeur contre Spontini de l'ennui qu'il te donne : c'est le cas d'être très ferme, et de le mener assez vertement, pour que les autres voient bien que tu es juste en tout. Il a besoin d'une bonne leçon ; ne crains pas de la lui donner. Tes motifs d'argent t'empêcheront de même de venir ici ; cependant, mon ami, la santé avant tout. Songe à l'hiver, songe à moi. Je n'ai juste de force que pour supporter mes maux ; les tiens seraient au-dessus de mon courage.

Nous sommes raccommodées avec le préfet. Il est venu, et il nous a invitées à souper chez lui, ce soir. Alix ira, et moi, je me coucherai, parce que je ne suis point en train de me parer. Demain matin, j'irai faire une visite à sa femme, cette politesse acquit-

---

1. La terre de Lafitte (Haute-Garonne) avait été rachetée par mon grand-père à la succession de M. de Bastard, en 1809, et notre famille songeait à s'y établir.

tera tout. Nous avons dîné, hier, chez la reine avec M. Frizell, qu'elle reçoit et qui lui plaît comme à nous; il a mille petites incommodités qui en font une très bonne compagnie pour les femmes, et je m'accorde merveilleusement d'un homme qui a mal aux reins, qui craint l'humidité et le soleil, et qui compatit à des maux auxquels il n'est point étranger. Nous jouons au whist à deux ; c'est une bonne manière de l'apprendre, et je deviendrai une petite Laval cadette. Nous attendons l'aîné ici; malgré ma science, je ne crois pas que je me risque à jouer avec lui autrement que *gratis*.

Fleury n'est pas encore ici; je l'ai rencontré au château de Laken, le jour que j'y étais. Il m'a dit qu'il restait encore à Bruxelles; je crois qu'il y joue la comédie. Il peut y demeurer tant qu'il voudra; je ne sais ce que nous en ferions ici.

CLXXXIV.

MADAME DE RÉMUSAT A M. DE RÉMUSAT, A PARIS.

Aix-la-Chapelle, lundi 29 juin 1812.

Il pleut toujours, il fait froid, je me chauffe et j'étouffe du charbon de terre. Un de mes plaisirs de Paris sera de voir une bûche; je saluerai aussi le soleil; apparemment qu'il reste sur ma terrasse. S'il faut que je ne retrouve ce qui me plaît qu'avec vous, à la bonne heure; j'y consens de bon cœur; peut-être cela me guérira-t-il de mon goût passionné pour les voyages.

J'ai été, hier, au spectacle. Albert et moi nous y sommes fort amusés; on donnait *la Petite Ville*, assez bien jouée, et un vaudeville où j'ai retrouvé beaucoup des airs de Charles, ce qui m'a fait plaisir. A propos de lui, j'espère qu'il fera une chanson sur les ballons de M. Deghen[1] (est-ce là

---

1. Deghen avait occupé un moment Paris par l'annonce d'une expérience aérostatique. Il prétendait s'élever avec des ailes.

le nom ?) et sur la difficulté de se diriger dans ce bas monde ; il me semble qu'il y a des couplets là-dedans.

Pendant que nous étions à la comédie, nous avons perdu la présentation de madame de Salm [1] (Pipelet) chez la reine ; elle leur a apporté un album en deux volumes, plein de vers de Lemercier, Chénier, Lalande et compagnie. Elle a débité les siens ; elle s'était installée dans le fauteuil de la reine, et lui étalait toutes ses richesses. On dit que la scène était fort plaisante ; je regrette fort de ne m'y être pas trouvée. M. Frizell nous a fort bien conté cette soirée. A propos de lui, je crois que je commence à l'aimer fort. Nous parlions, ce soir, des hommes de ma société, nous les passions en revue : « Mais vous ne me parlez pas, dit-il, de l'homme de votre salon qui a le plus d'esprit, et cet homme n'est autre chose que le maître du logis. D'abord, il est plus instruit que

---

1. Constance de Théis, née en 1767, était fille d'un littérateur distingué, et avait montré, dès sa jeunesse, quelques dispositions pour la poésie. Elle avait fait, à dix-huit ans, la célèbre romance *Bouton de rose*. Elle épousa M. Pipelet de Leury en 1789, et fit, peu d'années après, représenter un opéra, *Sapho*, qui eut un grand succès, puis un drame en vers, *Camille*, qui n'en eut aucun. Elle avait épousé en 1802 le prince de Salm-Dyck. Ses œuvres ont été réunies en 1842, en quatre volumes in-8°. Elle est morte en 1845.

qui que ce soit de vos connaissances; ensuite, il est gai, naturel, il ne se jette point à la tête, et répond à toutes choses. » Me voici le cœur gagné par lui, comme s'il y avait quelque mérite à t'aimer! Mais nous sommes habitués dans ce monde à estimer les gens qui disent vrai. Ces paroles m'ont réveillée; j'ai parlé de toi, mon ami, j'ai dit qu'on ne savait pas encore tout, et que la vie près de toi ressemblait au ciel de *Nice;* cette comparaison me plaît, je la crois fort juste, et M. Frizell, qui aime le Midi, a trouvé que je disais bien.

Je suis toujours avec Mademoiselle. Elle me dit quelques mots de Louis XIV que je recueille soigneusement; mon petit livre sera joli, ce sera là mon véritable album; il vaudra bien celui de la comtesse de Salm. Elle est bien moins médiocre cette *demoiselle* quand elle arrive à M. de Lauzun. Les femmes ont toujours de l'esprit, quand elles parlent du cœur, et puis j'ai un certain petit faible pour l'amour, qui fait que je la trouve aimable dès qu'elle commence à aimer. C'est bien dommage que tu ne m'aies jamais pu *rien inspirer;* j'aurais bien mieux valu, si je n'avais pas été si mal partagée. Plaisanterie à part, sais-tu bien que je crois qu'une passion fondée, mais qui n'a pas le mérite, ou *le malheur de la légitimité*, développe beaucoup les qualités d'une femme? Si madame de Grasse lisait cela, elle dirait : « Allons, voilà une des idées bizarres qui lui passent tout à coup ; il faut la laisser dire. » Et cependant, quand on n'a jamais été contrariée, sait-on ce qu'on aurait valu? Avec toi, mon ami, on est tout bonnement heureuse, sans mérite, sans effort, et par conséquent, sans récompense là-haut. C'est cette pensée qui me faisait soutenir tout à l'heure à ma sœur que je n'étais pas ce qu'on appelle *une femme vertueuse;* elle a pensé me manger. Tu sais bien que c'est ma vieille chanson que, depuis longtemps, je te dois tout. Pour comble de *malheur*, il a fallu que je fusse la mère de Charles. Voudra-t-on en conclure, après, que je sois une bonne mère? Et puis madame de Grasse approche! Y a-t-il aussi beaucoup de mérite à vous aimer ? En vérité, mon ami, malgré les maux et tout le reste, je le répète, je suis une petite personne bien gâtée.

CLXXXV.

MADAME DE RÉMUSAT A M. DE RÉMUSAT, A PARIS.

Aix-la-Chapelle, 3 juillet 1812.

Je m'éveille, mon ami, je regarde par la ferêtre, je trouve qu'il pleut à verse, je fais un grand soupir, et je me renfonce dans mon lit, mais le sommeil ne vient pas. Alors, je tire doucement ma table près de moi pour t'écrire, et me voilà relisant d'abord la plus aimable lettre que j'ai reçue hier, et puis causant avec toi. Que tu es bon, mon ami, de m'écrire de la manière que tu le fais! Comme tes paroles sont douces à mon cœur, et comme elles remplissent par mille pensées bien chères les longues heures qu'il faut passer loin de toi! Ah! je le répète avec reconnaissance, il ne m'appartient pas de me plaindre de quoi que ce soit.

Je crois qu'il n'a jamais tant plu que depuis trois jours. Avant, nous avions quelques moments de soleil; mais, à présent, c'est un temps gris établi depuis sept heures du matin jusqu'à onze du soir, et un froid du mois de novembre. Je pense bien que les eaux sont mauvaises avec cette pluie; les réservoirs ici sont en mauvais état et mal couverts, la pluie y pénètre et refroidit beaucoup. Albert va bien, il prend la douche raisonnablement; à présent, elle ne lui plaît pas plus, mais il se soumet; j'en suis toujours contente; il va tous les matins jouer avec les princes. Comme l'aîné aime beaucoup à faire le cocher, il s'entend très bien avec Albert. Le *monseigneur* ne le gêne plus du tout, et il s'amuse et se développe un peu dans tous ces petits jeux. Avant-hier, il s'est avisé de donner une tape au petit prince Louis[1], qui le contrariait;

---

1. Voici une note de mon père qui se rapporte à cet incident, et qui peut offrir quelque intérêt historique : « Je me rap-
» pelle qu'au temps de la candidature de Louis Bonaparte à la
» présidence, en 1848, un dimanche que j'étais allé dîner chez
» Odilon Barrot à Bougival, il arriva, comme à l'improviste, avec
» son cousin, le fils de Jérôme, et Abbatucci, au commencement
» du dîner. Il prit naturellement ma place auprès de madame
» Barrot, et fut entre elle et moi. Un peu contrarié de sa visite,
» et n'étant point de ses partisans, je me contins dans les limites
» d'une froide politesse. Il voulut aller au delà, et me dit que
» j'étais une de ses plus anciennes connaissances, en France, et qu'il
» m'avait vu à Aix-la-Chapelle. Je lui dis que ce n'était pas moi,
» mais mon frère. Il insista, j'insistai, et il me parut pencher à
» croire que j'inventais un moyen de n'avoir pas de lien parti-

comme cet enfant avait tort, la reine n'a pas voulu que je grondasse Albert; celui-ci me regardait après, pour voir ce que je dirais; à mon retour, je lui ai fait une petite leçon qu'il a entendue.

Nous avons ici quelques nouveaux arrivés : madame de Bartillac, qui s'est fait écrire chez moi, qu'Alix connaît un peu, et que je n'ai point encore vue; madame Rapp[1] avec sa sœur, qui malheureusement pour elles sont logées vis-à-vis de nous, et qui voulaient garder l'incognito; elles se cachent sans cesse derrière leurs rideaux, et vont mener ici une triste vie; M. de L***, qui a déjà visité le tripot où on le reçoit en cérémonie. Le banquier lui donne son fauteuil, tout le monde se lève pour lui faire honneur, et il y est tout établi. Mais la fleur des pois, c'est madame de Salm. Malheureusement, elle n'est ici qu'en passant; j'avoue qu'elle m'amuserait beaucoup. Je l'ai vue avant-hier, chez la reine. Elle a réellement de l'esprit, et puis une telle confiance, un si grand empres-

» culier avec lui, ce qui jeta un peu de froid entre nous pendant
» le dîner. »

1. Le général Rapp, aide de camp de l'empereur, avait épousé, en premières noces, mademoiselle Vanlerberghe.

sement de dire ses vers, un *moi* si continuel et en même temps si renaissant, qu'elle est très divertissante. Elle est fort liée avec toute cette petite littérature secondaire de l'Institut, et cite à chaque instant Lemercier, Arnaud, Laya, etc. Elle ne marche pas sans son album; au beau milieu du salon, elle chante des paroles qu'elle a faites, et, au travers de tout cela, elle paraît fort bonne femme et très naturelle. Tout ce train fatigue un peu la douce simplicité de la reine ; mais, moi qui ne suis pas obligée de tenir tête à sa conversation, j'avoue que je m'en amuse, et que je regretterai cette Sapho.

En parlant de la reine, je ne puis assez te dire quel charme je trouve à l'intimité de sa société. C'est vraiment un caractère angélique et une personne complètement différente de ce qu'on croit. M. Frizell, qui était arrivé avec les mêmes impressions défavorables, est tout à fait séduit. Elle est si vraie, si pure, si parfaitement ignorante du mal ; il y a dans le fond de son âme une si douce mélancolie, elle paraît si résignée à l'avenir, qu'il est impossible de ne pas emporter d'elle une opinion toute particulière. Sa santé n'est pas mauvaise; elle s'ennuie de cette pluie, parce qu'elle aime à marcher; elle lit beaucoup, et paraît vouloir réparer les torts de son éducation à certains égards. L'instituteur de ses enfants la fait travailler sérieusement. Puisqu'elle s'amuse du mal qu'elle prend, elle a raison; cependant, je voudrais que quelqu'un de plus éclairé dirigeât ses études. Il y a un âge où il faut plutôt apprendre pour penser que pour savoir, et l'histoire ne doit pas se montrer à vingt-cinq ans comme à dix.

Adieu, cher ami; je te remercie de te bien porter, ainsi que mon fils. J'espère que, ce mois d'août, nous serons en bon état. Je pense que si madame de Vintimille voulait te prêter un petit recueil de chansons de Charles, en me l'adressant par M. de Lavalette, je le montrerais à la reine, qui en a envie; ou bien Charles pourrait m'envoyer son cahier que je lui rapporterais, mais il faudrait bien le recommander.

CLXXXVI.

MADAME DE RÉMUSAT A M. DE RÉMUSAT, A PARIS.

Aix-la-Chapelle, 3 juillet 1812.

Nous avons un peu d'inquiétude depuis hier, mon cher ami, pour le prince Napoléon. Il s'est levé le matin avec de la fièvre et un grand mal de cœur. La fièvre dure encore; M. de la Serre ne lui trouve pas un caractère grave; il soupçonne, sans l'assurer encore, une maladie éruptive. La pauvre reine est dans une inquiétude qui fait mal. Tout le monde s'efforce de la rassurer, mais les mères ne se rassurent guère. Dans tous les cas, je tiendrai Albert loin de la maison, et je n'entrerai point dans la chambre du malade. Ne parle point de cela à Paris, à cause de l'impératrice Joséphine. Je ne sais pas si sa fille voudrait qu'elle fût avertie si tôt; d'ailleurs, cela peut n'être rien, et il vaut mieux n'avoir pas parlé. Le malheur habituel de la reine frappe davantage de l'état de son fils, qui, après tout, n'a que ce que beaucoup d'autres enfants ont comme lui, mais il y a des êtres presque exclusivement faits pour la douleur, et celle-ci me paraît appelée sur la terre à cette sorte d'épreuve. Puisse ma crainte m'abuser!

J'ai écrit, hier, à madame de Grasse qui se plaint de nous dans sa dernière lettre. Si je vous envoyais le compte de mes lettres depuis que nous sommes ici, cela t'effrayerait. J'en reçois beaucoup auxquelles il faut répondre, et cela me fatigue un peu; et puis, entre nous, cela m'ennuie. J'aimais à écrire quand j'étais plus jeune; mais, à présent, je n'aime mes correspondances qu'avec toi et deux ou trois encore, et ensuite je ne voudrais écrire que pour moi. Dans la jeunesse, on aime à *déborder* son esprit de tous les côtés, si je puis me servir de cette expression; mais, ensuite, on se calme, on se replie peu à peu, et on ne voudrait pas plaire à ceux que le cœur ne met pas au premier rang. C'est bien ce que j'éprouve. Mon indifférence pour le monde croît chaque jour. Mes amis sont d'un côté, et un grand vide de l'autre, dont je vais toujours me souciant moins.

J'ai été, avant-hier, ici, pleurer plus de six

larmes à *Omasis*[1]; ce n'est pas mal pour des comédiens de province, comme dit madame de Sévigné. Dans cette salle enfumée et sombre, pleine de gros Allemands sentant la pipe, madame S*** étalait la plus jolie parure et toutes les grâces qu'on apporte à une première représentation de l'Opéra. Cela m'a amusée. Au reste, il n'y a rien de mieux que de faire banqueroute pour avoir toutes ses aises.

CLXXXVII.

MADAME DE RÉMUSAT A M. DE RÉMUSAT, A PARIS.

Aix-la-Chapelle, 16 juillet 1812.

J'avais toujours dit que tu étais un mauvais mari, et je trouve tous les jours de nouvelles raisons de soutenir cette vérité à la pointe de mon éloquence. Ce matin, j'étais chez madame de Lavalette[2]. Elle recevait ses lettres, et je la félicitais

---

1. *Omasis, ou Joseph en Égypte*, tragédie de Baour-Lormian, fut représentée pour la première fois en 1806.
2. Madame de Lavalette (mademoiselle Tascher) est celle-là

d'en avoir une de M. de Lavalette. Elle m'a répondu qu'il ne passait pas un jour dans son absence sans lui écrire, et que, depuis plusieurs années, il n'y avait pas manqué une fois. Vous voyez donc, monsieur, que, sur cet article, il est bien plus *merveille* que vous; et, quant aux autres, je sais bien ce que j'en pense! Il faut cependant se résigner, car où la chèvre est attachée,... etc. Mais laissons là la chèvre, et venons à nos moutons, c'est-à-dire au départ; je crois qu'il arrivera le 25, c'est-à-dire de samedi en huit; nous avons bien fait d'attendre un peu. Je me porte à merveille; ces eaux, que le beau temps a réchauffées, prises doucement, ne me font plus de mal, et encore faut-il bien être venue ici pour quelque chose.

J'ai d'autant meilleure grâce, mon ami, à te gronder sur l'article de la correspondance, que voici un gros paquet de toi qu'on m'apporte; je vais m'interrompre pour le lire. Attendez donc. Ah! ah! de l'humeur où je te vois, Dieu sait comme tu vas prendre la fausse nouvelle de notre retour, et cependant, je ne crois pas que ce retard

même qui s'est distinguée par son dévouement à son mari, condamné à mort sous la Restauration.

ait été une folie. L'envie que tu as de nous revoir fait qu'à présent tu ne peux plus entendre aux eaux que si elles me font un grand bien. Eh! mon ami, que veux-tu qui me fasse un grand bien, si ce n'est le plaisir de te voir, qui a réellement de l'influence sur ma santé?

Aix-la-Chapelle commence à devenir brillant. Nous le quitterons au beau moment, et pourtant sans regrets; il y arrive beaucoup d'étrangers, mais on ne se voit qu'en cérémonie. Nous vivons assez seules. Je n'ai point vu la reine depuis huit jours. Je ne vais même pas chez la maréchale[1] par excès de prudence; le matin, nous nous promenons, nous écrivons, et tout cela nous mène à six heures. Nous nous couchons de bonne heure, et un peu de travail et une ou deux visites remplissent la soirée. Je crois bien, entre nous, que, sans moi, Alix mènerait une autre vie; je ne la gêne pas cependant; mais, comme je reste, elle reste; je ne m'ennuie point avec elle, je pense bien qu'elle s'ennuie un peu avec moi. Elle m'aime beaucoup mieux que je ne lui conviens; garde pour toi ce que je te dis là, et, si tu m'écris encore, après cette

---

1. Madame la maréchale Ney (mademoiselle Auguié) avait été élevée avec la reine Hortense, chez madame Campan.

lettre, ne me réponds rien à ce sujet. Adieu, mon ami; je te quitte pour dîner; j'ai écrit tous les jours depuis jeudi dernier; si Albert y consent, je garderai cette bonne habitude jusqu'au départ. J'ai reçu l'argent et les chansons [1]; reçois mes plus tendres caresses.

1. Voici plusieurs fois qu'il est question dans ces lettres des chansons de mon père. Ce goût de chanter et de composer des chansons, qu'il avait dès la première enfance, s'était en effet fort augmenté et perfectionné au collège, où il était partagé par plusieurs de ses camarades plus âgés que lui : Amédée Pastoret, Scribe, Naudet, etc. Il n'a conservé qu'un bien petit nombre de ses œuvres de ce temps-là, quoiqu'il ait souvent songé à publier un recueil de celles qu'il a faites plus tard, après sa sortie du collège. Pour montrer pourtant qu'il n'y a pas seulement dans ces lettres les illusions d'une mère si tendre, il me paraît à propos d'en citer au moins une, non de celles qu'il envoyait à Aix-la-Chapelle, mais des premières qu'il avait gardées et qui est de novembre 1813. Il avait alors seize ans et faisait sa philosophie au lycée Napoléon, devenu plus tard le collège Henri IV.

LE RÊVE, OU MON HOROSCOPE.

Air : Vaudeville du *Jaloux malade.*

On dit qu'il est un Dieu des songes
Qui s'éveille toutes les nuits,
Et qui, par de vagues mensonges,
Du sommeil charme les ennuis.
Dès que je ferme la paupière,
Il vient de pavots couronné :
Grâce à lui, j'ai, la nuit dernière,
Rêvé que je n'étais pas né. (*Bis.*)

ANNÉE 1812.

Je n'ai pas besoin de vous dire
Comment on est, quand on n'est pas ;
Dans sa nullité, l'on respire
Plus à son aise qu'ici-bas.
Le néant est un lieu tranquille
Qu'aucun bruit jamais ne troubla...
Mais le détail est inutile :
Vous avez tous passé par là.

Or, voilà que mon bon génie,
Un matin, se met dans l'esprit
De m'envoyer en cette vie ;
Il ouvre son livre, et me dit :
« Mince effet d'une grande cause,
» Demain, sans faute, tu naîtras,
» Mais, avant d'être quelque chose,
» Viens savoir ce que tu seras.

» Être futur, c'est une femme
» Qui te portera dans son sein ;
» En attendant, voici ton âme
» Que j'ai prise au grand magasin.
» Ne crains rien, je l'ai bien choisie,
» C'est une âme de ma façon :
» J'ai mis deux doses de folie,
» Pour une dose de raison.

» Écoute-moi bien, je t'en prie !
» Ce registre-ci te promet
» La France et Paris pour patrie.
» Veux-tu savoir ce qu'on y fait ?
» Guidé par la mode et les femmes,
» En guerre, en procès, en amours,
» Heureux, on fait des épigrammes,
» Et malheureux, des calembours.

» Là, tu viendras à la lumière,
» Et tu criras incessamment.
» N'importe, ton père et ta mère
» Diront : *C'est un enfant charmant!*
» Mérite leur amour extrême
» Quant à moi, je te réponds d'eux :

» Tu les aurais choisis toi-même,
» Que tu n'aurais pas trouvé mieux.

» Après une sereine enfance,
» Au collège tu passeras.
» Persécuté par la science,
» De la science tu riras.
» En faisant ta philosophie,
» Tu chanteras sur ton pipeau
» L'amour, sans avoir une amie,
» Et le vin, en buvant de l'eau.

» Pendant quinze ans, ta gaîté folle
» Par des chansons aura fêté
» Les jours d'un âge qui s'envole...
» Mais adieu chansons et gaîté !
» Bercé d'une vague espérance,
» Ton cœur qui semblera s'ouvrir
» Avec ta première romance,
» Laisse éclore un premier soupir.

» Vois-tu, le banquet de la vie
» Cesse parfois d'être joyeux.
» Si l'on n'y goûtait qu'ambroisie,
» On deviendrait l'égal des dieux.
» Pour toi, sous l'aile de ta mère,
» Auprès de ceux que tu chéris,
» Tâche d'attraper sur la terre
» Quelques moments du Paradis. »

Ainsi disait mon bon génie,
Lorsqu'à grand bruit, notre tambour
Vint annoncer l'heure ennemie
Où, pour le collège, il fait jour.
Le réveil à l'erreur m'enlève ;
Revenu d'un premier émoi,
Je n'ai rien perdu de mon rêve,
Car j'ai trouvé que j'étais *moi*. (*Bis*.)

CLXXXVIII.

MADAME DE RÉMUSAT A M. DE RÉMUSAT, A PARIS[1].

Vichy, vendredi 18 juin 1813.

Qu'on ne me dise plus du mal du vendredi, mon ami! C'est un jour que je vais aimer à la folie; le soleil et des lettres sont arrivés ce matin, et l'un et les autres ont été fort bien reçus. Madame de Grasse m'en annonçait une de toi; je n'en ai point vu, mais je ne gronde point. Tes comédiens t'auront donné de la besogne, et notre aimable amie m'a si bien appris ce que tu as fait jusqu'au mardi, qu'il me semble à présent t'avoir un peu moins quitté, ou du moins ne pas être dans un pays perdu. Ces bonnes petites lettres m'ont ressus-

___

1. Corvisart avait ordonné, en 1813, les eaux de Vichy à ma grand'mère, à laquelle les eaux d'Aix-la-Chapelle avaient été funestes. Durant tout l'hiver, elle avait été tout à fait souffrante, et elle prenait les habitudes d'une personne malade. Elle avait pourtant encore fait un service de dame du palais à la Malmaison, près de l'impératrice Joséphine, et elle était partie pour Vichy le 12 juin 1813.

citée; j'étais réellement engourdie et hébétée; je pensais le moins possible, je me *tenais*, comme dit madame de Vannoise; je n'osais regarder ni derrière ni devant, et hors le petit travail d'Abert, qui me réveillait un peu, j'étais comme dans un sommeil pénible. Madame de Grasse m'a fait un bien extrême; j'ai lu vite d'abord, puis ensuite doucement son aimable journal; j'ai un peu pleuré, j'ai vu toutes tes agitations, et Charles se promenant dans la maison, et l'arrivée de madame de Grasse venant dîner tard, et le vaudeville, et le message de l'archichancelier; j'ai mis en voiture mademoiselle Mars et compagnie [1]; enfin, je me suis perdue de vue, et je me sens bien mieux. Mes bons amis, ayez pitié de moi! C'est vous qui soutiendrez mon courage dans cette solitude.

Je suis tout arrangée, et je mène une vie de cénobite. Comme nous avons beaucoup de temps, je me suis fait un principe d'en perdre un peu. Nous cueillons, le matin, des fleurs dans un petit jardin tenant à la maison. A onze heures, nous

---

1. L'empereur avait gagné la bataille de Lutzen le 2 mai de cette année, et, après avoir conclu un armistice au commencement de juin, il s'était établi à Dresde. Il y avait appelé les comédiens du Théâtre-Français.

déjeunons, et, après, nous allons nous promener.
J'ai découvert d'assez bons petits chemins. Ce pays
n'est ni beau ni laid. C'est un bassin assez étendu,
entouré de montagnes vertes. Dans ce temps-ci,
tout est épanoui et riant; il y a du blé, des arbres
fruitiers, de la vigne. Ici, tout comme ailleurs, est
un coteau qui me rappelle un peu la vallée de Montmorency; enfin, nous avons de quoi nous promener, et nullement besoin de chevaux. Vers midi,
nous rentrons; cet enfant est excellent, il m'attendrit vingt fois par jour, quand il est, comme dans ce
moment, l'unique but de tous mes mouvements. A
deux heures, je l'envoie promener avec sa bonne.
Ils ont fait hier près de deux lieues, et sans nulle
fatigue. Pendant ce temps, je travaille, j'écris,
je lis, je prie Dieu, je me repasse, je me dévide, je
me raisonne; enfin, j'emploie mon temps. A quatre
heures, je reprends Albert, nous lisons *Cendrillon*
et nous attendons notre dîner. Après le dîner, je
me promène, et puis, hier, j'ai été faire quelques
visites; ces heures de la journée seront données
à la société. A huit heures, je rentre, je joue aux
dominos avec mon petit garçon, il se couche, *je
veille* jusqu'à dix heures, et alors je me mets
dans mon lit. Voilà, mon ami, comment se sont

passées mes journées depuis lundi, et comment elles se passeront, si ma santé ne vient pas déranger tout cela. Le monde ne me gênera pas ; on est assez malade ici, et chacun vit de son côté.

J'ai donc été faire des visites hier ; j'ai trouvé madame Ducayla[1], la mère, aimable, douce, avec un air souffrant qui m'a touchée. Elle voudrait que M. de Jaucourt accompagnât la reine, qui arrive aujourd'hui. Sa fille était en courses. Je me suis écrite chez madame de Choiseul, et chez madame d'Aumont, qu'on appelle ici la *duchesse*. J'ai trouvé la femme d'un receveur, madame Jars, qui est ma voisine, et qui m'a conté ses inquiétudes sur la mauvaise nourriture qu'on donne ici aux chevaux, et sur l'inutilité dont ils sont, à cause des mauvais chemins. Il y a encore madame d'Orvilliers, que je ne n'ai pas trouvée. Et puis c'est tout. Je n'ai encore parlé à aucun homme. J'en vois passer à cheval et à pied, sous mes fenêtres ; ils ne paraissent pas pressés de me voir, ni moi eux. On attend toujours madame Regnault ; j'aime autant qu'elle tarde un peu. Voilà un compte bien

---

1. Madame Ducayla était sœur de M. de Jaucourt. Sa fille, ou mieux sa belle-fille, est arrivée sous la Restauration à la célébrité que l'on sait. Madame Jars, de Lyon, divorça peu de temps après pour épouser l'acteur Elleviou.

fidèle, mon ami, et qui ne serait guère piquant, sans l'intérêt qu'on prend à tous les faits et gestes de ceux qu'on aime. Je me suis assez bien portée cette semaine. Le médecin[1] est si occupé, que je n'ai fait encore que l'entrevoir ; on en dit un grand bien de tous les côtés, il est aimé et habile. Je vais tout à l'heure aller le chercher chez lui, pour lui faire une petite visite, et convenir de nos faits.

J'ai reçu une aimable lettre de ma sœur, je lui ai écrit hier. Elle me mande qu'on n'a pas eu encore de mes nouvelles, et c'est le mardi qu'elle m'écrit ! Samedi soir, j'avais mis un mot à la poste à Montargis, il aura été perdu, un orage considérable m'avait forcée de m'arrêter six heures dans une chaumière ; sans cela, j'aurais facilement gagné Briare, malgré le mauvais service des postillons des environs de Paris. Pendant cet orage, je me suis amusée des amours d'une fille de cabaret et d'un garçon d'écurie que ma présence ne gênait guère, et qui mettait à profit l'orage et l'absence des parents de la fille. Il y avait dans l'entretien beaucoup plus de gestes que de dialogue, et je pensais, en les regardant, à la différence que

---

1. M. Lucas.

certaines habitudes apportent à ce même fond sur lequel chacun brode à sa façon. Ici, cela était peint à la grosse brosse, dit *ma chère amie* [1]; mais aussi, j'y trouvais quelque chose de plus franc et de plus naturel, et encore l'instinct féminin qui se retrouve partout faisait que la petite fille avait encore son manège et sa coquetterie. Je serais portée à croire que l'éducation apporte plus de changements chez les hommes que chez les femmes. Il n'est pas une classe où nous ne sachions qu'il faut un peu faire acheter ce que nous voulons accorder à la fin.

L'orage fini, j'ai quitté mon couple amoureux, et je suis arrivée à Montargis à huit heures. Le lendemain, j'ai traversé ce beau pays dont je t'ai parlé et commencé le marché de mon château, où je veux m'arranger pour revenir coucher à mon retour, c'est-à-dire chez mon ami le maître de poste, dans le cas où tu aurais mis quelque lenteur à envoyer ta procuration. C'est quatre lieues après Briare [2] en venant de Paris. Nevers est une vilaine

---

1. Madame de Sévigné.
2. Briare est une petite ville du département du Loiret. Dans une lettre supprimée, un joli château de ce pays était décrit avec envie, ce qui donna lieu à cette plaisanterie.

ville où on est assez mal; Moulins est plus joli, et Vichy est fort laid.

Tu penses bien que j'ai déjà eu recours plus d'une fois à madame de Sévigné; je la cherche ici; je demande sa maison. Peu s'en faut, si je la trouvais, que je ne m'y allasse faire écrire; mais, quand je parle d'elle, on ne sait que me répondre, et je suis déjà plus au fait qu'eux.

J'ai lu ce fatras de Grimm [1] en voiture; cela est précisément bon pour prendre et quitter dans une journée de voyage. Je pensais que nous étions bien fous de mettre tant d'importance au présent, qui est si peu de chose quand il est devenu le passé. Tous ces extraits de pièces, ces petites anecdotes du jour, ces vers de circonstance, ces petites passions de chacun sur mille pauvretés, sont fastidieuses à retrouver, et, cependant, c'est à peu près tout ce qui compose la vie des gens riches d'une grande ville, et ce qui remplit la grande partie de nos journées. Il y a à tout cela quelque chose de pitoyable. Heureuse celle qui peut consacrer sa vie à te voir et à t'aimer! Alors, mon ami, c'est bien un peu la peine de

1. La Correspondance de Grimm venait d'être publiée, pour la première fois, dans les années 1812 et 1813.

vivre, et d'aller à Vichy pour tâcher de se conserver.

Voilà bien de la prose, que tu liras à ton aise, et qui m'a amusée à écrire; tout ce beau récit de ma petite vie amusera l'un de vos après-dîners. Au reste, ne commentez point trop, je vous en prie, le ton de mes lettres; ne croyez pas que je suis découragée quand elles seront tristes, ni que je m'avise de vous oublier si elles sont plus gaies. J'écrirai selon l'humeur où je me trouverai dans le moment ; cela me gênerait de me contraindre. Un peu de migraine, d'oppression à la poitrine, de sombre dans le ciel, me rendront quelquefois moins forte; mais je sais bien que je ne puis espérer d'être deux mois sans quelque chiffonnage, et vous le savez bien aussi là-bas. Ne vous en inquiétez donc pas. Quand je dirai : « Je souffre » c'est comme si je le disais à Paris, et cela ne voudra rien dire de plus. J'ai un assez bon fonds de raison cette année, que j'ai appuyé sur un brin de dévotion qui me sera d'un secours merveilleux ; je crois que cette solitude me sera utile pour mille choses auxquelles il fallait que je retouchasse, et qui avaient besoin d'être remises en état, quand ce ne serait que de prendre l'habitude de se modérer sur les besoins du cœur, et surtout sur ceux de l'esprit, d'essayer de se suffire, de détourner la vue de ce que fait le prochain, etc. Enfin, j'ai apporté de la besogne et je saurai m'occuper. Adieu, mon aimable ami; mon papier finit et non mon envie de causer, mais il faut une raison à tout.

CLXXXIX.

MADAME DE RÉMUSAT A M. DE RÉMUSAT, A PARIS.

Vichy, dimanche 20 juin 1813.

C'est la joie de mon cœur que de t'écrire. L'absence disparaît, et, tant que je suis avec ma petite écritoire sur mes genoux, je me trouve bien, et je ne m'aperçois pas que tu me manques. Mais, quand je veux me tirer de là et voir quelqu'un, enfin regarder à côté, je suis tout isolée, et, si je m'en croyais, le noir me gagnerait. Cette humeur-là s'augmente beaucoup des pluies qu'il fait; il n'y a pas moyen de mettre un pied dehors, il fait un froid extrême et j'ai le petit agrément de ne pouvoir pas faire de feu sans être dans une fumée abominable. Albert et moi, nous nous couvrons de toutes les redingotes que j'ai apportées, nous nous chauffons avec une chaufferette, et nous lisons pour ne pas pleurer. J'ai commencé, hier, à boire les eaux, j'en ai pris deux verres et ce matin encore ; mais le froid, ou je ne sais quoi, m'a donné mal à la gorge. Il est dimanche : j'ai été à la messe ; la reine [1] y est venue comme tout le monde, elle m'a démêlée, est venue à moi et m'a témoigné de la bonté. A mon retour, j'ai rencontré les buveurs à qui j'ai fait des politesses ; j'ai été voir une grosse princesse de Rohan qui est ici, qui a l'air d'une bonne femme, qui a connu toute ma famille et qui m'a fait mille avances ; dites-moi donc, vous autres, quelle est cette princesse ? J'ai vu M. de Boisgelin et M. d'Harcourt, M. et madame d'Orvilliers [2]. Tu ne te soucies guère de tout cela, ni moi non plus ; et je suis rentrée pour gagner mon écritoire. Madame de Sévigné prétend qu'il faudrait être *spensierata*, pour bien prendre les eaux ; tu

1. La reine dont il s'agit est la reine d'Espagne, femme de Joseph Bonaparte. Elle était à Vichy avec sa sœur la maréchale Bernadotte, princesse, puis reine de Suède.

2. M. de Boisgelin et M. d'Harcourt, plus tard le duc d'Harcourt, étaient un peu parents. M. d'Orvilliers était fils d'un valet de chambre du roi Louis XVI. Il est mort pair de France.

dis comme elle, en me recommandant de tout
oublier; mais avoue, mon pauvre ami, que cela
n'est point facile. Au reste, j'y travaille de mon
mieux, et j'ai recours à toute la provision de raison
et de patience qui est à ma disposition.

Tu m'étouffes par le récit du mouvement que tu
as pris pour ta Comédie. Il me semble que ces plaisirs sont de bon augure pour la paix. Charles m'écrit qu'il a peur qu'on ne te mande aussi; je ne
sais si je le désire, qu'en dis-tu? Je vois ton voyage
au diable[1], j'en ai quelque chagrin, et je conçois
pourtant que tu restes; il faut se soumettre et attendre, et prendre la vie dans ce temps-ci à peu
près comme je la prends à Vichy, c'est-à-dire ne
pas regarder plus loin que la journée. Madame de
Vintimille m'a écrit le gain de son procès. *Mon
cousin*[2] m'a écrit aussi une espèce de certificat
d'amitié. Il m'atteste de toutes façons qu'il m'aime,
qu'il me regrette plus que tout le monde, et qu'il
va mener la plus triste vie. Je lui accorde qu'il
m'aime, et qu'il aimerait mieux que je n'eusse
pas quitté Paris; mais, pour entretenir dispute, je

---

1. Il s'agit d'un voyage à Lafitte, qui ne se fit pas.
2. M. Pasquier. Il était alors préfet de police.

ne lui céderai pas sur le dernier article, et je lui dirai que je crois qu'il y a des personnes qui m'aiment encore mieux que lui. J'ai ri de ta soirée avec madame de V... Te voilà donc suppléant, mon pauvre enfant, et cela au clair de la lune? En vérité, si on n'était pas parti, je ne sais où cela t'aurait mené.

Ce lundi.

Il ne pleut pas aujourd'hui, mon ami, et je suis de meilleure humeur; il faut que tu te résignes à m'entendre te signaler aussi souvent la pluie et le beau temps. Premièrement, parce que le soleil est chose fort importante ici; en second lieu, parce que le médecin nous interdit les eaux lorsqu'il fait humide, sous peine de la fièvre, et qu'un jour sans eaux est compté dans l'absence sans l'être dans le traitement. Enfin, il ne pleut pas, mais il fait froid et je suis toujours dans ma fumée. Hier, j'ai donc été faire ma visite à l'hôpital qui est situé dans le vieux Vichy. C'est une grande et propre maison tenue par des sœurs de la charité. Quand je suis arrivée, elles étaient à vêpres, j'y suis retournée ce matin, elles mouraient d'envie de me voir, et étaient déjà fort bonnes amies avec Albert. Ces bonnes sœurs m'ont charmée par leur air, leur mine reposée; leurs paroles sont toutes pleines de la Providence, et tout l'accueil qu'elles m'ont fait était excellent. Elles ont d'abord imaginé de me recevoir dans la pharmacie; tu penses bien que je m'y suis trouvée à merveille. Elles m'ont conduite dans leurs salles; elles en ont quatre fort grandes pour les hommes, les enfants et les femmes; elles ont des bains, elles nourrissent les pauvres, tandis qu'elles sont près de l'être elles-mêmes; car elles n'ont qu'une petite ferme qui leur vaut près de quatre mille francs, et la quête du temps des eaux; avec cela, elles soulagent une infinité de souffrances. Dieu les assiste, disent-elles, et jamais elles ne se trouvent obligées de refuser une aumône. Il y en a deux ou trois jeunes, une réellement fort belle, et le reste est ancien. La supérieure m'a dit qu'elle s'était bien ennuyée pendant le temps où elle avait vécu en liberté, pendant la Révolution, et qu'elle avait repris son habit et les devoirs qu'il impose avec beaucoup de joie; et, quand je lui parlais de ma vénération pour son état, elle me répondait avec une extrême simplicité : «Ah! madame, vous entrez dans le monde avec bien plus de devoirs et d'embarras que nous, et bien un autre mérite aux yeux de Dieu ! Vous êtes continuellement troublées, et nous, nous avons bien un peu de peine, mais tant de repos intérieur, que nous devons craindre qu'il ne nous soit compté un jour. » Je t'avoue que ces paroles m'ont touchée jusqu'à me mouiller les yeux. Elles m'ont menée dans leur chapelle, j'y ai prié de bon cœur, et je leur ai promis d'y venir entendre la messe avec elles. Je vois qu'elles auront souvent ici ma visite. En sortant, j'ai rencontré cette jolie sœur dont je t'ai parlé ; elle est souffrante, elle vient de Nevers, m'a-t-elle dit, pour prendre les eaux. En entendant nommer Nevers, j'ai souri, j'ai pensé à *Vert-Vert*; je suis revenue en rapportant dans ma tête ce mélange de réflexions bien profondes, et de pensées un peu gaies qui ont intéressé et amusé ma promenade.

La comtesse Laure [1] est arrivée hier soir, avec deux voitures, un courrier, bien du train; la maison en a été toute bouleversée ; on lui a fait tous les honneurs; elle est bien la véritable *comtesse* de la maison, et moi, je passe sans bruit au travers

1. Madame Regnault de Saint-Jean-d'Angely était, en son nom, mademoiselle Laure de Bonneuil. Elle passait pour très belle.

de tout celui qu'elle fait. Elle a amené avec elle
une dame et je ne sais quel homme ; peut-être
a-t-elle pris au pied de la lettre quelque billet pareil à celui que j'avais reçu de M. Lucas. T'en souviens-tu ? Je veux parler de la bougie, du chocolat
et du dévoué serviteur. J'ai vu, un moment, la
reine et la princesse de Suède à la promenade;
elles ne sont pas *comtesses*, et par conséquent ne
font aucun bruit. Madame de Magnitot les accompagne et M. de Jaucourt [1], avec qui j'ai passé hier
une partie de la soirée et que tu sais que j'aime ;
sa sœur est fort aimable, et me reçoit bien ; les
hommes ne me cherchent guère encore. Est-ce un
bon ou un mauvais signe ? Je le demanderai la première fois à mes bonnes petites sœurs, car je suis
tentée maintenant de les consulter sur tout.

1. Le comte François de Jaucourt, neveu de celui qui travaillait avec tant d'ardeur et de succès à l'*Encyclopédie* de Diderot et D'Alembert, était né en 1757. C'était un homme distingué et très aimable. Il avait un poste à la cour du roi d'Espagne. Ancien membre de l'Assemblée législative, grand ami de M. de Talleyrand, il a été membre du gouvernement provisoire de 1814, ministre de la marine du roi Louis XVIII, enfin pair de France sous la Restauration et sous le gouvernement de Juillet. Il est mort en 1852. C'était le véritable chef des protestants en France.

CXC.

MADAME DE RÉMUSAT A SON FILS CHARLES, A PARIS.

Vichy, mardi 22 juin 1813.

Vous êtes un fripon, monsieur Charles, approchez que je vous le dise. Vous êtes d'une mauvaise foi insigne, quand vous venez me conter que vous craignez de m'écrire parce que vous avez peur que votre prose ne m'ennuie. Vous mériteriez bien que je vous laissasse croire tout ce qu'il y a de pire sur cet article, pour vous punir. Mais, malheureusement, je ne sais pas mentir à la vérité de cette manière ; et puis, en second lieu, vous ne me croiriez pas. Ainsi donc, mon cher enfant, je vous dirai

---

1. Mon père avait conservé un grand nombre de billets que sa mère lui avait écrits, dans son enfance, et où la tendresse maternelle était exprimée avec grâce ou gaieté. Il m'a paru que cette tendresse et cette constante préoccupation étaient suffisamment prouvées par les lettres de ma grand'mère à son mari. Mais, en 1813, mon père avait seize ans, quelques-unes des lettres qu'elle lui écrit méritent d'être rapportées. Il devait devenir, dans les années qui suivent, son correspondant le plus actif. Je n'imprime ici qu'une seule de ses réponses où l'on trouvera, je crois, les preuves d'un développement bien rare à cet âge.

tout bonnement que votre lettre m'a fort divertie, et que si vous voulez me faire prendre en patience ma retraite, vous m'écrirez souvent. Je vous permets les *p* à deux jambes, les traits d'union, etc., etc., et je recevrai tout avec joie et reconnaissance.

J'ai bien moins à vous conter de mon côté. J'aurais bien un certain chapitre qui ne finirait pas; mais 1° vous n'aimez pas à vous attendrir; 2° je ne veux pas, moi, m'attendrir, et je ne sais, si je l'entamais, comment cela finirait. Pour moi, c'est une assez rude chose que l'absence, et l'isolement complet où je suis. Affection à part, si tant est que celle de ces sottes mères puisse se mettre de côté, on ne trouve guère à remplacer le plaisir de vous voir, vous et monsieur votre père. Je ne le cherche même pas; mes souvenirs, et une légère teinte d'espérance sur laquelle je n'ose guère encore appuyer, vu qu'elle est éloignée, me soutiennent assez bien; je me promène, je rêve un peu, je fais des châteaux qui ne sont point en Espagne, mais bel et bien près de Paris et de moi, pour votre jeunesse; je prie Dieu qu'il vous conserve; je lis, je fais d'Albert un petit savant, et le temps se passe; car, heureusement ou malheureusement, il ne s'arrête guère.

Mais savez-vous ce que je lis? A peu près, n'est-ce pas? Ma chère madame de Sévigné. Cette lecture que *je n'avais jamais si bien faite* me charme. Mais savez-vous, mon enfant, ce qui m'arrive? C'est qu'il me prend honte et quelque paresse d'écrire après cela; je voudrais copier ses lettres et vous les envoyer à tous. *En effet*, les tendresses qu'elle adresse à sa fille, je pourrais bien les signer et vous les envoyer, sans embarras. Cette chère et aimable a tout dit, tout senti, et, si je ne la copie pas, je me bornerai à vous assurer tout bonnement que je vous aime de tout mon cœur, ce qui ne sera ni bien neuf, ni bien piquant. Je ne sais pas pourquoi vous n'êtes pas content des citations de M. Villemain[1]; il y en a que j'aime; mais, au moins, je pense comme vous sur la prose de ce jeune professeur. Je trouve qu'elle n'est point jeune du tout, et qu'elle a une certaine couleur de ce temps si éloigné et qui me plaît tant. Vous me direz peut-être : « Mais, si vous aimez tant cette

---

1. M. Villemain, né en 1790, était déjà professeur au lycée Charlemagne et maître de conférences à l'École normale. Il venait d'obtenir un prix à l'Académie pour son *Éloge de Montaigne*. Il est devenu plus tard le grand écrivain que l'on sait, et il est mort en 1867. Quant à l'écrivain *du Désert*, il me paraît probable que c'est M. de Chateaubriand, qui venait de publier l'*Itinéraire de Paris à Jérusalem*.

prose, comment estimez-vous aussi celle de l'écrivain du Désert, qui ne lui ressemble guère? » Mon cher ami, c'est qu'il faut aimer tout le plus qu'on peut, et que bien souvent *tout* n'est pas trop dans ce bas monde, en fait de ce qui plaît.

Je reçois tous les jours des éditions nouvelles de la mort de cette pauvre madame de Broc[1], et des réflexions qu'elle inspire ; chacun se croit obligé, en me la mandant, de me faire un petit morceau sur l'habileté avec laquelle cette *camarde* nous atteint, et Dieu sait comme j'accueille ici toutes ces tristesses ! Il est pourtant bien vrai qu'il faut y penser quelquefois, à cette fin inévitable, et, en attendant, bien vivre et vivre bien, ce qui n'est point du tout la même chose, et ce qui peut s'allier cependant.

Vous avez rejeté mes madrigaux bien loin ; je vous jure qu'on pourrait faire un très joli couplet sur chacune de ces gravures. Je veux en référer à M. Leclerc, et cela en évitant la fadeur. Puisque cela ne vous plaît pas, il faudra m'en tenir à ce chant d'Homère que vous m'avez promis, et à votre morale amusante, dont je voudrais bien faire la copie. A propos de tout cela, ne man-

1. Madame de Broc, amie de la reine Hortense, s'était noyée en visitant avec elle une cascade à Aix en Savoie.

quez point de me dire où vous en êtes pour les places et quelles espérances vous avez pour le concours, et puis si M. Leclerc a parlé à M. de Wailly ; et puis engagez votre père à donner à dîner un dimanche à M. Villemain. Je le prie de me mitonner ce petit monde, afin que je ne le retrouve pas tout dépaysé à mon retour.

Madame Chéron m'écrit que son fils l'a rendue bien heureuse, en lui écrivant une bonne lettre le jour qu'il a eu dix-sept ans. Dites-le à Henri ; ce petit retour du plaisir qu'il a procuré à sa mère, lui en fera à son tour ; il est aussi un excellent fils. Mais dites-moi, je vous prie, d'où me vient cet *aussi?* Quelle est cette liaison d'idées? Si vous ne le savez pas, vous le demanderez à votre père, qui a senti jusqu'au fond de son cœur mille petits soins que vous avez eus de lui depuis mon départ. Ah! vous vous avisez de vouloir le consoler de mon absence? Ceci est un peu fort. Il faudra que je me dépêche de revenir, car vous pourriez si bien vous arranger ensemble, que je ne trouverais plus la moindre petite place entre vous deux.

Adieu, mon aimable et cher enfant. Portez-vous bien sur toutes choses, aimez-moi après, et, moi, je vais boire et me baigner pour être un peu plus valide cet hiver. Je ne demande à Dieu que la force de vous regarder vivre et être heureux. Adieu encore, mon fils; me voilà sur la route du tendre, les larmes me gagnent, et je m'enfuis.

CXCI.

MADAME DE RÉMUSAT A M. DE RÉMUSAT, A PARIS.

Vichy, dimanche 27 juin 1813.

Il est bien vrai que je t'ai écrit hier, mon ami, et que le courrier ne partira que demain; mais il me prend envie de t'écrire encore aujourd'hui, de provision, et je ne vois aucune raison pour me refuser ce plaisir. Je suis peut-être la seule personne en repos dans Vichy. C'est un dimanche; il fait un temps superbe, tous les galoubets et toutes les musettes sont dehors, les paysans dansent des bourrées sous mes fenêtres; le beau monde est en toilette, et, moi, je suis restée dans ma robe de chambre, paisiblement, parce que j'ai un assez bon petit mal de gorge qui me force d'interrompre les eaux. Ce matin, je disais à M. Lucas : « Monsieur, ces eaux me guériront-elles? — Madame, je n'en sais rien. — Monsieur, me conviennent-elles? — Oui, madame, en prenant des précautions. — Enfin, monsieur, me feront-elles du bien? — Oui, madame, et vous vous en apercevrez cet automne. » Voilà notre dialogue, mot pour mot; ce médecin est un fort honnête homme, il a dans sa manière une petite pointe de Corvisart qui ne me déplaît pas. Il m'a dit qu'il était venu chez moi avec quelque gêne, que M. Moreau lui avait paru si attaché à ma personne et lui avait si bien parlé de l'amitié de Corvisart pour moi, qu'il s'était dit sur-le-champ que j'étais apparemment une bonne femme, puisque j'étais aimée de deux esprits si différents ; qu'il avait craint de se prendre aussi, et qu'il craignait assez de se prendre d'affection pour ses malades; qu'il avait été un peu froid chez nous, pour nous éprouver, et qu'il n'avait mis que sa conscience en jeu ; que, cependant, nous lui avions plu, et qu'il m'avouait qu'il avait été flatté que je fusse venue sur sa parole, et que, maintenant, il se trouvait intéressé à me conserver à mes amis et au sincère attachement qu'il me vouait; qu'il était un original, un peu singulier mais bon dans le fond, fou de la médecine, qu'il avait toujours faite avec indépendance et fermeté ; du reste, que j'étais dans de très bonnes mains, que M. Moreau n'avait qu'un défaut, qu'il faisait trop sa médecine avec son cœur, et que cela devait le gêner quand il me soignait, mais qu'il commençait à comprendre qu'il était fort difficile de faire autrement. Tu vois que tout cela est aimable, et dit avec une certaine rondeur brusque qui a bonne grâce. Cet homme m'inspire de la confiance, il me paraît fort bien entendre ce qui dérange ma machine ; après cela, la remontera-t-il? Voilà le secret.

J'ai reçu, hier, une bonne et aimable lettre de toi. Tu es singulier, mon ami, de dire qu'avec un autre emploi de ton temps, tu vaudrais mieux, et que tu serais meilleur pour moi. C'est *plus heureux* que tu veux dire, et je le crois. Quant à ce que tu es pour moi, j'ose te défier de valoir davantage. Dans ces contrariétés si souvent renaissantes et si doucement supportées, tu es au delà de tout ce qu'on peut imaginer, en perfection, et, tôt ou tard, tu en recevras le prix, si tu ne l'as pas déjà trouvé dans l'estime générale qu'on te porte, et dans le prix qu'on met aux moindres choses que tu fais pour les autres. Je ne crois pas être sans aucune espèce de valeur ; mais je t'assure que je te trouve, en tout, bien supérieur à moi, et cela, je le dis sans aucune fausse modestie, et, j'en réponds, sans illusions. Tu m'es parfaitement cher, il est vrai ; mais j'ai bien mes raisons pour te préférer comme je le fais, et, malgré mon respect pour le devoir, j'aurais été sa très humble servante sur bien des points, s'il m'eût fallu toujours le consulter pour t'aimer par-dessus tout, comme je le fais. Je suis bien aise qu'on soit content de toi *là-haut*, et j'ai aussi, entre nous, un petit plaisir de ce commencement de pas de M. Molé[1], dans la carrière où il aurait dû être depuis longtemps. Je pense que *le cousin* est loin d'être aussi content que moi. A propos de lui il ne me paraît pas trop aimé par ma voisine, ni lui, ni M. Molé. Elle s'amuse beaucoup de le voir en robe rouge, croit qu'il ne s'en tirera pas, dit qu'il ne ferait pas mieux le ministère de l'intérieur, qu'au reste son mari n'en voudrait pas dans l'état de démembrement où on l'a mis maintenant. Je lui laisse débiter tout ce qui lui plaît, et je m'amuse d'une con-

1. C'était une opinion, très répandue alors, que M. Molé, parce qu'il s'appelait *Molé*, devait être à la tête de la magistrature. Ses goûts, ses habitudes, la nature de son esprit et de son mérite ne l'y portaient point. Mais l'empereur le nomma pourtant *grand*

versation, d'abord d'assez bonne femme[1], et ensuite toute différente de celle dont j'ai l'habitude. Nous parlons beaucoup *musique*, je me montre fort modérée sur tous les points, je prends mes opinions de très haut, j'ai l'air de tout approuver et de vouloir tout protéger, et je te cite souvent comme ayant l'intention de toujours servir tout ce qui a une certaine valeur. Ce qui est assez plaisant, c'est qu'elle est maintenant fort échauffée pour le *musicien caché* [2]. Il est au Val, ne se plaignant point de nous; mais il conte ses affaires du mieux qu'il peut; j'ai rétabli quelques faits, et la dame a fort bien paru m'entendre. Mais ce qui est assez plaisant, mon enfant, c'est qu'entre nous deux, elle me parle beaucoup plus de son mari que moi du mien. Quand il n'a pas écrit, ce sont des désespoirs auxquels je suis de glace. *Il est si bon, si tendre, si soigneux, si malheureux loin d'elle!* Eh! que veux-tu que je réponde? Je ne puis pas en conscience compromettre et toi et notre intimité, en prenant

---

juge. M. Pasquier, qui avait été magistrat avant la Révolution et qui avait les mêmes titres de famille, croyait que c'était à lui que la place convenait. De là venait entre eux quelque rivalité.

1. Madame Regnault de Saint-Jean-d'Angely.
2. Il s'agit de Spontini qui se cachait, pour éviter les créanciers de son théâtre, au Val, chez M. Regnault de Saint-Jean-d'Angely.

le *second dessus* de cet étrange langage. Il y a donc bien des manières d'aimer? Je crois toujours que la nôtre est la bonne.

J'aime mieux, si tant est que j'aime ici quelque chose, le voisinage Ducayla; nous paraissons mutuellement contents les uns des autres, sans nous gêner. Pourtant, je ne vois pas beaucoup M. de Jaucourt, qui est obligé de rester beaucoup chez la reine, et, comme elle demeure dans le grand Vichy, c'est une vie toute séparée. Je la vois, tous les matins, à la fontaine, cette bonne et simple reine, qui vient à pied boire ses verres d'eau, sans bruit, sans suite, avec une petite robe de taffetas gris et son parasol à la main. La princesse de Suède est ici, pour essayer de rafraîchir son sang et son teint qui est tout gâté ; cela la rend triste et assez solitaire. Je leur vais faire de petites visites, de temps en temps, dans ma robe du matin, et puis c'est tout. En vérité, quand j'y pense, si tu me demandes ce que je fais le plus, je crois que c'est *marcher;* aussi, à neuf heures, je suis tout endormie. Dis bien à madame Chéron et à madame de Grasse qu'elles se tranquillisent, et qu'ici je n'ai point d'esprit du tout. Je ne touche une plume que pour écrire mes lettres, et, excepté les tiennes, je les fais le plus courtes que je puis ; les eaux me servent de prétexte. Elles m'ennuient à écrire, il faut toujours parler de moi, redire les mêmes choses, et, quand je sors de causer avec toi ou madame de Grasse, ce qui est encore un peu toi, j'ai tout dit. Bonsoir.

Ce lundi 28

Après t'avoir écrit hier, j'ai passé une heure avec la jeune madame Ducayla, qui est une aimable et bonne femme. Nous avons fort bien causé ; elle a envie comme moi d'être un peu dévote, elle aime et voit souvent l'abbé Duval [1]; tu vois que nous avions un bon fonds. Je lui ai dit les inquiétudes que me causait quelquefois cette grande part de bonheur que je te dois, et dont il faudra bien trouver quelque part la compensation. C'était un moyen d'arriver à parler de toi, et, une fois ce chapitre entamé, je n'ai pas fini promptement, et puis un mot de Charles, enfin tout mon bien. Mais à propos de cela, il me semble que tu crains un peu

---

1. L'abbé Legris-Duval était un homme d'esprit, d'une piété aimable, en grande faveur dans le faubourg Saint-Germain.

que je ne me laisse aller à un excès incommode, pour toi, en dévotion. Eh! mon Dieu, rassure-toi. Je suis bien loin de valoir quelque chose encore. J'ai de bonnes intentions, mais un rien me détourne et me refroidit, et, par je ne sais quelle disposition, mon imagination, qui joue quelquefois un rôle dans certains sentiments ou certaines actions de ma vie, ne s'exalte point en matière de religion. Au contraire, le peu de méditations que je fais à ce sujet me porte à des réflexions sérieuses et calmes; ainsi, tranquillise-toi; je suis bien loin encore de devenir une bonne carmélite.

CXCII.

MADAME DE RÉMUSAT A SON FILS CHARLES, A PARIS.

Vichy, 7 juillet 1813.

Je vous aurais déjà écrit une seconde fois, mon cher enfant, n'était la monotonie de mes journées, qui ne me laisse rien à vous conter. Je pourrais bien vous entretenir sur un certain sujet qui ne tarirait point sitôt, mais je sais que vous n'aimez point à être ému le moins du monde, et, d'ailleurs, le vœu de patience que j'ai fait en arrivant ici s'en trouverait mal, si je touchais à ces matières. Ainsi donc, je coupe court à tous mes regrets et à toutes mes tendresses, et je demeure en face de mon écritoire, sans oser y toucher. Me voici cependant, car encore faut-il bien ne pas se montrer mère ingrate, et vous dire que vos aimables lettres font le plus grand plaisir de ma solitude.

Il a raison, votre père, quand il dit que je ne veux point de votre cahier de philosophie. Vous saurez que, depuis que je suis ici, je ne me soucie plus d'écrire. Hors quelques lettres par-ci par-là, je ne touche pas une plume; cela me fatigue, déplaît à mon docteur, et vous savez mon respect pour la Faculté. Que dites-vous de cette nouvelle passion qu'on vous aura peut-être dit que j'avais prise pour le médecin de Vichy? Grâce au ciel, nous voilà trois médecins dans la maison. Si du moins nous ne nous portons pas bien, nous sommes sûrs de mourir dans les règles. Celui-ci, au reste, est fort aimable; il m'entend très bien sur mon siècle favori, il me lit des morceaux de Massillon quand je le lui demande, il a un portrait de madame de Sévigné dans sa chambre. Le moyen de résister à tout cela? Il est assurément la meilleure compagnie que j'aie trouvée ici, et la seule que j'y recherche un peu, car je vous avoue qu'avec le reste je suis un peu sauvage, et j'aime mieux me promener avec Albert, penser à vous, relire vos lettres et celles de ma chère amie (sans ou avec comparaison) que d'aller parler des eaux et de leurs effets avec tous les visages que je rencontre à mes fontaines.

Je vous vois menant aussi de votre côté une petite vie assez posée. Votre père a pris un goût pour son métier qui ne vous gagnera pas, ce dont nous rirons à mon retour; car, enfin, nous rirons, puisque vous trouvez que ma *soi-disant mélancolie* s'entend assez bien avec votre aimable humeur. Je vous jure que je vois que cette gaieté que vous m'avez surprise est une sorte de reflet de la vôtre, car ici je n'en trouve guère. Votre vue, vos discours, votre caractère et tout ce qui lui échappe apparemment me mettent dans une disposition qui disparaît avec vous. Il est peut-être un peu honteux que l'humeur d'une mère dépende ainsi de celle de son fils, mais, enfin, cela est, et je ne veux pas approfondir jusqu'où j'offense par là la dignité maternelle.

Si je n'écris point, si je ne travaille point à ma tapisserie, je ne lis guère non plus : « Mais, maman, que faites-vous donc? » Mon fils, je bois, je me baigne, je mange et je dors, que voulez-vous de mieux? J'ai cependant commencé votre *Discours sur l'histoire universelle*. Je ne sais pourquoi il m'ennuie un peu ; gardez-moi le secret. C'est qu'ici je suis réellement tout hébétée. Je ne comprends pas comment on peut ne pas faire une confusion de tout cet ordre admirable. J'y ai déjà pensé, et je me perds dans les accolades. Vous me redresserez là-dessus. La lecture favorite[1] est la seule qui aille réellement son train ; je suis toute triste de la mort du duc de la Rochefoucauld que j'ai apprise hier. A propos de lui, il disait en maxime : *Nous n'avons point assez de force pour suivre toute notre raison,* et madame de Grignan disait : *Nous n'avons point assez de raison pour suivre notre force.* Qu'en pensez-vous ? Qui est-ce qui disait le mieux ? Si vous êtes pour madame de Grignan, je le ferai savoir à sa mère, qui en sera charmée, et comme M. de la Rochefoucauld est mort, il ne s'en blessera point.

J'ai apporté ici un volume de morceaux choisis de Massillon que je veux vous faire parcourir. Ce sont de vrais modèles, et pour les pensées et pour le style. Je voudrais, cher enfant, que vous aimassiez Massillon, et qu'il vous aidât à être un bon chrétien. Vos amis du siècle de Louis XIV l'étaient, et n'en ont pas été de moins grands hommes pour cela.

Pour revenir à ce temps-ci, dites-moi quels mouvements on se donne à l'Institut depuis la mort de Cailhava[2]. Vous mettez-vous sur les rangs ? En vérité,

---

1. Les lettres de madame de Sévigné.
2. Cailhava, membre de l'Académie française et auteur dramatique, venait de mourir, le 20 juin, à quatre-vingt-deux ans.

je vous donnerais ma voix. Parlez-moi des prix et tâchez d'en avoir, pour mon plaisir, si ce n'est pour le vôtre. Je n'aime pas à vous voir cette philosophie; elle n'est pas de votre âge. Rien avant le temps. Celui où vous ne vous en soucierez pas viendra assez tôt. Pour moi, je sens un grand fonds d'ambition à votre sujet. Vous m'avez fait intrigante; peu s'en faut que, par vous et pour vous, je ne devienne envieuse. Voyez les beaux vices que je vous devrai.

Faites donc des chansons et me les envoyez; et surtout, que j'en trouve une pour le jour de sainte Claire, soit que je sois avec vous, ou encore ici. Adieu, mon cher enfant; le soleil se couche, et je n'y vois plus; je vais me coucher aussi. Adieu, cher et aimable fils, il faut que je vous dise sincèrement que vous faites les délices de mon cœur, et en vérité aussi de mon esprit. Aussi, je crois que je suis folle, et je finirai par faire un ingrat de vous, à force de vous aimer.

CXCIII.

MADAME DE RÉMUSAT A SON FILS CHARLES, A PARIS.

Vichy, 10 juillet 1813.

Vous êtes, mon cher ami, le plus aimable fils du monde. Voilà une vérité que je soutiendrai à la pointe de mon éloquence, ou plutôt je n'aurai nul besoin de l'employer pour cela, parce que je ne rencontrerai personne qui vienne me disputer ce point. En attendant, je le sens dans le plus tendre de mon cœur, et je vous avoue que je remercie la Providence de l'enfant qu'elle m'a donné. Il faut cependant que je vous dise encore que, malgré toutes ces bonnes qualités que j'aime tant, il me semble que vous êtes un tant soit peu *fripon* avec votre mère. Vous la louez beaucoup, cette pauvre mère ; vous sentez que vous avez besoin de la gagner un peu, pour corriger l'antipathie naturelle qu'elle a pour vous, et, en attendant mieux, vous lui dites du bien de ses lettres. Hélas ! mon enfant, je ne sais trop ce qu'il peut y avoir de bon dans ce que je vous écris; il me semble que je suis si dépouillée dans ma solitude, qu'il ne me passe guère d'idées dans la tête, et, quant à mes sentiments, vous savez que j'ai juré de leur imposer silence. Enfin, tant mieux pour moi si je vous plais dans cette viduité.

Il y a quelque chose de vrai dans ce que vous dites sur la facilité avec laquelle les femmes écrivent. La raison, je ne la sais guère, si ce n'est cependant qu'elle vient de cette habitude qui fait que nous mettons plus d'importance que les hommes à mille petites choses journalières qui nous donnent plus d'émotions qu'à vous, nous conduisent à en parler avec plus de mouvement et d'intérêt, sans cependant devenir pesantes, parce que la légèreté féminine effleure tout et ne s'arrête guère. Remarquez le tour piquant qu'une femme de Paris bien élevée sait donner à la conversation dans le monde, comme elle évite la dissertation qui l'embarrasserait, et comme elle parvient à réunir dans une même causerie un bon nombre d'hommes qui auraient envie de parler, et qui, retenus par je ne sais quoi, n'auraient souvent rien dit, si on ne les avait mis en train, et si on n'avait éveillé leur intérêt et leur vanité par je ne sais quelle parole dite à propos ! C'est là le grand art des femmes, et ce qui fait qu'il n'y a réellement de société que dans les pays où elles sont quelque chose. On dit bien qu'il en résulte parfois des inconvénients ; mais c'est à vous, messieurs, à vous en défendre, et à nous de profiter du besoin que vous avez de nos petits moyens de vous plaire. Pour en revenir aux lettres, je vous assure que les vôtres me plaisent aussi extrêmement. Vous écrivez très bien, parce que vous êtes naturel et gai. Ce que vous écrivez vous ressemble tout à fait ; il y a dans une lettre de vous mille choses diverses comme dans votre tête, et une petite couleur de seize ans sur le tout, qui est fraîche et animée. Je vous remercie de m'appeler *votre meilleure amie*. Souvenez-vous, cher enfant, que vous m'avez donné ce titre, et que je ne le lâcherai plus. A vous dire le vrai, j'y comptais un peu, mais j'aime à en recevoir l'assurance. Vous allez entrer dans le monde d'ici à quelques années ; vous y ferez des liaisons qui vous seront personnelles, vous y trouverez des plaisirs et des chagrins quelquefois. Dans ces derniers cas surtout, je veux que vous pensiez à moi, que vous ayez le besoin de venir m'en apporter la confidence. Nous ne pourrons peut-être pas toujours les faire disparaître, ces chagrins, car la peine en ce bas monde est un peu tenace; mais nous serions bien maladroits si nous ne parvenions pas à adoucir un peu les choses. D'ailleurs, il y a une jouissance très douce, que vous connaîtrez un jour, à s'épancher avec une personne qui vous entend, et qui même vous devine. La confiance est un des meilleurs présents qui nous aient été faits; la vôtre sera la récompense de ma tendresse.

La pensée que vous allez m'aimer à présent comme votre amie, après m'avoir aimée dans votre enfance comme votre mère, éclaire ma vie, et la rend pour moi tout aimable et toute sereine. Voilà encore un sujet sur lequel il faut que je coupe court. Qu'on a de la peine à ne pas fourrer ce *diantre de cœur* dans la conversation, en écrivant à son enfant! *Or sus, verbalisons :* Vous trouvez que M. Fercoc[1] vous demande trop dans sa morale, et que votre jeunesse vous demande aussi quelque chose que vous ne pouvez vous refuser d'écouter? Vous auriez tort de ne pas l'en-

---

1. M. Fercoc était un disciple de Laromiguière et professant la philosophie au lycée. Mon père était alors en *seconde*, et, dans ce temps-là, on faisait une *philosophie* supplémentaire dans les classes de *seconde* et de *rhétorique*.

tendre; il faut être poli avec tout le monde, et ne point trop éconduire cette pauvre jeunesse qui, d'ailleurs, se présente de si bonne grâce. Elle veut que vous cherchiez le plaisir? Eh! mon enfant, qui est-ce qui s'aviserait de le trouver mauvais? M. Fercoc, ou plutôt la saine philosophie, permet assurément d'égayer cette courte vie; mais, seulement, elle vous avertit d'avance qu'il faut éviter les plaisirs qui flétriraient l'âme et qui s'opposeraient à ce contentement intérieur qui sait résister à tout, et qui fait la véritable indépendance de l'âme. « Mais, me direz-vous, je ne me soucie pas beaucoup d'être indépendant de l'âme. » Entendons-nous : Il y a fagots et fagots. Dépendez quelquefois, j'y consens, d'un amusement qui vous plaît, d'un sentiment qui vous intéresse, d'un joli visage qui vous regarde; mais réservez-vous les moyens de vous passer de tout cela, au moment où cela vous manquerait, et de ne pas, dans ce cas, vous croire obligé de vous pendre; et, pour arriver à conserver cette force, ne vous épuisez pas trop tôt en épuisant le plaisir, et habituez-vous à vous le refuser quelquefois, en le remplaçant par la satisfaction d'avoir énervé votre force. C'est un petit dédommagement assez bien inventé par la raison, et peut-être aussi par la vanité humaine, pour nous consoler dans la privation. Les hommes qui ont vécu, et qui sont sages, vous enseignent les moyens, non d'être toujours content dans telle ou telle occasion, mais de rendre la masse de la vie heureuse. Croyez les dans leur théorie, et prenez dans la pratique ce que vous pourrez, en n'adoptant rien exclusivement, pas même la raison. Vous voyez que ma philosophie est assez facile. Vous aimez peut-être mieux mon jargon que celui de Fercoc, mais je sais à qui je parle, et votre tête est très bonne et fort capable d'entendre tout, sans abuser de rien.

Je suis charmée que vous alliez au concours. J'ai des espérances que je soigne en cachette, et des consolations toutes prêtes en cas de revers. C'est, mon enfant, un singulier composé que celui d'une mère, mais qui, en vérité, a du bon.

CXCIV.

MADAME DE RÉMUSAT A SON FILS CHARLES[1],
A PARIS.

Vichy, 15 juillet 1813.

J'ai été assez souffrante d'un violent mal de gorge depuis quelques jours, et je me suis fort ennuyée, mon enfant; aujourd'hui, je me trouve un peu mieux, et je veux m'amuser à vous écrire. Aussi bien, vous me grondez de mon silence, et vous me jetez à la tête vos quatre lettres depuis trop longtemps. Je ne veux plus être en reste avec vous, et celle-ci, je crois, me mettra en état de vous répondre à mon tour, si l'occasion s'en présente.

Mon cher ami, je vous suis pas à pas dans vos travaux, et je vous vois bien occupé dans ce mois de juillet, tandis que je mène une vie si monotone. Je sais aussi, à peu près, tout ce que vous dites et faites les jeudis et les dimanches. Madame de Grasse me raconte ses petites causeries avec vous,

1. J'ai cité cette lettre dans la préface des *Mémoires*, t. I, p. 59.

et m'amuse de tout cela. Par exemple, elle m'a
conté que, l'autre jour, vous lui aviez dit du bien
de moi, et que, lorsque nous causons ensemble,
vous êtes quelquefois tenté de me trouver trop
d'esprit. En vérité, ce n'est pas cette crainte qui
doit vous arrêter, parce que vous avez assurément
au moins, cher enfant, autant d'esprit que moi. Je
vous le dis franchement, parce que cet avantage,
tout avantage qu'il est, a besoin ordinairement
d'être appuyé sur beaucoup d'autres choses, et que,
dans ce cas, en vous le disant, c'est plutôt vous avertir que vous louer. Si ma conversation tourne souvent avec vous un peu gravement, prenez-vous-
en à mon métier de mère que j'achève encore avec
vous, à quelques bonnes pensées que je crois découvrir dans ma tête, et que je veux faire passer
dans la vôtre; au bon emploi que je veux faire du
temps que je vois courir et prêt à vous emporter
loin de moi. Quand je croirai être arrivée au moment de l'abdication de tous les avertissements,
alors nous causerons mieux ensemble, l'un et l'autre pour notre plaisir, échangeant nos réflexions,
nos remarques, nos opinions sur les uns et
les autres, et cela franchement, sans craindre de
se fâcher mutuellement, enfin dans toutes les

formes d'une amitié fort sincère et tout unie de part et d'autre ; car je me figure qu'elle peut très bien exister entre une mère et son fils. Il n'y a pas entre votre âge et le mien un assez long espace, pour que je ne comprenne pas votre jeunesse, et que je ne partage quelques-unes de vos impressions. Les têtes de femme demeurent longtemps jeunes, et, dans celles des mères, il y a toujours un côté qui se trouve avoir justement l'âge de leur enfant.

Madame de Grasse m'a dit aussi que vous aviez quelque envie, pendant ces vacances, de vous amuser à écrire quelques-unes de vos impressions sur bien des choses. Je trouve que vous avez raison ; cela vous divertira à revoir dans quelques années. Votre père dira que je veux vous rendre *écrivassier* comme moi, car il est sans façon, monsieur votre père ; mais cela m'est égal. Il me semble qu'il n'y a nul mal à s'accoutumer à rédiger ses idées, à écrire seulement pour soi, et que le goût et le style se forment de cette manière. Parce qu'il est, lui, un maudit paresseux qui ne m'écrit qu'une lettre en huit jours... il est vrai qu'elle est bien aimable, mais enfin, c'est peu... Suffit ! qu'il ne me fasse pas parler.

Dans ma retraite, j'ai eu, moi, la fantaisie de tâcher de faire votre portrait, et, si je n'avais pas eu mal à la gorge, je l'aurais essayé. Je crois qu'en y pensant, et en trouvant que, pour n'être point fade et enfin pour être vraie, il fallait bien indiquer quelques défauts, le mal que j'étais obligée de dire de vous m'a prise au gosier, et que c'est là ce qui m'a donné mon esquinancie, parce que je n'ai jamais pu le mettre au dehors. En attendant ce portrait, et en vous dévidant avec soin, je vous ai trouvé bien des qualités tout établies, quelques-unes qui commencent à poindre, et puis de petits engorgements qui empêchent certains biens de paraître. Je vous demande pardon de me servir d'un style de médecine : c'est que je suis dans un pays où il n'est question que d'engorgements, et du moyen de les faire passer. Je vous défilerai tout cela un jour que je serai en train, et seulement aujourd'hui je ne toucherai qu'à un point. Voici ce qu'il me semble par rapport avec ce que vous êtes vis-à-vis des autres : Vous avez de la politesse, même plus qu'on n'en a souvent à votre âge, et beaucoup de bonne grâce dans l'accueil, dans les formes, dans la manière d'écouter. Conservez cela. Madame de Sévigné dit que le silence approbatif annonce toujours beaucoup d'esprit dans la jeunesse. « Mais, ma mère, où en voulez-vous venir? Vous m'avez promis un défaut, et, jusqu'à présent, je ne vois rien qui y ressemble. *Tout père frappe à côté.* Allons donc, ma mère, au fait ! » Eh ! un moment, mon fils, m'y voici. Vous oubliez que j'ai mal à la gorge, et que je ne puis parler que doucement. Enfin, vous êtes donc poli. Si on vous *invite* à saisir l'occasion de faire quelque chose qui doive plaire à ceux que vous aimez, vous y consentez volontiers. Si on vous *montre* cette occasion, une certaine paresse, un certain amour de vous-même vous fait un peu balancer, et enfin, à vous *tout seul*, vous ne cherchez guère cette occasion, parce que vous craignez de vous gêner. Entendez-vous bien ces subtilités? Tant que vous êtes un peu sous ma main, je vous pousse, je vous parle ; mais bientôt il faudra que vous vous parliez tout seul, et je voudrais que vous vous parlassiez un peu des autres, malgré le bruit que vous fait votre jeunesse qui, en effet, a bien le droit de crier un peu haut. Je ne sais si ce que je vous ai dit est clair. Comme mes idées passent au travers d'un mal de tête, de quatre cataplasmes dont je suis entourée, et que je n'ai point aiguisé mon esprit avec Albert depuis quatre jours, il se pourrait qu'il y eût un peu d'esquinancie dans mes discours. Vous vous en tirerez comme vous pourrez. Enfin, le fait est que vous êtes fort poli extérieurement, que je voudrais que vous le fussiez aussi intérieurement, c'est-à-dire bienveillant; la bienveillance est la politesse du cœur. Mais en voilà assez.

Savez-vous que je suis bien mécontente de la manière dont on traite mon pauvre Campenon[1] dans les journaux. Il pourrait dire, comme Junie : « Je n'ai mérité ni cet excès d'honneur, ni cette indignité. » Je vous remercie de la place que vous m'offrez à l'Institut. Les feuilletons des journaux me font peur. M. Regnault me paraît embarrassé du choix à faire maintenant. Ces messieurs meurent trop vite; on n'a réellement pas le temps de respirer, et il faudra finir par prendre quelque grand parti. Mon voisin relit les œuvres de l'abbé Delille, pour se préparer au discours qu'il faudra qu'il fasse. Je

---

1. Campenon, né en 1772, auteur de poèmes, de traductions et d'essais historiques, était commissaire impérial près l'Opéra-Comique, et chef-adjoint de l'Université. Il venait de succéder, comme académicien, à l'abbé Delille, mort le mois précédent. Il devait être reçu par Regnault de Saint-Jean-d'Angely, nommé assez singulièrement de l'Académie en 1803. La réception n'eut lieu qu'en 1814, pendant la première Restauration.

ne le plains guère d'avoir à commencer par ce travail, c'est-à-dire cette lecture. Mais, en arrivant, il a été pris d'un accès de goutte fort incivil qui lui fait crier les grands cris au-dessus de ma chambre. Lui et moi donnons à notre maison un certain air d'hôpital qui ne me surprend guère. Pendant ce temps, la comtesse chante tout le jour, et Isabey grimpe et descend les escaliers comme un véritable écureuil, étant tout seul, parce qu'il ne trouve personne avec qui il puisse rire; si vous étiez ici, il ne serait plus embarrassé. Le soir, on danse des bourrées devant mes fenêtres, et cela avec le plus triste accompagnement de musette; c'est un sot instrument, n'en déplaise à toutes les idylles passées et à venir. Votre petit frère figure joliment dans ce bal, il devient tout champêtre ici. Il pêche le matin, se promène, connaît mieux que vous les arbres et les différentes cultures, et, le soir, il figure avec de grosses bergères d'Auvergne auxquelles il fait toutes les petites mines que vous savez.

Adieu, cher enfant; je vous quitte, parce que mon papier finit, car je m'amusais de toutes ces pauvretés qui me tirent un peu de mon ennui; mais il faut cependant ne pas vous assommer en vous en donnant trop à la fois. Veuillez bien présenter mes hommages respectueux à Griffon [1]; faites bien tous mes compliments à M. Leclerc.

CXCV.

MADAME DE RÉMUSAT A M. DE RÉMUSAT, A PARIS.

Vichy, 17 juillet 1813.

Je me porte mieux aujourd'hui, mon ami. Mets-toi bien dans la cervelle que je ne suis point malade, ni tracassée, que je suis venue ici pour me secouer, souffrir, et, après cela, me mieux porter en hiver. Mon chancelier te dira le reste, c'est-à-dire M. Lucas, qui écrit à M. Moreau, qui va m'envoyer sa lettre, et que tu liras et commenteras avec notre petit docteur. Ma chère, ma bonne dame de Grasse, ne pensez pas trop de mal des eaux, ne croyez pas que je sois mal, parce que je m'avise de vous souhaiter dans la journée. Vous êtes si bien dans les premières habitudes de mon cœur, que je n'ai nul

1. Petit chien.

besoin de l'*extremis*, pour vous aimer auprès de mon lit ; il est tout simple que, lorsqu'on m'ordonne d'y rester, que j'ai mal à la tête et que j'étrangle ; que je vois par ma fenêtre un gros nuage noir, qu'Albert regarde tristement, cloué sur sa chaise, il est tout simple que je dise de manière que vous l'entendiez : « Ah ! ma chère bonne, pourquoi n'êtes-vous pas là ? »

Mais, le lendemain je suis levée, je parle mieux, je puis agir, le temps est beau, Albert va à la pêche ; alors je reprends toutes mes plaintes, la raison revient, et je vous laisse à votre ménage, à vos affaires, à votre fille, qui peut avoir besoin de vous, et je me contente de compter le plaisir de vous revoir avec tous les autres plaisirs que me promet le mois d'août. Ne me dites pas que vous êtes tourmentée ; car c'est alors que la bonne tête tournerait, et que, toute boisson cessante, je prendrais la poste pour aller vous montrer que cette petite bonne femme vit encore.

Parlons d'autre chose : « Un *grand* de la cour du roi de ne je sais quel pays voyageait avec sa femme ; ce *grand* voulait se montrer affable et simple ; aussi, en arrivant au lieu où il devait faire sa résidence, il ordonna à tout son monde de ne point effaroucher personne de ses titres, et de l'appeler, tout bonnement, seulement par sa dignité. Il fut enjoint aux gens de la maison où il logeait de ne point se perdre dans le *monseigneur* ni les *excellence*, mais de dire tout uniment *le ministre*. Tout le monde fut surpris de cet incognito et de cette façon de simplicité. Ce grand seigneur paraissait aimer sa femme. Dès qu'il l'avait quittée pour quelques jours, il fondait en larmes en la revoyant; elle, de son côté, avait toujours été malade et triste pendant son absence. Le jour qui devait les réunir, elle était levée avec le jour, et sur le chemin pour épier le moment où elle apercevrait le char de cet époux adoré. On ne peut se figurer la vivacité de leurs embrassements, en se retrouvant ensemble. Ils étaient si heureux, que les assistants disparaissaient pour eux, et ils ne pouvaient contraindre leurs caresses. Le grand seigneur fut malade! Qui n'eût point été touché des anxiétés de cette épouse passionnée, de ses inquiétudes, de ses soins? Elle demeurait une grande partie du jour auprès du lit de son mari, il ne recevait rien que de sa main. Si, quelquefois, elle le quittait, c'était à la vérité pour aller faire de la musique avec une société brillante, à qui elle racontait sans doute, pendant la ritournelle des airs qu'elle chantait, les peines que les souffrances de celui qu'elle aimait tant lui causaient. Fortifiée par cette légère distraction, elle allait reprendre son poste, et n'en sortait plus qu'au moment où le malade allait essayer, vers dix heures du soir, de prendre un peu de repos. Le lendemain, l'aurore voyait encore cette épouse troublée la devancer, aller à la porte du malade, épier son réveil, entrer chez lui, le presser dans ses bras, et, lorsqu'il fut mieux, l'aider à se promener, lui prêter son appui, et marcher serrée contre son sein, à peu près comme Antigone. En les voyant passer, chacun les admirait. On se récriait sur la popularité du mari, qui ne voulait pas souffrir qu'on se découvrît devant lui, et sur la sensibilité conjugale de sa moitié. Il y avait dans leur voisinage une pauvre petite femme isolée, triste de beaucoup de séparations, un peu affaissée sous le poids de l'absence, qui les regardait, et qui se disait tout bas : « Il y a donc dans ce monde deux manières d'aimer. »

J'ai trouvé ce petit conte dans un vieux livre qu'on m'a prêté ici. Si vous trouvez qu'il vous amuse, je verrai à vous en dire encore un autre par le prochain courrier.

Voilà *le cousin* qui m'écrit de me garer des liaisons qui se prolongeraient au dehors des eaux. Ma sœur lui a soufflé sa crainte; rassure-les. Je ne me jette guère à la tête, en général, et je reviendrai aussi libre que je suis partie. Le comte se porte bien maintenant; je ne le vois guère. Il entre chez moi, y cause fort bien, un moment, de l'Institut, de la littérature, et puis il sort, et c'est fini. Hier matin, on a joué chez une dame de leur connaissance trois actes d'*Iphigénie*. Madame Regnault faisait Iphigénie. Elle s'était costumée avec une grande sévérité qui allait à son beau visage. Elle a un joli son de voix ; cela suffit, quand on est soutenue de Racine et d'un nez grec ; le reste des acteurs ne la valait pas. Dans le troisième acte, lorsqu'elle a débité la belle tirade, son mari pleurait, et il n'a pu s'empêcher, à la fin, d'aller l'embrasser à la face de vingt personnes qui le regardaient. Le reste de la troupe était un peu vêtu en mardi gras. Cette madame de Latour[1], dont je t'ai parlé, dit bien les vers. L'*Achille* était un monsieur assez ridicule, chargeant *Lafond*, avec un habit tabac d'Espagne, recouvert d'un châle jaune qui

1. Madame de Latour était une demoiselle Buffaut, tante de madame Regnault.

drapait son pantalon. L'*Ériphile* était médiocre ; l'*Agamemnon*, M. de Bernis, gendre de la princesse de Rohan; il a l'habitude de dire les vers, mais il est gros, il avait une redingote, des bottes, et toujours le châle sur l'épaule, et le livre à la main, parce qu'il ne savait pas. Tout cela, au vis-à-vis du soleil, à trois heures ; mais, vers quatre heures et demie, les cloches de tous les dîners ont sonné, et, la famille des Atrides et nous, nous avons été dîner. Ce soir, on nous annonce des proverbes. Comme il ne faut pas parler pour tout cela, je suis de très bonne mise à ces sortes de choses. J'entends à côté de moi le mouvement des préparatifs et des répétitions, l'agitation des costumes ; je me gargarise pendant ce temps-là, je fais écrire Albert, je t'écris, et, ce soir, je descendrai à huit heures, pour assister à ce petit spectacle.

CXCVI.

CHARLES DE RÉMUSAT A MADAME DE RÉMUSAT,
A VICHY.

Paris, mardi 24 juillet 1813.

J'ai reçu, ma chère mère, votre lettre avec autant de plaisir que de surprise de vous voir devenue si empressée à remplir vos devoirs épistolaires. C'est un *morceau* que cette lettre, et voilà comme je les aime. Madame de Grasse n'a pas, je crois, bien entendu ce que je lui ai dit. D'abord, si j'ai dit que vous aviez trop d'esprit pour moi, je n'entendais pas que votre conversation fût trop élevée ou trop sérieuse ; mais, seulement, que, lorsqu'on cause avec vous et que vous prenez vraiment part à la conversation, vous avez une manière si brillante et si originale d'envisager les choses, qu'il est difficile, surtout pour moi, de vous suivre et de vous répondre.

Secondement, pour les écritures de ces vacances, il faut que vous me conseilliez. J'ai beau analyser, je ne sais quelle méthode, synthétique ou autre, employer. Il s'agit de raisonner, ou de déraisonner sur la nature, les hommes en général, les personnes en particulier, les conventions et les rapports de la société, les ouvrages de littérature, et, ne voulant pas faire un in-folio, cela devient embarrassant. Voici mon idée : Je voudrais prendre, dès à présent, des notes confuses et mélangées sur mes opinions et mes sentiments d'aujourd'hui, que j'ai arrêtés hier, et qui changeront demain ; dire toutes les variations qu'ils ont subies par les circonstances ou les années jusqu'à ce moment, et ainsi préparer des matériaux pour un grand ouvrage que je ferai dans plusieurs années. C'est une histoire, un roman, ou ce que vous voudrez, qui pourrait avoir pour titre : « Les métamorphoses, ou mémoires d'un jeune homme placé dans ce qu'on nomme la haute société, depuis sa naissance jusqu'à l'âge de vingt ans. » Vous sentez qu'il n'y aurait là ni aventures, ni événements ; il m'en serait arrivé qu'il faudrait les retrancher. Ce serait la vie ordinaire d'un homme, surtout sa vie morale, que je voudrais peindre, les diverses manières dont ses parents, ses amis, ses relations, toutes les circonstances extérieures *l'influencent* dans ses premières années. Que dites-vous *d'influencer?* Le mot est à la mode; mais, certes, il n'est point du siècle de Louis XIV. Je reviens. Je prendrais donc mes notes dès aujourd'hui; car, non seulement je n'aurai pas, dans trois ans, quatre ans, les mêmes idées, je ne penserai pas comme je pense; mais, même, je ne pourrai pas m'imaginer que j'aie jamais pensé autrement que je ne penserai alors. J'ai déjà assez de peine à me persuader que je n'ai pas toujours été comme je suis, au mois de juillet 1813, et à retrouver mes pensées des années passées. Il y a donc urgence. Plus je vais, plus ce souvenir s'affaiblit, et les traces de l'enfance disparaissent. Que dites-vous de mon projet? Il me semble qu'il doit vous plaire. M. Fercoc ne fait que nous exhorter à faire un traité sur l'imagination. Je lui obéis à souhait : une histoire de la jeunesse n'est-elle pas un traité sur l'imagination?

Je suis sûr qu'à présent vous vous grattez la tête, et vous vous dites : « Qu'il est heureux! Que de papier à noircir! » Vous voudriez avoir seize ans, pour en faire autant. Mais écoutez : Faites les mémoires d'une mère. Racontez comme, à mesure que le temps passe, ses sentiments pour et sur son fils se transforment. La matière est peut-être moins riche que la mienne. N'importe, nous travaillerons en même temps, nous ne nous communiquerons rien. Quand je serai le fils de quinze ans, vous ferez la mère de trente; et, ensuite, nous comparerons. Comme nous aurons nécessairement parlé des mêmes choses, il sera piquant de connaître les différents points de vue qui dans le même objet se seront montrés à l'une et à l'autre. Réfléchissez sur cela, et répondez-moi catégoriquement.

Je passe à la partie *historique* de ma lettre : J'ai composé vendredi dernier en version grecque. J'ai donné la mienne à M. de Wailly et à M. Leclerc. Ni l'un ni l'autre ne m'en ont parlé. Hier, je suis resté depuis huit heures du matin jusqu'à sept heures et demie du soir sur une chaise de paille, pour monter Pégase, c'est-à-dire pour composer en vers latins. J'en ai fait quarante-huit, et malheureusement je ne puis dire *courte et bonne*. Nous ne faisons plus rien, absolument rien ici. M. Pottier[1], ne sachant comment remplir les classes, passe

---

1. M. Pottier était professeur de *seconde*.

le temps à nous lire *Vert-Vert*, ce qui n'est pas une occupation bien laborieuse. Nous recommencerons demain la composition en thème, et, vendredi, concours en philosophie. Après cela, plus de concours. Deux compositions en thème et en version latine au lycée; et puis, fouette cocher!

Revenez, je vous prie, le plus tôt possible tirer papa de son célibat; car, franchement, quoi que vous disiez, madame de Grasse ne peut lui suffire. Ma tante a eu son mari quelques jours; il est arrivé jeudi dernier, et doit être parti hier lundi. Il est vraiment bien, et je souhaite que vos eaux vous fassent un aussi bon effet. Nous avons été dîner dimanche chez ma tante, avec M. Pasquier, madame Chéron, madame de Grasse, où nous avons bavardé au mieux. Le dîner a commencé par une dispute qui est depuis peu à la mode. C'est sur mademoiselle Gosselin, laquelle, jusqu'à présent, n'a contre elle que ma tante et Geoffroy. En vain le cher baron, en vain mon oncle ont fait les plus beaux discours. Ma tante a été comme un roc, et madame Gardel ne peut trouver un champion plus opiniâtre[1]. Ce n'est pas tout : Madame Chéron, qui

1. Mademoiselle Gosselin, jeune danseuse que Geoffroy appelait *désossée*, avait alors un grand succès. Mais les *classiques* préféraient madame Gardel.

apparemment ne se connaît pas en danse et qui gémissait intérieurement de n'avoir pas dit un mot depuis le commencement du dîner, c'est-à-dire depuis trois quarts d'heure, s'avise de sortir de son silence par un éloge pompeux de la manière admirable et surtout nouvelle dont mademoiselle Leverd avait joué le *Tartuffe* la veille, et de sa supériorité sur son ennemie[1]. Pouh! quelle pomme de discorde! Exclamations de ma tante. Mon oncle fait écho, en jurant qu'il ne les a vues ni l'une ni l'autre. M. Pasquier supplie, demande en grâce qu'on ne touche pas une pareille corde, et verse un verre d'eau à ma tante, qui étrangle. Mon père attend vainement le silence pour parler raison, et, moi, je me tais, en répétant mentalement : « Analysez, analysez. » Mais bah! pas plus d'analyse que dessus ma main. Madame Chéron abuse continuellement des mots, et accumule ses sophismes pour prouver le plus grand des sophismes : c'est qu'elle avait raison. Au reste, cela ne m'étonne pas. Figurez-vous qu'elle avait eu la force de sortir après le *Tartuffe*, pour aller voir deux farces aux

1. Cette ennemie était mademoiselle Mars, dont le talent était alors comparé et point toujours préféré à celui de mademoiselle Leverd.

Variétés! Et l'on veut, après cela, juger de la manière de jouer Molière. Faire passer Elmire à la censure qui a prononcé sur *M. Dumollet*[1]*!* C'est bien; d'ailleurs, je ne savais, sans cela, comment finir ma lettre, et il faut que vous la preniez telle qu'elle est. Adieu.

CXCVII.

MADAME DE RÉMUSAT A M. DE RÉMUSAT, A PARIS.

Vichy, 27 juillet 1813.

Je respire maintenant, parce que je pense que les lettres d'hier vous auront tous tranquillisés, et qu'après les avoir lues, le mari et la femme se seront remis à leur métier, en se disant : « La pauvre chérie n'a pas mal souffert; mais, enfin, voilà qui est fait! Elle est bien maintenant, elle a repris courage; le temps avance; allons, prenons patience et travaillons. » Et chacun de se rasseoir, et madame de Grasse de dire: « Ces eaux-là sont trop fortes pour elle, je l'avais bien prévu. — Mais vous voyez bien que son médecin croit

---

1. Vaudeville de Désaugiers et Gentil.

qu'elles lui seront bonnes. — Ah! c'est qu'il veut la garder là-bas. — Ah! vous voilà bien, de croire toujours à une autre intention que celle qu'on montre.— Mon Dieu! ai-je tort? Les hommes sont si menteurs! Qui sait si celui-là ne ment pas comme les autres? — Vous voulez dire : Ne se trompe pas comme les autres. — Ah bah! c'est la même chose. — Mais non, autre chose est mentir ou se tromper. — Enfin j'avais bien dit que ces eaux lui feraient mal. » N'est-ce pas comme cela que se passera la causerie de mardi, et puis de longs silences?

Pour moi, j'ai passé ma journée d'hier assez doucement. J'ai demeuré toute la matinée dans ma chambre; il pleuvait réellement à torrents; j'ai fait de la tapisserie, j'ai écrit à madame de Vintimille, j'ai lu un peu de la Bruyère; à quatre heures, j'ai fait une petite visite au comte et à la comtesse, qui m'avaient fait inviter à dîner et que j'avais refusés, sous prétexte de régime. Nous avons causé de bien des choses, un peu du musicien [1], dont le comte m'a dit qu'il croyait l'affaire finie. J'ai dit que « j'en étais bien aise, que lui et

1. Spontini.

sa famille méritaient de l'intérêt; que, quant à lui, il payera fort cher d'assez fortes sottises; que tu l'avais placé de manière à vivre honorablement; que le désir de gagner davantage et de couvrir de folles dépenses l'avait entraîné dans de mauvaises affaires, et dans des torts que tout autre que toi lui aurait difficilement pardonnés, mais qu'il fallait les oublier au moment du malheur, et que c'était ce que tu avais fait ». Le comte m'a répondu, « qu'il ne savait nullement le fond de l'affaire, qu'Érard était venu lui demander de soutenir son gendre, que c'était à cause de cela qu'il l'avait fait, que les adversaires lui paraissaient d'assez mauvaises gens, qu'il fallait remettre le pauvre diable en état de tirer parti de son talent, etc. » Nous avons parlé ensuite opéras, poèmes, vers, Institut, etc. Nous ne nous entendions pas sur grand'chose, mais je glissais sur tout, et ne tenais à rien. Je faisais de temps en temps de petits compliments. C'était une causerie charmante, sans épanchements, sans naturel, où chacun se voyait venir, et suivait ses paroles, du moins moi. Ensuite, je suis rentrée dans ma petite cellule, et, à huit heures, j'ai été chez madame Ducayla, où tout le monde s'est réuni : la comtesse, les autres personnes de la société, guelfes et gibelins. On a chanté, travaillé, j'ai joué au whist, la soirée s'est bien passée, et, à dix heures, le couvent s'est fermé.

Mais, mon Dieu! que j'ai lu de beaux morceaux de Massillon! Que je suis contente de la Bruyère! Que tous les écrivains de ce temps-là sont pleins et nourris! Que de choses on y trouve, quand on les lit doucement et en les écoutant bien! On cause réellement avec eux, on les questionne et ils répondent admirablement; ils vous questionnent à leur tour, mais on ne répond pas si bien, surtout quand c'est Bourdaloue ou Massillon. On est debout devant eux, on baisse les yeux, on hésite, et on leur demande du temps, qu'ils n'ont pas l'air de beaucoup se soucier d'accorder.

Madame Devaines a écrit le mariage de son fils à M. de Jaucourt[1], qui en est content, sur ma parole; j'ai écrit à la mère et au fils, j'ai écrit hier aussi à madame de Rumford. Je suis d'une exactitude admirable de correspondance; je tiens tête à bien du monde. Entre nous, cela ne m'amuse pas toujours, mais, enfin, il faut répondre et n'être point gron-

1. M. Devaines venait d'épouser madame Dillon, Henriette de Meulan, sœur de la première madame Guizot.

dée. J'ai reçu une lettre assez triste de Corvisart. Trouve le moyen de lui donner une marque d'intérêt. Si tu allais le voir, peut-être en serait-il flatté. Charles me conte fort gaiement cette séance où tu ne dormais pas, où il suait à grosses gouttes, et où M. Bertrand se plaignait du vent. Il m'amuse beaucoup; ses lettres sont aimables et gaies, et quelquefois tendres; mais, dès qu'il s'en aperçoit, il fait une plaisanterie pour couper court à l'attendrissement. Il en finissait une, il y a quelques jours, en me disant qu'il m'aimait et m'embrassait comme... et puis il hésitait, et reprenant ensuite : comme une mère aime à embrasser son enfant, ajoutant qu'il ne pouvait pas dire mieux. Il m'assure que je serai toujours sa meilleure amie; enfin, il veut arriver à me tourner la tête; j'ai peur qu'il n'y parvienne.

FIN DU TOME DEUXIÈME

TABLE

DU TOME DEUXIÈME

1806.

	Pages
LXXXIV. — 6 janvier	1
LXXXV. — 10 janvier	7
LXXXVI. — 25 septembre	12
LXXXVII. — 28 septembre	18
LXXXVIII. — 4 octobre	24
LXXXIX. — 6 octobre	29
XC. — 16 octobre	36
XCI. — 26 octobre	40
XCII. — 27 octobre	44
XCIII. — 28 octobre	47
XCIV. — 1er novembre	51
XCV. — 2 novembre	57
XCVI. — 5 novembre	61
XCVII. — 9 novembre	65
XCVIII. — 10 novembre	69
XCIX. — 15 novembre	73
C. — 18 novembre	77
CI. — 20 novembre	83
CII. — 24 novembre	87
CIII. — 26 novembre	92
CIV. — 29 novembre	95
CV. — 5 décembre	97

CVI. — 12 décembre	103
CVII. — 14 décembre	107
CVIII. — 17 décembre	111
CIX. — 23 décembre	115
CX. — 25 décembre	119
CXI. — 28 décembre	123
CXII. — 31 décembre	127

1807.

CXIII. — 4 janvier	131
CXIV. — 15 janvier	136
CXV. — 18 janvier	141
CXVI. — 22 janvier	145
CXVII. — 14 mai	151
CXVIII. — 23 juin	154
CXIX. — 26 juin	158
CXX. — 28 juin	161
CXXI. — 3 juillet	165
CXXII. — 4 juillet	169
CXXIII. — 7 juillet	174
CXXIV. — 8 juillet	177
CXXV. — 11 juillet	180
CXXVI. — 15 juillet	185
CXXVII. — 17 juillet	188
CXXVIII. — 20 juillet	193
CXXIX. — 24 juillet	197
CXXX. — 26 juillet	201
CXXXI. — 28 juillet	207
CXXXII. — 5 août	208
CXXXIII. — 10 août	213
CXXXIV. — 14 août	217

TABLE.

1808.

	Pages
CXXXV. — 12 juillet	220
CXXXVI. — 15 juillet	224
CXXXVII. — 17 juillet	230
CXXXVIII. — 20 juillet	234
CXXXIX. — 24 juillet	240
CXL. — 30 juillet	243
CXLI. — 3 août	248
CXLII. — 12 août	252
CXLIII. — 25 septembre	257
CXLIV. — 27 septembre	260
CXLV. — 28 septembre	265
CXLVI. — 7 octobre	269
CXLVII. — 12 octobre	272

1809.

CXLVIII. — Novembre	278
CXLIX. — Décembre	284
CL. — Décembre	286
CLI. — Décembre	292

1810.

CLII. — Avril	297
CLIII. — Avril	301
CLIV. — 18 avril	304
CLV. — Avril	309
CLVI. — Avril	311
CLVII. — 25 avril	314
CLVIII. — 21 juin	318
CLIX. — 24 juin	321
CLX. — 29 juin	334

CLXI. — 2 juillet	327
CLXII. — 6 juillet	329
CLXIII. — 9 juillet	331
CLXIV. — 11 juillet	363
CLXV. — Juillet	338
CLXVI. — 18 juillet	341
CLXVII. — 20 juillet	345
CLXVIII. — 21 juillet	348
CLXIX. — 25 juillet	352
CLXX. — 27 juillet	356
CLXXI. — 29 juillet	358
CLXXII. — 30 juillet	362
CLXXIII. — 10 août	370
CLXXIV. — 12 août	374
CLXXV. — 13 août	380
CLXXVI. — 13 octobre	383
CLXXVII. — Octobre	385
CLXXVIII. — Octobre	390

1811.

CLXXIX. — Janvier	393
CLXXX. — Février	398
CLXXXI. — Février	403

1812.

CLXXXII. — 21 juin	405
CLXXXIII. — 23 juin	410
CLXXXIV. — 29 juin	414
CLXXXV. — 3 juillet	418
CLXXXVI. — 8 juillet	423
CLXXXVII. — 16 juillet	425

1813.

		Pages
CLXXXVIII. — 18 juin		431
CLXXXIX. — 20 juin		439
CXC. — A Charles de Rémusat	22 juin	446
CXCI. — A M. de Rémusat	27 juin	451
CXCII. — A Charles de Rémusat	7 juillet	459
CXCIII. — — —	10 juillet	464
CXCIV. — — —	15 juillet	470
CXCV. — A M. de Rémusat	17 juillet	477
CXCVI. — Charles de Rémusat à madame de Rémusat, 24 juillet		483
CXCVII. — A M. de Rémusat 27 juillet		489

FIN DE LA TABLE DU TOME DEUXIÈME.

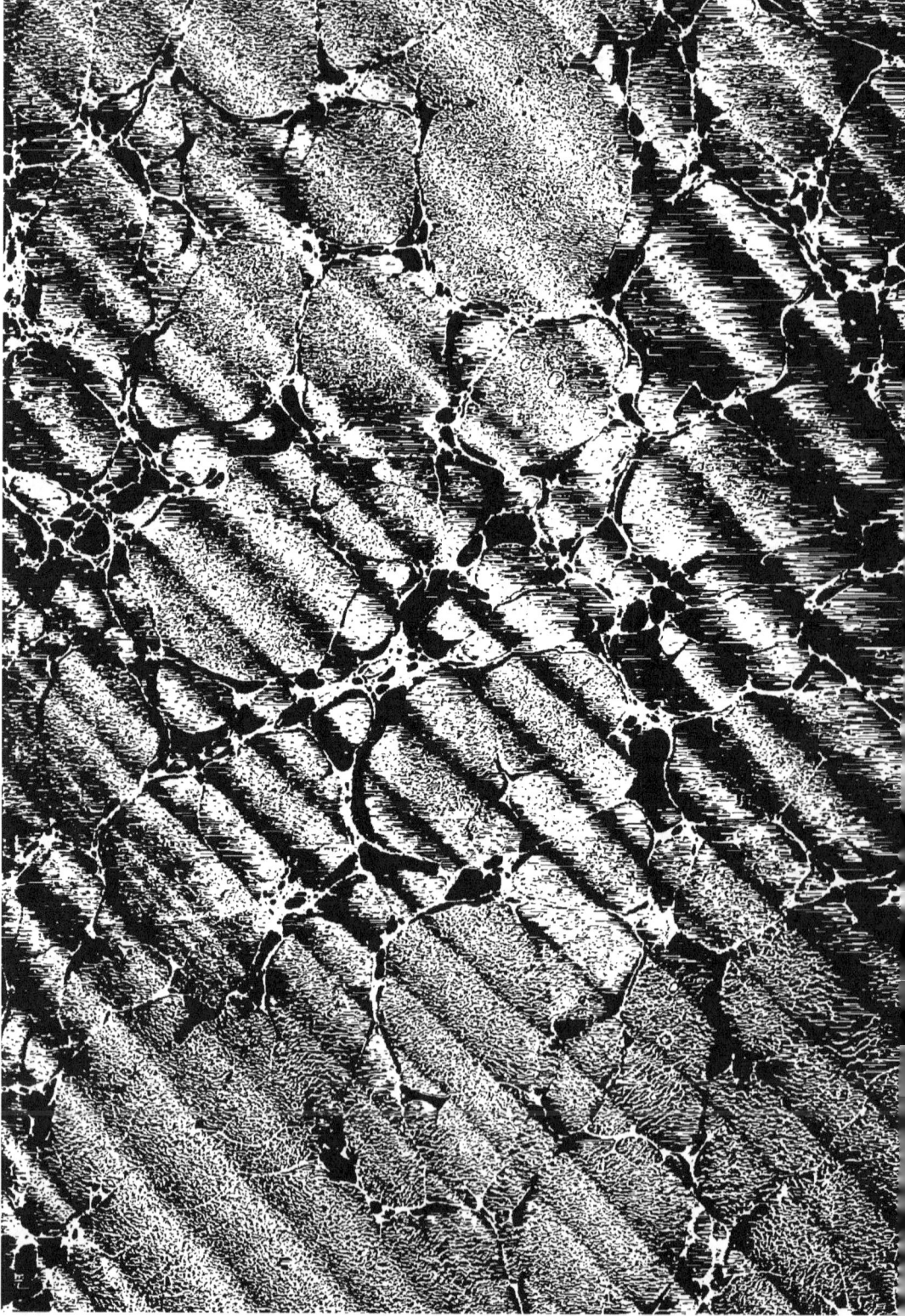

www.ingramcontent.com/pod-product-compliance
Lightning Source LLC
Chambersburg PA
CBHW051136230426
43670CB00007B/829